中国历史文化名人传

殉道勇士
李贽传

高志忠 著

作家出版社

中国历史文化名人传

组委会名单

主任：李　冰
委员：何建明　葛笑政

编委会名单

主任：何建明
委员：郑欣淼　李炳银　何西来　张　陵　张水舟　黄宾堂

文史组专家成员（按姓氏笔划为序）

王春瑜　王家新　王曾瑜　孙　郁　刘彦君　李　浩　何西来
郑欣淼　陶文鹏　党圣元　袁行霈　郭启宏　黄留珠　董乃斌

文学组专家成员（按姓氏笔划为序）

王必胜　白　烨　田珍颖　刘　茵　张　陵　张水舟　李炳银
贺绍俊　黄宾堂　程步涛

出版说明

中华民族五千年文明史中，涌现了一大批杰出的文化巨匠，他们如璀璨的群星，闪耀着思想和智慧的光芒。系统和本正地记录他们的人生轨迹与文化成就，无疑是一件十分有必要的事。为此，中国作家协会于2012年初作出决定，用五年左右时间，集中文学界和文化界的精兵强将，创作出版《中国历史文化名人传》大型丛书。这是一项重大的国家文化出版工程，它对形象化地诠释和反映中华民族文化的基本精神，继承发扬传统文化的精髓，对公民的历史文化普及和建设社会主义文化强国都具有重要而深远的意义。

这项原创的纪实体文学工程，预计出版120部左右。编委会与各方专家反复会商，遴选出在中国文化发展史上产生过重大影响的120余位历史文化名人。在作者选择上，我们采取专家推荐、主动约请及社会选拔的方式，选择有文史功底、有创作实绩并有较大社会影响，能胜任繁重的实地采访、文献查阅及长篇创作任务，擅长传记文学创作的作家。创作的总体要求是，必须在尊重史实基础上进行文学艺术创作，力求生动传神，追求本质的真实，塑造出饱满的人物形象，具有引人入胜的故事性和可读性；反对戏说、颠覆和凭空捏造，严禁抄袭；作家对传主要有客观的价值判断和对人物精神概括与提升的独到心得，要有新颖的艺术表现形式；新传水平应当高于已有同一人物的传记作品。

为了保证丛书的高品质，我们聘请了学有专长、卓有成就的史学和文学专家，对书稿的文史真伪、价值取向、人物刻画和文学表现等方面总体把关，并建立了严格的论证机制，从传主的选择、作者的认定、写作大纲论证、书稿专项审定直至编辑、出版等，层层论证把关，力图使丛书经得起时间的检验，从而达到传承中华文明和弘扬杰出文化人物精神之目的。丛书的封面设计，以中国历史长河为概念，取层层历史文化积淀与源远流长的宏大意象，采用各个历史时期最具代表性的文化符号与雅致温润的色条进行表达，意蕴深厚，庄重大气。内文的版式设计也尽可能做到精致、别具美感。

　　中华民族文化博大精深，这百位文化名人就是杰出代表。他们的灿烂人生就是中华文明历史的缩影；他们的思想智慧、精神气脉深深融入我们民族的血液中，成为代代相袭的中华魂魄。在实现"中国梦"的历史进程中，必定成为我们再出发的精神动力。

　　感谢关心、支持我们工作的中央有关部门和各级领导及专家们，更要感谢作者们呕心沥血的创作。由于该丛书工程浩大，人数众多，时间绵延较长，疏漏在所难免，期待各界有识之士提出宝贵的建设性意见，我们会努力做得更好。

《中国历史文化名人传》丛书编委会

2013 年 11 月

李贽

目录

楔子

诏狱殉道——狂人之死

大明万历三十年（1602）二三月间，早春的北京乍暖还寒。一簇皇家锦衣卫队突奔京东北通州一院落，院落的主人正是曾因抗疏，被免职归里的监察御史马经纶（1562—1605）。强势的敲门声和呼叫声，惊动了主人和寄居在此的客人。当仆人回报说是皇家官差时，马经纶一时没有缓过神来；而卧病在床的客人反倒突然来了精神气，睁开了半耷拉着的眼皮，原本浑浊的眼神显得异常明净淡定，似乎早有预感，甚至有些迫不及待。遂开口向马经纶道："此为我而来！请为我取门板来！"

声虽轻缓，却坚定有力。此时马经纶才回味过来，欲说些什么，但终未开口。多年的师友之交都摸清了彼此的秉性，马经纶转身吩咐下人寻来门板，搀扶着客人躺在门板上。此时，官兵已围拢在旁。

"快走！我是罪人，不宜留。"

自称罪人者，正是本传传主，有明一代以"奇谈怪论"闻名天下的狂人和奇士李贽（1527—1602）。

事情缘何来得如此突然，话说二月的一日，一则疏劾李贽的折子到了万历帝朱翊钧手里。大意是：

> 李贽壮岁为官，晚年削发。近又刻《藏书》《焚书》《卓吾大德》等书，流行海内，惑乱人心。……以孔子之是非为不足据。狂诞悖戾，未易枚举，大都刺谬不经，不可不毁。尤可恨者，寄居麻城，肆行不简，与无良辈游庵院，挟妓女白昼同浴，勾引士人妻女，入庵讲法，至有携衾枕而宿庵观者，一境如狂。……至于明劫人财，强搂人妇，同于禽兽而不之恤。……近闻贽且移到通州，通州离都下仅四十里，倘一入都门，招致蛊惑，又为麻城之续。望敕礼部，檄行通州地方官，将李贽解发原籍治罪。……将贽刊行诸书，并搜简其家未刻者，尽行烧毁，毋令贻祸后日。

这份奏疏不可谓极具煽动力，前面列举李贽思想流行海内，影响大众确有事实根据：

> 沈铁在《李卓吾传》云：“载贽再往白门，而焦竑以翰林家居，寻访旧盟，南都士更靡然向之。登坛说法，倾动大江南北。北通州马经纶以御史谪籍，延载贽抵舍，焚香和南执弟子礼，而燕冀人士望风，礼拜尤盛。”

> 朱国祯在《涌幢小品》中记：“（李贽）邪说横议，最能惑人，为人所推，举国趋之如狂。”

沈瓒在《近事丛残》中载："（李贽）好为惊世骇俗之论，务反宋儒道学之说。致仕后，祝发住楚黄州府龙潭山中，儒释从之者几千、万人。其学以解脱直截为宗，少年高旷豪举之士，多乐慕之。后学如狂，不但儒教溃防，而释宗绳检，亦多所清弃。"

至于"尤可恨者"一句以下，将其描述成一个与妓女白昼同浴，诱引士人妻女去庙里睡觉，甚至强搂人妇同如禽兽就有捕风捉影、织造谎言之嫌。

上疏者何人？乃都察院礼科给事中张问达。张问达（？—1625）是日后东林党有头有脸的党魁之一。谁又曾料这样一个身份的人物会如此用心地指责李贽"以吕不韦、李园为智谋，以李斯为才力，以司马光论桑弘羊欺武帝为可笑，以秦始皇为千古一帝"。大家也都在猜测曾躲过重重劫难的李贽这次将以何种局面收场！

不得不承认张问达实在是位高人，他使用"罗织"之法，把一些单独看来不成其为罪状的过失贯穿一气，使人觉得头头是道，何况还把可能的后果作为现实的罪行，这也是本朝司法中由来已久的习惯。但说到底，还在于李贽的言行牵涉到道德的根本。既然说者将李贽描述为如此无良无德之妖人，这就促使万历帝下决心要"除暴安良"。

史家认为，在晚明政治斗争中，东林党人是代表早期市民阶层利益而与皇权相抗争的一个社会集团。李贽的一众好友，如袁宏道、汤显祖等，也都是东林党人的拥护者。虽说东林中人鱼龙混杂，有"君子"，也不乏"小人"。但张问达恰恰是东林党人中享有盛名的"君子"之一，且与东林领袖顾宪成同乡。乃万历十一年（1583）进士，历官知县、刑科给事中、工科给事中、礼科给事中、右佥都御史巡抚湖广、吏部尚书等，是一个不可多得的好官。

民间盛传他曾上疏"陈矿税之害"，"请亟罢天下矿税"，能力所及"多方拮据，民免重困久之"。那么这样一个急民之急的张问达怎么会迫害在意识形态领域中充当社会进步的先锋与前驱、最主张要关心民众生活的的思想家呢？话说这位张大人与李贽远近皆无冤仇，只是受了上司当朝首辅沈一贯（1531—1615）的指使，才上奏圣上，攻讦李贽的。

非要探究背后缘由的话，只能说这依旧是万历二十八年（1600）火烧芝佛院，被逐出湖广那场灾难的继续。根源在于还要不要从根本上维护儒家的道德伦理和纲常名教。李贽一贯反对儒家的"君子之治"而提倡"至人之治"，反对儒家的道德伦理至上主义而提倡社会功利主义，而泰州学派的耿定向（1524—1597）和东林党人的认识恰与之相悖。

说到底还是要怪李贽太出名了，其学说在民间的影响实在是大到惊人，尤其是在开明士人之中。他的学说将他置于万历年间中国社会时代矛盾的焦点上。大明统治者既不能容忍民间有比官方意识形态更有影响力的思潮存在，更不能容忍这种新思潮渗入统治集团内部，动摇那定于一尊的孔孟之道、程朱理学的意识形态统治基础。

于是张问达的一纸奏疏不偏不倚地满足了皇家的政治意图。

万历皇帝朱翊钧（1563—1620）很快据奏下旨：

> 李贽敢倡乱道，惑世诬民，便令厂卫五城严拿治罪。其书籍已刊未刊者，令所在官司，尽搜烧毁，不许存留。如有徒党，曲庇私藏，该科及各有司，访参奏来并治罪。

其实，万历帝对李贽早有耳闻，对其言论也知晓一二，只是没有想到今天竟然闹到自己的皇城根儿下了，看来非得给点颜色震慑一下不可。

圣旨出，锦衣卫随即扑向京东通州李贽寄居的马经纶府宅。

马经纶执意要陪李贽一起入京。

李贽说："逐臣不入城，这是皇明祖制。且你尚有老父需要照顾。"

马经纶义愤填膺道："朝廷说先生是'妖人'，而我窝藏'妖人'，是同谋。咱们要死死在一块儿，我决不让先生一人入狱而自己独留。"

行至通州城外，马经纶的京中好友闻讯前来劝告，家中仆人也奉其老父之命哭着劝留。马经纶终不为所动，义无反顾执意从行，一路陪伴李贽入京。

就这样，李贽在这个迟到的春天里，被抬进了北京城，投进了皇家监牢。

入京第二天，审讯旋即展开。解差将李贽拖至大堂，丢在阶下。审判官大金吾喝问："大胆李贽，为何妄撰妖书？"

卧倒在皇家法堂前的李贽朗声道："老朽著述甚多，俱在，于圣教有益无损。"

简短的过堂之后，大金吾笑称卓吾老头子顽固倔强，不复再审，令押回监狱，待禀明圣上，听候发落。

这种平淡无奇、草草收场的审讯让李贽少去了几分预期的亢奋。

作为御批之案，一切审理自然都是严格按照万历帝的意旨进行的。

且看作为一个奇人皇帝，面对一个犯了错的奇人臣子，他会如何处置呢？

万历帝奇在任性、贪财、好色，但关键时刻头脑绝不糊涂。他当然知道像李贽这样一个官至正四品者，以其阅历能力和广受拥戴的人品，完全可以继续获得擢升，名正言顺地享受"名教"中的"乐地"。他却弃官而去，宁愿"混迹"江湖，寓居各地，交往者也都是有身份的朝廷中人，私生活能放荡到哪里去？何况此老已风烛残年。

万历皇帝自然也明白，一旦卷入政治是非，在男女关系上的谣言是官场上攻讦他人的惯用手法，所以他对李贽的"桃色新闻"并不觉得不可饶恕。但李贽作为常行走于朝廷贵胄之家，南下北上各地名胜，又被迎入各地书院布道讲学，更撰写各种"妖书"阐述怪诞学说，这行为、这言论、这影响无论如何是绝对不能容忍和开恩的。

这个问题上，万历帝必须坚守原则，必须对李贽予以更强力的反制，要让李贽绝望。宫中传言，万历帝曾在朝堂之上郑重发言："如果这次教训好了李贽，将来规矩也就立下来了。这么做是让李贽周边人物清楚，跟朝廷打交道是有规矩的，谁任性胡来，是要被打屁股的。"显然"杀一儆百"已然是万历帝与众大臣的共识。

因此，他才决定以"敢倡乱道"的罪名将李贽逮捕治罪。所以才有庭审大堂之上审判官大金吾丝毫不予提及其男女之事等生活作风问题，他们要的就是其交代"敢倡乱道"的思想言论问题。不经意间，李贽被定位为明朝赫赫有名的思想犯，当然，这样的罪名也当是李贽所乐意承担的。

李贽入狱的消息很快在坊间传播开来，女婿庄纯甫、弟子汪本钶日夜兼程赶到京城，候住在诏狱旁，方便照应。马经纶更是奔走申告，呼吁营救。多方努力下，事态也渐趋缓和。见李贽在狱中观书吟诗精神尚可，马经纶便抽空回到通州，去安慰焦虑中的老父。

平心而论，在大多数文儒看来，招摇过市的李贽下狱实在是罪有应得，然而又不免心生别扭。明朝以儒学治天下，排斥异端自然是应有之义，但这一宗旨并没有严格地付诸实施。就在批捕李贽前后，那个人称西僧抑或西儒的利玛窦已然在朝廷重臣的引荐下，借助自鸣钟等西洋器物讨得了皇家的欢心，满足了皇族的私欲，因此获万历帝恩准，可以兴建教堂进行传教。一时为数不少的朝中重臣，包括大学士、尚书乃至皇帝的妃嫔都成为上帝的信徒，而万历皇帝本人和母亲慈圣太后则是对佛教颇有兴趣的。虽说在万历十五年（1587）曾因礼部的奏请，万历帝有过下令禁止士人在科举考试中征引佛典的先例。可就在十二年后的万历二十七年（1599），即李贽被捕前三年，万历帝还经常对京城内外的佛寺捐款施舍，又屡次派出宦官到各处名山巨刹进香祈福，在好几次大赦的诏书中，更是充满了佛家慈悲为本的语气。他甚至还特意对文渊阁的大学士们宣告，说他自己正在研读"道藏"和"佛藏"。所以，突然把提倡异端的罪魁祸首加之于"游儒"李贽，毕竟不能算作理直气壮。

归家后的马经纶见所托各种关系实在无甚效力，情急之下，完全顾不得个人安危，奋笔上书《启当事书》《与李麟野都谏转上萧司寇》为李贽辩护，斥责张问达奏疏中的虚妄、污蔑之语。

> 卓吾生今之世，宜乎为今之人，乃其心事不与今人同，行径不与今人同，议论不与今人同，著作不与今人同。夫彼既自异于今之人矣，今之人其谁不以彼为异为颇。……则忌者诬之曰淫纵……何也？其心诚疑之也。……夫以七八十岁垂尽之人，加以淫纵勾引之行，不亦可笑之甚乎？且所谓麻城士女云者，盖指梅衡湘守节之女言也。……盖此事起于麻城士夫相倾，借僧尼宣淫名目，以丑诋衡湘家声，因以败坏衡湘之官，如斯而已。……夫评史与论学不同，《藏书》品论人物，不过一史断耳，即有偏僻，何妨折衷。乃指以为异为邪，如此则尚论古人者，只当寻行数墨，终身惟残唾是咽，不敢更置一喙耶。……今李氏刊书遍满长安，可覆按也。乃不摘其论学之语，商量同异，而顾括其评史之词，判定邪正，何也？
>
> （《启当事书》）

卓吾先生之素行何如也。宦游二十余年，一介不取，清标苦节，人所难堪，海内荐绅，谁不慕悦。夫以如是人品，如是操履，而以逾闲荡检之事诬之，亦大不伦矣。至于著述，人各有见，岂能尽同，亦何必尽同。有同有异，正以见吾道之大，补前贤之缺。假使讲学之家，一以尽同为是，以不同为非，则大舜无两端之执，朱陆无同异之辨矣。先生有官弃官，有家弃家，有发弃发，盖其天性孤峻，直行己志，老来任便，有何不可？……总计先生平生著述，见刊传四方者，不下数十百种。夫人之精神，岂有一生用之于著述至数十百种之多，而有淫纵不检之行者乎？……既以著书为先生罪，又以淫纵为先生罪，既曰晚年削发，又曰勾引妇女，不亦自相矛盾乎？此真可笑之甚矣。

（《与李麟野都谏转上萧司寇》）

上书纵然文辞泼洒，情理兼尽，然而终归无济于事。只是一时间，天下尽传马经纶的辩词：卓吾生在当今之世，他的心事、行径、议论、著作都不同于今人。他既然异于今人，今人以他为异，也就不足为怪了。因为以他为异，就疑他，诬他淫纵，诬他勾引，而且信以为真，这不是疑蛇则蛇，疑窃则窃了。一个七八十岁的垂尽之人，加以淫纵勾引的罪名，不是太可笑了吗？卓吾先生宦游二十余年，一介不取，清标苦节，海内荐绅，谁不慕悦。这样的人品有什么可以怀疑可以诬陷的！他有官弃官，有家弃家，有发弃发，天性孤峻，直行己志，老来任便，有何不可？世人甘一官若饴，数日不近妇人若死，外以求怜上官一日之容，内以取媚姬妾半刻之欢，这同先生对比之下，不感到惭愧吗？卓吾的《藏书》品论历史人物，不过一史断，即便有偏颇，加以折中又有何妨，即指以为异为邪，那么评论古人，只要寻行数量，残唾是咽，不敢多说一句话了。

但无论如何，这次在皇家诏狱之内，且是万历帝亲自下旨缉捕，一般人是无能为力了。大家都在观望和等待着最高统治者的指示和旨意。

如马经纶所言，近来李贽病情不断，呕吐狼狈，便溺不通，痛苦至极，唯愿一棒子当为快耳！吊诡的是，入狱后的李贽却病情趋缓，作诗读书自如。接连几日写成组诗《系中八绝》，恰谓"狂人狱记"！

《老病始苏》记录的是初入狱时的凛然与病态：

名山大壑登临遍，独此垣中未入门。

病间始知身在系，几回白日几黄昏！

《杨花飞絮》以"四大分离像马奔"起始，用"始觉冥司亦有春"作结，面对生命的枯竭与死亡，"困兽"之心镇定又坦然。

《中天朗月》则完全以狱为家，怅然赏月。"举头喜见青天上，一大圆光照覆盆。"

想到自己因著书讲学而遭此侮蔑，且以《书能误人》自嘲：

年年岁岁笑书奴，生世无端同处女。

世上何人不读书，书奴却以读书死！

但他并不悔恨自己选择的人生道路，只恨老无所成：

老恨无成

红日满窗犹未起，纷纷睡梦为知己。

自思懒散老何成，照旧观书候圣旨。

入狱初始的李贽对万历帝还抱有希望，幻想着他能对自己有一个公正的判处：

书幸细览

可生可杀曾参氏，上若哀矜何敢死！
但愿将书细细观，必然反覆知其是。

李贽哪里知道朱翊钧是不可能"将书细观"的。即使是"细细观"了，书中那反传统思想的精神，也只能被认为是"异道惑众"而罪加一等的。

大金吾走过场式的审讯一次外，李贽就仿佛被遗忘了一般，再也无人过问。只是原本在通州还病疫缠身，不想经过这一意外拘捕，反倒身体渐趋硬朗，精力充裕，坐等讯问与圣意。"病间始知身在系，几回白日几黄昏"，入狱初始时尚处于昏迷状态的他，诏狱之中却读书自如，赋诗言志。诗中以"求死""敢死""为书而死""死更何待"来坦然面对自己的当下。他说自己名山大壑都登临遍了，只有监狱的大门还没进过，进来看看不正弥补了一生的缺憾吗？李贽还明确表示，要是怕死就不是好汉，他自己则要做一个不怕弃尸山沟的志士，做一个不怕丢掉脑袋的勇士，现在死去，正是死得其所，死得其时。显然他已完全把生死置之度外了。

然，迟迟不见万历帝的批复，这让李贽内心不免焦虑。一日，惊闻朝廷有意押解他回东南福建原籍，他在想，万历皇帝将自己贬回原籍比杀了他还严重，这种存其肉体灭其精神的惩戒方式简直是对他的一种摧残和羞辱。生为"四方之人"，志在"漂流四方"，遂喃喃道："我年七十有六，死耳，何以归为？"

又说："衰病老朽，死得甚奇，真得死所矣。如何不死？"

这与他平素一贯敢言敢闹的风格完全相悖。

三月十二日这天，李贽心情好于往常，弟子汪本钶又前来探望，他仔细端详着这个陪伴自己六年之久，不是己出但胜似己出的弟子，发现其疲惫不堪，一脸憔悴，心中不免一阵酸楚。遂开口道："我最近已慢慢适应了这里的生活，身体也尚好，待出狱后与你同回晋江，现在这里还有庄纯甫照料，你暂不必为我操心，可先回家照顾老小。"

在李贽的再三规劝下，汪本钶勉强答应回家。看着陪伴了自己六载的弟子离去的背影，李贽哪里舍得，一时老泪纵横。遂口占诗一首：

> 扶筇送子一登舟，六载相从岂浪游！
> 此去彩衣欢膝下，重来必定是新秋。

泪罢，他收拾了一下心情，显得异常轻松。当晚，踏踏实实地睡了入狱以来特别安稳的一觉，有种了无牵挂的清静，至天明方醒。三月十五，又是平常一日，曙光初照，红日满窗。

李贽早早起来，待狱吏过来，便说要找侍者为其剃发。狱吏呼来侍者，待侍者取出剃刀，李贽要求试试刀刃锋利与否，侍者遂将剃刀递至其手，转身去取毛巾。就在这一瞬间的工夫，李贽手握剃刀从颈项间一抹而过。顿时，血喷如射，侍者回过身来，看到这一幕几乎来不及反应，呆呆地愣在原地不知所措。他却神情淡然，嘴角微抿，似笑非笑。剃刀依然握在手里，只是颈项间鲜血汩汩而下，血不断地沿着衣领、前胸或滚落或渗透下来，到衣角处滴落到地面，一滴一滴乃至一摊。此刻，他没有了知觉，一点也不觉疼痛。但头脑却出奇的清醒，心中默念着狱中新近拟就的诗句《不是好汉》：

志士不忘在沟壑，勇士不忘丧其元。
我今不死更何待，愿早一命归黄泉。

生存还是死亡，这是一个问题！

在李贽看来，关注肉体的生死比及灵魂的安放似乎格局和境界显得甚为不堪。他一生都在面临死亡问题。在他眼里，生的世界如此困窘，根本不值得一活，他在写给好友户部侍郎周思敬的一封信里说："今年不死，明年不死，年年等死，等不出死，反等出祸。然祸来又不即来，等死又不即死，真令人叹尘世苦海之难逃也。可如何！"由此可见，他活得实在是不耐烦了。

李贽学问不可谓不大，但对于自刎割腕之道，似乎缺乏研究。于是，无章可循的他，选择了这种抹脖子的方法，来结束自己的生命。可能李贽年老力衰，也可能剃刀并不锋利，竟未能一刀毙命，但自杀是成功了，他很欣慰。无论如何，他要最后一次让国人震惊，让历史震惊，果然也达到了目的。

这一刀下去，痛苦倒是其次，快感是第一位的，这也当是他认为的"天下第一等好死"。那些爱他的、敬他的，惋惜了！那些惧他的、恨他的，坦然了！这于他以及所有与之有关的人或许是一种最后的释然与解脱，只是这种解脱让这位老人承受了近乎两日的痛苦折磨。

两天后，东厂锦衣卫在写给皇帝的报告中称，李贽"惧罪，不食而死"。

李贽素有洁癖，生前与人攀谈都保持适度距离，免得闻到他人身上的体味。于其自身则不停地沐浴，不断地洒扫，清除尘污甚至成为他打发业余时间的一份消遣。这或许是嘲讽了干净了一辈子的他，想不到最后以如此污秽的场面示人，衣衫尽染，浑身殷红，创口滴血，鬓须凝结，这是他极不愿意看到的狼狈场面。原本明亮睿智的双眼，渐渐失去光彩，一直熬到第二天的深夜，血流尽最后一滴。陪侍的狱吏看着奄奄一息的老人，也为其痛而痛，想通过聊天减少他的痛苦。

问曰："和尚痛否？"

李贽以手书其手曰："不痛。"

又问曰："和尚何自割？"

书曰："七十老翁何所求！"

狱吏不由对眼前这位挥刀自刎的长者充满敬佩。

是啊，已过古稀的他也算悟到了生命的真谛，至此，离上帝还有一步之遥的时候，李贽放弃了一生要做在世圣人的梦想。这一刀下去，表示了他的弃绝，他的断裂，他的转折，因为他终于悟到无须再追求什么了，于是可以死了。"荣死诏狱"，这是他曾经多次幻想的死法。武将死于战场，马革裹尸。文人为了自己的思想，死于捍卫自己思想的牢狱之中，也不失为人生一件快事。

其实，李贽早几年就对其弟子汪可受（1559—1620）说过："得荣死诏狱，可以成就此生。""那时名满天下，快活快活。"

李贽也曾对弟子汪本钶有言："一棒打杀李卓老，立成万古之名。"李贽自躺在门板之上，坦然入京入狱是完全不惧死亡的，他甚至多么希望万历帝一怒之下棒杀自己，那样真成就了自己的"万古之名"了。

然，一切都没有如其所愿，主恩不但不杀，居然让他乖乖地回到东南老家，失望啊！憋屈啊！羞辱啊！我都不怕死，你又何必如此这般呢？连死的机会都被无情地剥夺了！

如今已在诏狱，能否荣死还很难说。对于年已七十有六的他来说，重要的不是死不死，而是死在哪和怎么死的问题。记得自己在《与焦弱侯》信中表达过对死在知己身旁的渴望，如若不能，宁愿死在监狱、死在战场。"闻有欲杀我者，得兄分剖乃止，此自感德。……与其不得朋友而死，则牢狱之死，战场之死，固甘如饴也，兄何必救我也？死犹闻侠骨之香，死犹有烈士之名，岂龙湖之死所可比耶！"不惧死，但要死得其所，死得有价值，这是李贽一直以来所期待的死亡方式。

记得在七十二岁那年他在《老人行叙》里也曾说：

> 虽曰《老人行》，而实则穷途哭也。……百世之下，倘有见是书而出涕者，坚其志无忧群魔，强其骨无惧患害，终始不惑，圣域立跻，如肇法师所谓"将头临白刃，一似斩春风"。吾夫子所谓"有杀身以成仁"者，则所著之书犹能感通于百世之下，未可知也！

犹记此前撰写的《五死篇》所言："英雄汉子，无所泄怒。既无知己可死。吾将死于不知己者以泄怒也！"

是啊，自己曾赞颂和倾慕的死亡方式莫过于"将头临白刃，一似斩春风"，"死犹闻侠骨之香，死犹有烈士之名"。今天的死亡选择是自己早有预想的，现在真的可以以死泄怒了。如此死法可以对不住任何人，但他要的就是对得起他自己。

所以，张问达的这一御状告得他正中下怀，逮捕令一下，他好像求之不得，连忙招呼人抬来门板，他躺在上面，抬至京城。但很遗憾，被捕入狱没造成一点轰动效应，一切都无声无息，不死不活。先是万历帝迟迟不予如何处置的答复，而后听说要将他遣返原籍，李贽觉得这场戏真是该演完了。他一生两畏，一畏回乡，二畏回家，这绝对行不通。回顾自己的后半生，一直在逃离的路上，逃离官场，逃离家庭，逃离纷争，逃离迫害，如今，终于无处可逃！

于是，他决定自杀。他的自杀是深思熟虑后的严肃行为，而且采用了近乎"行为艺术"的死法，也是他一贯必闹到别人目瞪口呆的风格的最后演示。

老夫子在死亡线上折腾了两天之后，在无法言语的难堪沉默中与世长辞。可怜的老人家一生做事雷厉风行，不承想这最后一抹却没有手起刀落，痛痛快快有尊严地离去，只能无助地蜷缩在阴暗潮湿的诏狱中，直到流尽生命中最后一滴血，才抱憾而去。他终于不再折腾了、闹了，安静得像一个躺在血泊中的乞丐一样一动不动了。

时间停在了三月十六日的子时。

一个时代的祭品就此定格了！

李贽之死的消息不胫而走……

仇者快！亲者痛！

庄纯甫闻讯，呼天抢地，哀号良久，至泪尽无声。

汪可受听后，捶胸顿足，一字一泪，痛写祭文。

焦竑怆然而撰《追荐疏》道："卓吾先生秉千秋之独见，悟一性之孤明。……曾于公而何憾，顾我辈之奚堪？灯火残更，尚想诗书之讨论；林泉清画，犹疑杖履之追游。痛逝者之如斯，伤潜人之已甚。虽有志者不忘在沟壑之念，而杀人者宁不干阴阳之和！……"

袁中道著《李温陵传》为他洗刷不实污名："公为士居官，清节凛凛，而吾辈随来辄受，操同中人。……公不入季女之室，不登冶童之床，而吾辈不断情欲，未绝嬖宠。……公深入至道，见其大者，而吾辈株守文字，不得玄旨。……公自少至老，惟知读书，而吾辈汩没尘缘，不亲韦编。……公直气劲节，不为人屈，而吾辈胆力怯弱，随人俯仰。"

他实在是与一般人大不相同，袁中道进而哀呼道："嗟乎！才太高，气太豪，不能埋照溷俗，卒就囹圄，惭柳下而愧孙登，可惜也夫！可戒也夫！"

汤显祖作《叹卓老》埋怨他："自是精灵爱出家，钵头何必向京华。"

陶望龄愤慨道："卓吾……是世间奇特男子。行年七十六，死无一棺，而言者犹哓哓不已；似此世界，尚堪仕宦否？"

相识的不相识的，同辈的晚辈的，学者、士子、僧人纷纷以诗文悼念李贽之死。

友人方沆长歌当哭，作《纪事十绝》云：

万井萧条杼轴空，寻常启事日留中。
豺狼当道凭谁问？妒杀江湖老秃翁。

友人周汝登作《吊卓吾先生》云：

天下闻名李卓吾，死余白骨暴皇都。
行人莫向街头认，面目由来此老无。

和尚真程作《吊卓吾先生墓》二首云：

鸦鸡犬吠荒村里，木落草枯寒月边。

三拜孤坟无一语，只应拍手哭苍天！

踏破百年生死窟，倒翻千古是非窠。
区区肉眼谁能识，肉眼于今世几多！

王铎作《吊李卓吾墓》云：

李子何方去，寒云葬此疆。
性幽成苦节，才燥及余殃。
鬼雨蒙昏眼，嵩山泣夜鸰。
愁看哽咽水，老泪入汤汤。

吴从先作《李秃翁赞》云：

击研长作枯鱼声，万古英雄泪不止。
搁管胜操照夜刀，一生肝胆血如洗。
……

李贽之死不仅掀起一股来自民间的抗议浪潮，更有那些曾经保护他的总督、巡抚、御史、侍郎、新科状元等的不断声援。而与此同时，也有冷嘲热讽者，尤其是东林党领袖顾宪成那幸灾乐祸之态：

李卓吾讲心学于白门，全以当下、自然指点后学，说个个人都是见见成成的圣人，才学便多了。闻有忠节孝义之人，却云都是做出来的，本体原无此忠节孝义。学人喜其便利，趋之若狂，不知误了多少人。后至春明门外，被人论了，才去拿他，便手忙脚乱，没奈何却一刀自刎。此是杀身成仁否？此是舍生取义否？此是恁的自然？恁的当下？恁的见见成成圣人？

怅望千秋一洒泪！是是非非！终成追忆！

李贽一生四次入京，通州之行是最后一次。[①]

遥记首次来京是在嘉靖四十一年（1562），三十六岁。目的是求官，但只是举人出身的他，谈何容易。"三年服阕，尽室入京，盖庶几欲以免难云。"原来因父亲白斋公病故，回老家泉州"守制东归"，三年期满，举家"北漂"，这是李贽第一次进京，到京以后"居京邸十阅月，不得缺，囊垂尽，乃假馆授徒"。一时没有官差空缺，生活又没有着落，不得不借别人的馆舍，以教书为业维持生计，各种艰辛可想而知。好在"馆复十余月，乃得缺，称国子先生，如旧官"。终于在失业近两年后，当局鉴于其曾为河南辉县教谕、南京国子监博士的过往经历，授予其北京国子监博士一教职。但是，不久李贽即与祭酒、司业触，不一而足矣。可以想象，作为国子监的普通教师，却与校长、副校长"触"，其处境该是如何的难堪。然，更大的灾难接踵而至，刚接到祖父去世的讣告，儿子又不幸病死身旁。李贽无奈发出"仕宦若居士，不乃更苦耶"的哀叹。李贽不得不离京回泉州再次奔丧，守制。

嘉靖四十五年（1566），年已四十岁的李贽第二次来京，这次也是他在京生活时间最久的一次。经过一段时间的寻谋，得以出任礼部司务

---

① 关于李贽与北京的相关研究可参阅张建业、张岱《李贽北京行踪与思想考》，《北京科技大学学报（社会科学版）》2015 年第 3 期。

一职，相当于干事或文书，负责收发公文，地位低下而又收入微薄。当时就有人讥笑他，他回应说："吾所谓穷，非世穷也。穷莫穷于不闻道，乐莫乐于安汝止。吾十年余奔走南北，只为家事，全忘却温陵、百泉安乐之想矣。吾闻京师人士所都，盖将访而学焉。"礼部司务是一个清闲也清水的职务，收入极为有限，李贽却也不以为意，此次来京的首要目的不在职务高低，俸禄多寡，而以求"道"为旨要。

李贽这次就职京师，确实使他获得了可贵的收获，就是他开始和阳明心学发生了关系。礼部虽穷，但高人云集，在同僚李逢阳、徐用俭的影响下，李贽终于认识和接受了流行的阳明心学。在接受心学之前，李贽所信奉的是传统的儒学思想，在这样的思想范围里，他不可能创造不朽。因此可以说，心学的接受，是李贽叛逆思想的发端。而这，又与北京是分不开的。当然，他人生旅途中的更大坎坷也是从这开始的。研讨王学是李贽这时期的一大收获，但是，他那不同世俗的倔强的性格，仍然和顶头上司相触。作为一个负责收发公文的低职，却与礼部的最高长官尚书、侍郎"尽触"，其处境也就一想便知。可在这个职务上，李贽一干却就是五年，"五载春官，潜心道妙"，李贽苦中有乐，收获甚大。直到隆庆四年（1570）升任南京刑部员外郎为止。

万历二十五年（1597），七十一岁的李贽第三次来到阔别二十七年的北京。这要从万历二十四年（1596）说起，彼时湖广按察司佥事的史旌贤扬言要以"大坏风化"之名把李贽驱逐出湖北麻城，李贽岂是畏惧之人，原本要远行的他干脆推迟行期，坐镇对峙，毫不惧怕，此事也就不了了之了。

适时，左副都御史、吏部右侍郎刘东星（1538—1601）因丁父忧而家居山西沁县，想了老友李贽，特地叫儿子用相到麻城龙潭湖邀请李贽到自己家乡做客。这一次，李贽一路北上，先赴山西沁水坪上村刘东星府上，万历二十五年（1597）再应巡抚梅国桢（1542—1605）之邀又到大同住下。这年的秋天，李贽别过梅国桢，再次入京，寓居西山极乐寺。他与焦竑（1540—1620）约定来年开春连舟南下，故而暂居待焦。于是先行在京西极乐寺安顿下来。这次在北京时间不长，但不为生计不为官，一身坦然，自得得很。从武昌到山西沁水、大同，再到北京，一路北上停顿下来，四处奔波，如同卷蓬。遂作《卷蓬根》，描述自己的漂泊生活。

> 我来极乐国，便阅主人公。极乐主人常在舍，暂时不在与谁同？尘世无根若卷蓬，主人莫讶我孤踪。南来北去称贫乞，四海为家一老翁。忆昔长安看花柳，如花人面今乌有。岂无易酒发朱颜，转眼相看尽白首。并时不见一人存，何况千年返旧村！风萧萧兮冢累累，二十七年今来归。不道有鸟丁令威，不道老翁竟为谁，但问主人是耶非！

李贽以"尘世无根若卷蓬"比喻自己漂泊不定的人生。回想年轻时"尝北学"，以致"天寒，大雨雪三日，绝粮七日，饥冻困踣"。二十九岁步入仕途，出任河南辉县教谕，后转任南京国子监博士，三月不足，即因父亡返泉州守制三年。期满携眷北上京都，一时无着落的他，不得已借他人馆舍教书糊口，而后勉力获得北京国子监博士一职。岂料，家难接连不断，祖父去世，次子病殁，悲痛中再回泉州守丧三年。这期间，寄居河南辉县的两个女儿连病带饿先后离世。为生计，他不得不携眷再赴京师，出任礼部司务穷差使。后升任南京任刑部员外郎，又转任云南姚安知府，三年任期未满，五十四岁的李贽出人意料地任上辞官。奔赴黄安从此开始了寓居友朋的二十余年的"流寓"生涯。至此，先是黄安耿定理家，后是麻城周思久家、梅国桢家，转走武昌"三袁"（袁宗道、袁宏道、袁中道）之会、北上山西沁水刘东星家，再转大同梅国桢处，南下金陵焦竑家，再折返通州马经纶家。其一生真像飞蓬一样转来转去，四处奔波。《卷蓬根》一诗，实是李贽对自己人生像飞蓬一样的形象写照。

万历二十九年（1601），李贽第四次来到北京，此时他已七十有五。此次来京实不得已而为之。因为被统治者和道学家们视为异端，原拟颐养天年的龙湖芝佛院被当局毁于一炬，李贽四处不得安身，末了不得已随马经纶北上，选择北京通州作为人生的归宿。不料，此行竟成人生最后的行程。

李贽走了，最伤心的莫过于送他最后一程的马经纶。只见他衣衫步履，马不解鞍，第一时间飞奔而来，收尸于镇抚司。面对先生的遗体，失声痛哭道："吾护持不谨，以至于斯也。伤哉！"

"天乎！先生妖人哉！有官弃官，有家弃家，有发弃发，其后一著书学究，其前一廉二千石也。凭什么说他是妖人！"

悲愤至极。

一六〇二年春天的北京，风沙肆虐。就在这样的三月天，在通州城北门外的迎福寺边，人们冒着扑面呛口的扬尘，草草地安葬了李贽。

安葬仪式完全依照李贽的《遗言》举行。

"择城外高阜，向南开作一坑：长一丈，阔五尺，深至六尺即止。……以安予魄。……我心安焉，即为乐土。勿太俗气，摇动人言，急于好看，以伤我之本心也。"

此外，他还要求"用余在身衣服即止，不可换新衣"，"入坑时，头上加一白布中单，用二三十根椽子，五张芦席盖上"。

遗言所说长一丈、阔五尺、深六尺的坑以及白布、中单、椽子、芦席，均是回民丧事用语与用品。这种不用棺葬，而用白布裹尸的习俗完全是回族的传统丧葬。只是略有不同的是，按伊斯兰风俗，死后入葬前，要洗身，净身裸裹白布。李贽强调勿换旧衣，以免惊动其魂灵。

李贽如此安排，源于家族中入闽的二世祖林驽是一位航海家商人，经常往来于泉州港和波斯湾之间，曾娶波斯女子为妻，从而家族中有了伊斯兰教信仰和习俗，所以李贽死前曾遗言身后从伊斯兰教葬仪。

按其遗言"冢高一丈，周列白杨百株"，大有向相距几十里之外的紫禁城内的万历帝示威之意。

李贽如其所愿，一刀下去，荣死诏狱。留下马经纶收拾后事。其实马经纶自千里之外救难、迎养李贽外，又辩诬在前，归葬于后，如此不避嫌疑，情义之重，堪称义薄云天。李贽地下有知也该知足于自己一生求友，终得马经纶这样一位生死之交，也足慰平生矣！

李贽入土为安了，陪伴他的焦竑书"李卓吾先生墓"矗立在漫漫黄沙中。

明廷让李贽永远地停止了思想，闭上了嘴巴，自然也不忘对其已刊未刊遗著"尽搜烧毁，不许容留，如有徒党曲庇私藏……并治罪"，以免遗毒后世。

然而，实际效果如何呢？

"虽奉严旨，而其书之行于人间自若也。"

"李卓吾先生殁，而其遗书盛传。"

"宏甫殁，遗书四出，学者争传诵之。"

"士大夫多喜其书，往往收藏，至今不灭。"

"今日士风猖狂，实开于此。全不读《四书》本经，而李氏《藏书》《焚书》，人挟一册，以为奇货。"

"尔时，部议并毁其书刻，而世人喜其高奇，反以盛传于世。"

于是，二十年后的天启五年（1625），熹宗（1605—1627）再下御旨："李贽诸书怪诞不经，命巡抚衙门焚毁；不许坊间发卖，仍通行禁止。"

禁毁自禁毁，流行自流行。

一些书贾还假冒李贽著作刊印以获利。学生汪本钶说："（卓吾）一死而书益传，名益重……第寝至今日，坊间一切戏剧淫谑刻本批点，动曰卓吾先生。"

有道是"犯众难以开今"！

汤显祖不无感慨地说："世假李氏书伙甚，真出其子者，雅推《藏书》《焚书》《说书》。《藏书》藏不尽，《焚书》焚不禁，《说书》说不尽，而为经史集，靡弗具备。"

其更愤慨道："（其书）传世可，济世可，经世可，应世可，训世可，即骇世亦无不可！"

致顾炎武惊呼惊叹道："一境如狂，一境如狂啊！"

致使冯元仲作悼诗曰：

手辟洪蒙破混茫，浪翻古今是非场。

通身是胆通身识，死后名多道益彰。

及至清乾隆时，李贽的著作仍列入禁书目录。

清人张师绎感叹道："卓吾先生之被收也，欲杀之则无罪，欲赦之则不可，当事者且文致其言语文字为罪状，而先生义不受屈辱，引刀自裁，不殊，久之乃绝。……天乎！夫子之无罪也，如之何其以语言文字死也！愿得奉其遗言，仿佛庄事之。于是《焚书》《藏书》《说书》之纸涌贵。一切稗官、乐府、委巷、丛林、琐尾悠谬之说，依草附木，如蝈蟛沸羹，皆窃附门籍，冀一镮半铢之润，而先生之道益大，名益尊。"

晚近吴虞总结道："张问达、王雅量能焚毁卓吾之书于一时，诬陷卓吾之身于一日……卓吾书盛行，咳唾间非卓吾不欢，几案间非卓吾不适，朝廷虽焚毁之，而士大夫则相与重锓，且流传于日本。"

李贽若地下有灵，可以瞑目安息了！

时间一晃三年过去了。

万历三十三年（1605），为李贽之死懊悔不已的马经纶终于病倒在家，友人张祥前来探视，他道："学道有年，到此时才是学道。"于是正容端坐而卒，时年四十有四。

若干年后，小友詹轸光撰《吊李卓吾先生墓二首》云："侠骨不防燕市北"，"燕赵古来多慷慨"。

对李贽与马经纶一并表达了崇敬和悼念之情。

时间一晃又二十三年过去了，天启五年（1625），直接导致李贽惨死诏狱的上疏者东林党魁张问达被御史周维以"植党乱政"，被另一御史以贪赃枉法为由上疏弹劾，老头一口气没上来，走了！

横死皆因果，可叹黄泉人。

终于，尘归尘，土归土！

上篇 宦海问道

一 海港商裔

李贽嘉靖六年（1527）生于闽学盛行、中外文化交汇的东南泉州港一经商世家，父亲以教书为业。家族受海洋文化、商业文化的影响深厚，视野开阔、婚嫁开放、信仰多元。特殊的海港文化和家族环境，使其比常人多了一只观察和认识周边事物的眼睛。

不知史，何以知兴替！历史是有规律的，故史家言，以史为鉴！时代有变，人个有异，故人生也就有了"时运"之说。春秋养士，刘汉尚武，李唐礼艺，赵宋崇文，朱明好奇。大明王朝二百七十余年，皇帝个个与众不同，臣民也是迥异寻常。

公元一五二一年，大明第十位皇帝正德皇帝在宦官佞幸等群小的围拢下驾崩于豹房。可怜武宗以三十一岁闭目，尚未留下子嗣，他又是孝宗的单传。国不可一日无君，经后宫与内阁合议由其远在湖北的十五岁堂弟朱厚熜立刻到京继位，第二年（1522）改年号为嘉靖，成为明王朝的第十一任帝王。从藩王变成皇帝，对朱厚熜来说真是天上掉馅饼，朱厚熜上位，火烧武宗弊政，诛杀佞幸，节用宽民，朝政气象为之一新。之后的四十五年大明王朝进入嘉靖时代。

一说到嘉靖皇帝，给人印象最深的是一个险被宫女暗杀的迷信方士，尊尚道教，常年避居西内不上朝的奇葩帝王。但这一朝在中国历史上却绝不平庸，它是一个经济日益繁荣、思想日益自由、文化日益昌盛的时代，也是一个人才辈出的时代。明朝最著名的奸臣严嵩，最著名的清官海瑞，最善战的将领戚继光，最能干的改革家张居正，最异端狂人李贽都曾生活在这个朝代。

嘉靖六年（1527）十月二十六日。远离京都万里之外，遥远的东南海港泉州府晋江县城内林氏家族诞下一男婴。林家原籍河南，传说远祖林辅于唐僖宗光启元年（885）避祸，从河南光州固始迁入泉州刺桐港，未有建树。直至元末，族中方出了个贩私盐发达的林间，是为泉州林氏族谱的一世祖。而据族谱记载，祖上鉴于"元季兵饷费多，粮银推迫，一人焉能特持，又兼幼孤，常在外妈之家，是以变名而入外妈之林姓"。这就扯出一个话题，林姓是迫于无奈改姓娘舅之姓的。改姓之外，为避灾祸，远迁泉州，算来也是客家一脉。

寄居泉州海港的林家，入乡随俗从事海上贸易，经几代积累已为富商。一世祖林间，借前人蓄积之资，常扬帆远航海外。二世祖林弩，不仅在国内从商，且远涉重洋，兼营海外贸易。洪武中，还受命于朝廷，奉舶下西洋。三世祖林通衢，亦"夙有经营四方志"。至明朝实行"海禁"，生意开始衰落。尤其嘉靖皇帝重拾太祖"片板不许下海"的禁令，且一意孤行，违反者视为"海盗"！但高祖林易庵因"谙译语"，在天顺间曾"奉简书使外国"。曾祖林琛做过通事官，引"琉球入贡"。

到李贽时，其家族内仍祖业相传，有的开纸店，有的经营米店、染坊和棉行诸业，但已无祖上巨商之富足，仅是维持生计而已。海商的衰落，家族内不少人不得不重拾读书求仕的老路，不求做到达官贵人，至少可以做个教书先生糊口养家。李贽的祖父林竹轩、父亲林白斋，都是家族内读书求官的引路人，但这条路似乎比经商走得更为艰难，一条窄道走到头发迹的人实在太少。父亲林白斋为了扭转家族运道，便仿效二祖林驽之弟——迁居南安胭脂巷的林端，让儿子林载贽在十六岁入泮后改姓李。翻阅林李族谱，家族内改姓向有渊源。从第三世起，便分为林、李两姓，原因为何，历来说法纷纭。

主宗教分歧说者认为：大明改朔之后，二世祖林驽效法东南沿海海商的普遍做法，借助泉州港的有利天时地利，将大明的丝茶瓷器运贩西洋各地，再从外国带回香料、染料和宝货等，不久便富甲一方。《陇西李氏族谱》载：闾长子林驽"壮年航吴泛越，为泉巨商。洪武十七年，奉命发航西洋忽鲁漠斯（伊朗古代港口），等教不一，为事不谐，行年三十，遂从其教，受戒于清净寺教门，号顺天之民。就娶色目婢人归于家"。文中所载，林驽远航阿拉伯异域，为生意之便，娶当地女蒲氏。信仰伊斯兰教，受戒于清净寺。林驽携妻归国后，深受儒、释（其母礼佛）影响的家庭为之震撼。其弟林端由于"不能革其兄之异习，乃退而自居城南"，另辟新居。乃至子嗣弃林姓复归李姓。至此，后世族谱中有了林、李两脉。

主政治避祸说者认为：林闾孙林广齐，因修理泉州东岳庙，立下马碑，闯下了杀身之祸，洪武帝赐死，株连宗族。族人为了避祸，改林姓为李。或传说，三世祖因反对封建礼教，得罪林姓御史，被扣上"谋反"

罪名，为避祸改姓李。

以上二说，实难定论。揆其实况早在李贽生前就说不清楚，所以在他著作中自己并无一言道及。族人李光缙也称："仍姓林者改李，李姓者改林，诞信相非，世远事湮，莫从考据。"但无论如何，林、李同祖同宗是不争的事实。故而李贽曾在一世祖林闾墓前望柱上撰联：

九世同坟，历代明圣光俎豆；一宗两姓，熙朝文物夸李林。

话说作为海港商都的泉州，从隋唐开埠，经宋元到大明，这里聚集了海内外众多商旅，儒教、道教、佛教、回教、天主教徒，寺庙道观教堂林立各地。林驽绝非娶色目女之第一人，只是固守中原传统的家风一时难以承受如此开放的海洋文化。

如果说二世祖林驽的婚姻和信仰最直接的影响是导致兄弟分庭的话，那更深远的意义或许在于其海商思维与不羁性格对家族后裔植入骨髓的濡染。其子林通衢亦娶伊斯兰教女子为妻，而其母钱氏安葬之时，他竟也取法回制。这种抛除拘勒，大胆叛逆的精神代代承袭，至八世林载贽身上则更是惊世骇俗。如果林驽是为林氏家族开风气的传奇人物的话，那么林载贽可为整个大明王朝的"异端"首脑。

李贽一族谱系

一世林闾，字君苏，号睦斋，生二子；

二世林驽，字景文，号东湖，为航行波斯大贾；

三世允诚，排行第二，从李著姓；

四世学乾，回泉，复姓林；

五世端阳，迁居南邑，从李著姓；

六世宗洁，号竹轩，娶董氏，生四子；

七世钟秀，号白斋，以子载贽贵受封赠；

八世载贽，入泮学册为林载贽，旋改姓李，后避穆宗讳，弃载名贽。

福建泉州林间后裔世系

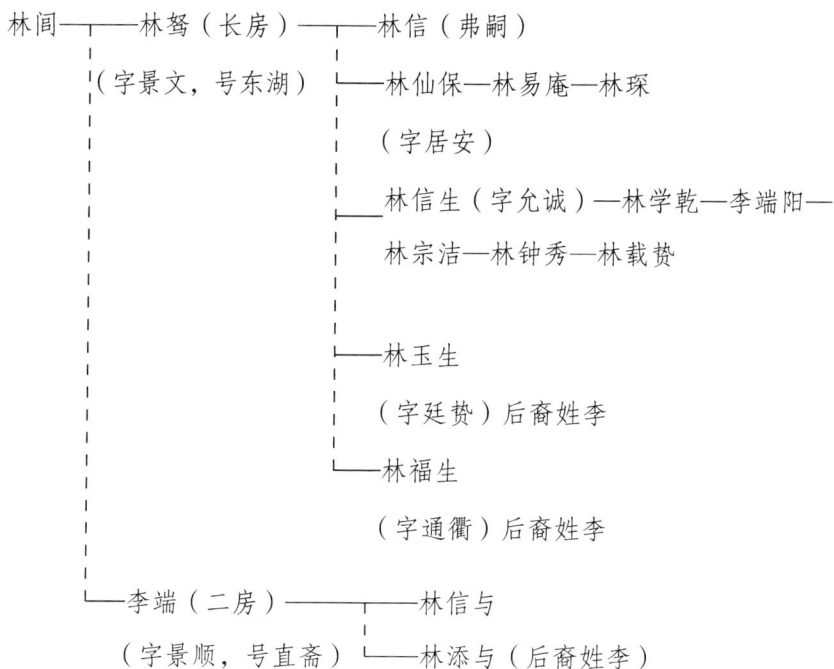

林间——林鸳（长房）——林信（弗嗣）

（字景文，号东湖）——林仙保—林易庵—林琛

（字居安）

——林信生（字允诚）—林学乾—李端阳—

林宗洁—林钟秀—林载贽

——林玉生

（字廷贽）后裔姓李

——林福生

（字通衢）后裔姓李

——李端（二房）——林信与

（字景顺，号直斋）——林添与（后裔姓李）

二 易姓归儒

终于，嘉靖三十一年（1552），二十六岁的李贽在福建省乡试中一考中举。李贽责无旁贷地成为养家糊口的顶梁柱。至此，二十六年的生命历程，历经少年丧母，向学其父，负笈府学，娶妻安家，四方糊口，他真切地感受到穿衣吃饭便是道，是安身立命的根本。没有这些，许多东西都将停留在空想的阶段。

走笔至此，正式引出本传的传主——李贽。说起少年李贽，还得从其祖父林竹轩开始。林家至竹轩辈，适逢倭寇闯入东南沿海烧杀抢掠。明政府为防边祸，实施海禁，随着市舶司的罢撤，海禁的加强，政府虽派大将戚继光治倭，但昔日繁华的泉州港却风光不再。从事贸易往来的林家族人也元气不复。到了李贽祖父林竹轩时，家境已经衰败，林竹轩有子四人，"四人自少长洎娶，同室共炊，家庭迄无间言"。原本过着大家族式的群居生活。可惜，家道中衰的林家，已经无力支撑这种"同室共炊"的集体安居。竹轩老无奈发令"折箸分居"。经商一途已日薄西山，家族子嗣的出路摆在了老一辈长者的议事日程上。话说祖上虽然以经商名世，但也从未脱离或儒商或官商的追求。所以，家族一直和泉州官场和地方乡绅保持很好的往来，族人身上也一直抱有仗义疏财、扶危济困的传统。如今自家生计无奈至此，希望儿孙能重新走上读书入仕的道路成为长者们的一致主张。

李贽的父亲林白斋"身长七尺"，为人豁达大度，任侠使气，面对家族的现状，毅然遵从父命，一举考中泉州府学秀才，走上了弃商业儒的老路，以"隶郡诸生"的身份成为一个教书先生。

嘉靖六年（1527）十月二十六日的晚上，泉州城南万寿路一处普通的院落，随着一声婴儿的啼哭，林白斋与妻徐氏的长子林载贽降临人世，一家人无比欢喜。白斋先生教书，徐氏饲儿持家，一家人过着无风无浪的小日子。

然而不幸之事悄然降临这个小家，在李贽六岁时，母亲徐氏竟然愕然离世。年少的他尚不知这意味着什么，在众多族人的痛哭声中，他只是呆立一旁。母亲出殡之后，一切归于平静，他一个人去海边一无人的山崖下，努力回想母亲留给自己的记忆，印象最深的莫过于要求自己每餐之前定要洗手方可上桌，睡前也要沐浴之后方可上床。偶尔忘记甚或偷懒被母亲发现，必将责罚，为此还曾多次落泪。想到这里，内心空落落的他感到孤单，这种孤单让他害怕，积攒了六年的母子情深之泪流尽后，他走入海水，将自己洗了个干干净净，顿觉清爽。

幼而孤后，李贽虽然直到中举为官才彻底离开泉州，但就此一生，除却奔丧之外，一直未有归乡返家之意，即使至死也不愿归根。这或许与他少年丧母不无关系。此时也恰是其开始学业之际，教书先生的父亲自然承担起了儿子的教育问题。据其自述："我自六七岁丧母，便能自立。""长七岁，随父白斋公读书歌诗，习礼文。""余自幼治易，复改治礼，以礼经少决科之利也。至年十四，又改治尚书，竟以尚书窃禄。然好易，岁取易读之。"在父亲的指导下，李贽所习甚杂，诗、书、礼、易均有涉猎。总之，其家世出身、生活环境、所受教育共同造就其"自幼倔强难化，不信道，不信仙、释，故见道人则恶，见僧则恶，见道学先生则尤恶"的反宗教、反传统的独立性格。学业之余，除帮助父亲操持家务之外，"自幼寡交，少交游"的他，唯一的喜好是且有闲暇便一人溜达到海边，坐在山石之上，听海涛怒波，观风平浪静，以及无垠的海面上的往来商船与行色商贾，不时也听闻倭寇祸害海商船队的奇闻逸事，然后陷入静思……数年来所读儒家典籍中的经世致用，易学中的变数求索，家族中务实求利的传统，泉州城内宗教林立的各式信仰，这些都不时闯入他的大脑。

他的这些经过思索的独立的想法在年少时期的习作中就有所体现，十二岁这年作《老农老圃论》，他将《论语·子路》中"樊迟问稼"和《论语·微子》中"子路遇荷蓧丈人"两段内容结合起来，批驳孔子把种田人看成"小人""下人"，直击儒家理论中将人分为等级的软肋，讽刺鄙视农业劳动的孔子，赞扬关心农事的樊迟。文章的大体内容是：樊迟问孔子如何种庄稼和蔬菜，孔子随即在背后骂樊迟是小人，因为樊迟明知孔子对农业一窍不通，还要提问。在孔子看来，这就如荷蓧丈人嘲讽他"四体不勤，五谷不分"一般，因此孔子不能容忍，故骂樊迟为"小人"。在封建社会，孔子是读书人顶礼膜拜的"圣人"，是绝对的权威。因此在传统的教育中，对于"樊迟问稼"都遵循孔子的"圣训"，批评樊迟，认为耕地种菜不是读书人该做的事，当然樊迟也就不该提问。然而，李贽打小就善于独立思考，不轻易遵从大人甚或权威的演说，这篇文章首次公开显示了他的叛逆精神，是他"异端"思想的萌芽，培养了他执拗不屈的叛逆性格。

年少的李贽就大胆质疑圣人孔子的言论，且一语中的，读罢此文的大人们，无不感叹"白斋公有子矣"。第一次出名是因为一篇点评圣人的小文章，这是李贽始料未及的。少小有名的他也不免沾沾自喜，原来本真地说出自己内心最真实的想法，可以获得如此赞赏！他也第一次意识到圣人的言说多数确实应予以推崇，但也不一定一味地迷信先哲。自己为完成父亲交代的习作，不经意写就的一篇质疑孔夫子的小文竟然引来一片赞誉，让他深切地感受到与权威与大众持相异观点同样可以博得一定名声。少年成名如此！李贽的性格中自信与自创的驱动慢慢积累与呈现！

生活依旧，母亲徐氏离世之后，家里老少的生活一时无人照顾，在族人的主持下，父亲续弦，再娶董氏为妻。李贽曾回忆道："吾大人何如人哉？身长七尺，目不苟视，虽至贫，辄时时脱吾董母太宜人簪珥以急朋友之婚，吾董母不禁也。"父亲在家贫之际，仍不忘救助友朋之难。白斋公慷慨济困对李贽影响很大，成年后，自号"思斋居士"，以此纪念亡故的父亲。只是随着家庭成员的不断增多，五男三女八个子女靠一个塾师供养窘困可以想象，结果很快衣食不继，一度需要买田置地，雇工放债的二叔廷桂"馈膳服劳"来接济。比之尚能糊口的李家，泉州大多百姓就没有那么幸运了，商船渔民不断受到倭寇侵扰，甚至命殒大海，加之连年的旱灾，城外农民流入街市，时有饿死者。

身为教书先生的父亲，一生白衣，为了能让长子在科考中榜上有名，为另外七个弟妹做出表率，杂学之外，他必须以经书之旨为旨归。科考于读书人言，就像赌场内的赌徒一样，愈是不顺，愈不肯罢休，自己未曾金榜题名，那么就让这一遗憾在儿孙辈身上逆转吧！故而慈父早早地即在识字与诵读中灌输"四书"的内容。一切比想象的更顺利。十六岁时，李贽轻取秀才，入了府学。此时名册上所录姓名为林载贽，或许出于改变现状的强烈希望，父亲在其十七岁"入泮学册系林载贽，旋改姓李"。

回想祖上改姓或出于生活所迫，或出于异教信仰，或出于政治避难，此次林载贽改李载贽是在入府学期间，意在走儒业之路，一改家族先前固有的生活方式和思想传统。李贽身上无疑寄托了林家几代人的期许。

至此，李贽家族，二世祖林驽时，富为海商大贾，四世祖林易庵、五世祖林琛引琉球入贡，"冠带荣身"，继续做海外贸易。但到了祖父、父亲一辈已经由海商富贾变为城市商贩，抑或城市塾师，等到李贽"振缨郎署"彻底走上儒业之路。一句话，李贽乃商裔儒子。家族中亦商亦儒的生活环境，以及儒释道、伊斯兰教多种信仰并存不悖，李贽就生活在这样一个极具自我意识和冒险精神的家族之中。所有这些混杂，促使李贽自小没有形成一种独一生活圈。家族中由李改林，再由林改李，何尝不是家族中际遇和观念的一种转变。

这一年，万里之外的京都宫廷却上演了一出历代后宫史上绝无仅有的宫女谋杀皇帝的起义事件，史称"壬寅宫变"。当时嘉靖皇帝朱厚熜听信术士为求长生不老药，大量征召十三四岁未经人事的年少女子入宫，用其经血来炼制丹药延年益寿。为保持经血的洁净，令宫女们不得进食，只能食桑饮露。《李朝中宗实录》则称："（宫女）若有微过，多不容恕，辄加棰楚。因此殒命者多至二百余人……皇帝好道术，炼丹服食，性寝躁急，喜怒无常。"

程嗣章《明宫词》也云及此事：

无端事变起宫闱，全仗长秋息祸机。

岂料顿忘宗社恨，翻然病已忆端妃。

世宗性卞，待宫人多不测。宫人惧。会所幸曹妃及王宁

嫔侍上寝，寝酣，宫人杨金英等谋弑逆。

朱厚熜性情狂躁，不时人来疯，搞得宫里人人自危。宫女们不堪苦痛，以杨金英为首的十六位少女决定反抗，她们趁嘉靖帝熟睡之时，企图用麻绳勒毙他。谁知在慌乱之下，却将麻绳打成死结，结果只将嘉靖帝勒昏，而没有毙命，被随后赶来的方皇后制服。首犯凌迟，卷入案件者全部处死。

既入儒途，来之安之。府学内读书的目标更为直接，即考中举人。于是所读之书严格限制于宋儒朱熹的《传》注之中。这对于一向善于独立思考的李贽来说，如同上了紧箍咒一样。然而一人吃饱毕竟不是他的志向，看着家中老父被贫困折磨得已无一个塾师先生身份应有的体面，弱冠之际的李贽再也等不及科考中举，他不得不为父亲分担养家的担子。十九岁那年他离开府学，出外谋生。"余自弱冠糊口四方，靡日不逐时事奔走。"后一度和父亲一样以教书为业。

时不我待，已过弱冠的李贽意味着要独立成家。嘉靖二十六年（1547），李贽二十一岁，此时的他已和父亲年轻的时候一样身高七尺，前额宽广，细眼长眉，颧骨高凸，两腮无肉，耳珠圆厚，眉宇间藏着几分亦儒亦邪之气，眼神中却常露孩童稚气与轻佻。准举人身份的他不时有人上门提亲。最终，李贽选定母亲娘家黄氏女为妻。

"余妻家姓黄，家颇温厚，又多男子。其男子多读书，又善读书。

纵其余不尽读书，亦皆能本分生理，使乡里称善人，如其读书者，可谓彬彬德素人家矣。今三世读书矣，无有一人以孝廉举，以廪生选贡举者，况甲第哉！我温陵人家并无闻连三世读书不发者。"（李贽《因果录》卷下）

李贽对家妻黄氏一族颇为敬重，缘由是族中男子多读书，善读书，家中老少皆知书达理，声誉甚好。从其口气对读书一事颇为重视，而且对读书三世却未能中举入仕甚为遗憾。于李贽言，虽娶黄氏入门，但黄家读书德素家风对其的影响绝不亚于林李家族务实求利的商人理念。

那一年，二十一岁的李贽迎娶了十五岁的黄宜人为妻。作为家中长子，李贽的担子更重了。他不得不一面四方经营供养家人，一面研读经书以求仕进。新婚不久就得与妻子不时短暂分别。成家后的李贽确实多了几分牵挂，想来黄氏虽年小自己好多，但明事识理，孝顺公婆，与家中老小都和睦相处，对自己更是嘘寒问暖，每念及此，再苦再累，内心总是涌起满满的幸福感。

一日与黄氏闲聊，无意中谈及黄家读书之风气，可三世之中没有凭此入仕者，温和的黄氏打趣道："夫君既是读书人，知我黄家如此，那何不比过他们，来日科考中举，一洗我家三世之遗憾，这既是李家的大幸；作为黄家姑爷，自然也是我黄家的大幸。"闻听此言，李贽对一向默声寡言的妻子刮目相看，读书人家的女儿也自然不同于寻常人家。只是这原本闲谈的一句话，给李贽疲于奔命的生活带来了不少希望。是啊，"君看随阳雁，各有稻粱谋"。他多么希望自己有朝一日一举中的，不为声誉，至少可以让家人过上安稳温饱的日子。于是他稍有闲暇，就读经诵传，加紧备考，练就一手锦绣文章卖予帝王家。

终于，嘉靖三十一年（1552），二十六岁的李贽在福建省乡试中一考中举。李贽责无旁贷地成为养家糊口的顶梁柱。至此，二十六年的生命历程，历经少年丧母，向学其父，负笈府学，娶妻安家，四方糊口，他真切地感受到穿衣吃饭便是道，是安身立命的根本。没有这些，许多东西都将停留在空想的阶段。

事实上，在李贽考中举人之前，家族中已有进士。据《林李宗谱·历年表》所载，首先是七世祖伯居安后裔林钺于正德戊辰（1508）中进士，历官太平府知府。其后远房族兄林奇材于嘉靖丁未（1547）中举，己未（1559）会试第二名成进士，官平乐知府。再来就是李贽中举人，官姚安知府。再之后，族弟李应先于万历乙酉（1585）中举，官陆凉州知州。之后林李家族中中举已不稀罕，进士及第者也不乏其人。这样走上儒业之路的林李家族，在李贽生前，同族已成为缙绅辈出的泉州望族，社会地位显著上升，于是李贽在先祖林闾墓前望柱上撰联"一宗两姓，熙朝文物夸李林"。联文的内涵意义也在于此。家族中若干读书人的存在，不断有中举得进士的消息，林李这一族姓已脱离商人或一般穷秀才的地位，上升为绅士阶层，更和海外贸易全无关系了。

话说回来，李贽中举的消息在李黄两个家族掀起了不小的波澜，大家都对日后的生活不无憧憬。唯独老父和妻子黄氏显得很是平常，他们对自己的儿子和丈夫是了解的，这中举非其所愿，李贽嗜书，但却对书中的假道学十分反感，对于朱子释传更不感冒。而在成家之后，虽生活艰辛，但有贤妻相伴，他甚为知足。只是既然读书了，就要按照天下读书人的路子走上一回，更为迫切的意愿则是有皇粮可吃，不再为"五斗米"而发愁。这在李贽后来的回忆中特别指出："余自幼读圣教，不知圣教；尊孔子，不知孔子何自可尊。所谓矮子观场，随人说妍，和声而已。"这种为了科考放弃思辨的读书，丝毫引不起李贽的阅读兴趣。多年以后回想起当年的科考一事，他在《卓吾论略》中记道：

稍长，复愦愦，读传注不省，不能契朱夫子之深心。因自怪，欲弃置不事。而闲甚，无以消岁日。乃叹曰："此直戏耳。但剽窃得滥目足矣，主司岂一一能通孔圣精蕴者耶！"因取时文尖新可爱玩者，日诵数篇，临场得五百。题旨下，但作缮写誊录生，即高中矣。居士曰："吾此幸不可再侥也。且吾父老，弟妹婚嫁各及时。"遂就禄，迎养其父，婚嫁弟妹各毕。

通过组合拼凑先前背诵的几百篇范文，就这样意外中举，李贽不免偷乐，是自己太过聪明，还是科考不过如此，死背套路，竟也高中。他开始怀疑科考，怀疑自己。按理，中举之后，趁热打铁，备考会试进而以求进士及第方为正途。但李贽自知中举实属侥幸，这种机会不会再次降临到他身上。当前迫切需要的是解决全家人的生存问题，"不得不假升斗之禄以为养"，无力图取进士，即循例在政府任职。而官府对新科举子的任命，尚需等待空缺，方可补入。于是李贽一边继续往日的生活，一边等待那张任命状。这一等一千多个日夜过去了，当时的兴奋与期望在时间的流逝中仅剩一丝余温。好在其间，家中相继诞下两个小生命，长女、长子呱呱降临，夫妻俩一有空闲就围着儿女，享受着为人父母的幸福感。原本寂静的院落不时传出阵阵欢声。

三 百泉隐志

　　嘉靖三十四年（1555），李贽二十九岁正式入仕，过上了"不得不假升斗之禄以为养"的生活，始为河南辉县教谕。其间长子死。由于性本刚直，常与上司触，郁郁之中常思此地先贤邵雍安乐之志。

　　又是平常一日，一黄衣官骑飞驰而来，大呼："李载贽何在？李载贽接状！"总算在二十九岁这年，李贽出任河南辉县教谕。说来真是奇巧，林家远祖早在唐代出于生计无奈远迁泉州，从此客居东南沿海，几百年后，李贽再次迫于生计，无奈远离泉州，回到祖上曾经奋斗过的地方。眼瞅着就三十岁了，李贽可算在成家十年后正式入了皇家编制，可以立业了。本来是件喜事，但李贽却高兴不起来。他原本想着，得一举子，不必远迁，就在东南近地谋一差事，方便照应家中老父和众多弟妹。不承想，这一任命于习惯海洋气候的他，回到干旱缺水的内陆无异于流放。

就在全家都在为他远赴河南准备之际，长子却因长期营养不良，导致器官多处衰竭而暴毙。黄氏撕心的哭号，让李贽体味到什么是揪心之痛，回想自己幼年丧母，如今中年丧子，内心何其苦楚。他强迫自己尽量不再难过，而是整日整夜地思索活着抑或死亡对于人生的意义。

痛失幼子，其情可戚。儿子上路了，他也走在了去往共城辉县的路上，山山水水，城市村庄，万千世界走着走着也就过去了。

就此别过东南风抚慰下的海上丝路，赶赴真正意义上的西北风肆虐下的乡土中原……

挈妇将雏，一路辗转，从东南泉州一路向西折北，历经福建、江西、两湖地区，再贯穿整个中原，历经三千余里，直入华北内陆。一路跋涉，李贽真切地耳闻目睹了大明嘉靖朝后期在这个表面风轻云淡，其实却暗流涌动的时代。还记儿时嘉靖初登天子堂时诛杀宦官，节用宽民，革除武宗弊政，在民间传为美谈。也记得自己初入府学那年，百姓风传嘉靖荒淫，宠信道士，以年轻女子经血炼丹，结果险些命丧宫女手下。侥幸保住了性命的嘉靖从此对宫廷、对女色产生了恐惧，于是干脆远离紫禁城、远离宫女，搬进了西苑，不问国事，一心修道。

大明王朝至此吏治越加腐败，农民起义频频爆发，东南沿海倭寇烧杀抢掠。好在这一切都是可以掌控的小骚乱，并不影响整个王朝继续向前缓缓航行。需要提及的是，在江南一带富足地区，工商业蓬勃发展，士人衣食无忧，享乐奢靡之风盛行，各种新锐杂说也渐趋传播开来。

当然，在部分地区部分人富甲一方的同时，还有部分甚至更多的地区，部分人依然挣扎在贫困线上，为温饱劳碌一生。甚至部分人因贫致死，就在李贽中举的那年，京师附近的宣府、大同发生灾荒，一度出现人相食的现象。于是在江南这一远离国都偏安一隅的富庶地区，士农工商，凡夫俗子中风行不问时政，安于享乐的世俗风气，士人的生存际遇与心灵信仰在混乱之中不断萌生出不少具有启蒙意义的新见学说和新锐思想。当然，这一切万象似乎与李贽无关，他首要的任务是赶赴任上，以"五斗米"的俸禄来侍奉老父，养活家小。

历时月余，北依太行，南眺黄河的辉县已在脚下。李贽驻足车前，扫望这片远古时期共工氏部族居住的土地。不禁想起谢灵运"山水含清晖"诗句，也因为此一诗句似专为百泉魏惠王祠清辉殿而作，故后人将共城更名为辉县。看着眼前这片灰黄干旱的土地，李贽再次感觉生存之不易，为了一口官粮，拖家带口千里而来。

说起这百泉，乃是辉县的灵性之地。其间山光水色给了那些韬光、隐居、避难、落魄的人不少安慰和力量！战国最后一个君主齐王建死在这里，故国山川，只在梦里。然而，真正的故事，是从孙登的长啸开始的。那啸声让阮籍失魂落魄，让七贤留在了竹林，竟日清谈，风流魏晋。到了有宋一朝，尚未成名的邵雍在这里读书，夏不就席冬不解衣，不知道几个春秋。那时，他脑子里除了先天心易、圣人遗教之外，可有盖世功名、衣锦还乡？邵雍没有回来。"凌波不过横塘路"，"锦瑟华年谁与度"？贺铸一生都在歌颂他的山阴吴下，他似乎总是羞于提起自己的出生地。不过，岳飞来了，这位汉族的英雄和保护者，当时还只是下级军官，他在侯兆川与敌人大战，身受十几处枪伤，是百泉清澈纯净的湖水洗去了他铁枪上的膻腥血迹。他走了，留下的，是他的上司王彦。当所有将士在面上刺上"赤心报国，誓杀金贼"八个墨字时，望着越来越远的朝廷，他们可曾想过，这碧水青山，就是八千好儿郎的埋骨之地？山河终于变色。元好问不是辉县人，他只是来过辉县。在他感慨"生平王粲，而今憔悴登楼，江山信美非吾土"时，他怀念的，是有小尧舜之称的金世宗时代，也就是在那个时候，辉县改名为"辉州"，以后这个"辉"字就在七百九十年间长伴斯土。这一方贫瘠的土地上走出了多少为往圣继绝学的书生？

终于，遗民泪里，王师南来，山河得以重光。大明洪武元年（1368），这块土地重新被称作"辉县"，建国一百八十七年后，这个被遗忘和忽视的小城迎来了日后名震朝野的一个生在长在海港的商裔儒子李贽，这是这块土地的幸事。这些与辉县绑在一起的历代贤达英雄给了李贽莫大的安慰。

入住县学，虽然条件简陋，但在当地也是上好的待遇。一切安排妥当，学校尚在假期，李贽便择日登上苏门山上百泉瞻仰生于斯长于斯的宋代易学大儒邵雍生活过的"安乐窝"。

邵雍（1011—1077），北宋哲学家、易学家，字尧夫，谥号康节，因年轻时居百泉之上，后人称百源先生。本河北涿县人，幼随父迁共城（辉县）。少有志，读书苏门山百泉上。《宋史·道学传》载："自雄其才，慷慨欲树功名。于书无所不读，始为学，即坚苦刻厉，寒不炉，暑不扇，夜不就席者数年。"

年少成名后，得共城令李之才相惜。授其物理、性命之学。得高人指教，加之邵雍人品甚好，"德气粹然，望之知其贤，然不事表襮，不设防畛，群居燕笑终日，不为甚异。与人言，乐道其善而隐其恶。有就问学则答之，未尝强以语人""故贤者悦其德，不贤者服其化，一时洛中人才特盛，而忠厚之风闻天下"，成为时人楷模，备受尊敬。但此君一生不慕功名，喜好隐逸生活，轻名、轻官、轻利、轻婚。直到中年，朝廷诏求天下遗逸名士，因名声在外被一再举荐，仁宗嘉祐及神宗熙宁中，先后授官，皆不赴。三十八岁的时迁居洛阳，以教授生徒为生，至此，友朋圈中权贵者众。司马光、程颐、程颢、张载等退居洛阳时，恒相从游。达官贵人敬仰其人品学识，不惜买园置宅相与赠送。他依此过着躬耕自给的生活，名其居曰"安乐窝"，自号"安乐先生"。

邵雍的易学研究早在李贽年少时就屡有阅读，当时虽难解其意，但也不时为其认识所折服。而今，漫步百泉之上，想着邵雍隐居修炼，终成就名业。莫名的一股感觉刺激了李贽入辉县以来麻痹的神经，自己若能也如此，可否？可否？想到这里，一路的舟车劳顿，入目的丛生乱象都放下了，古有邵雍安居于此，卓吾今来矣，尚好！尚好！

以后，无论悲喜，闲暇之时，李贽总喜欢独自漫步于百泉之畔。体味与感受康节先生的德才品学，时而自语，内心多想与之交流一番。每每于此，他就莫名地孤独，这种感觉似曾六岁失去母亲那时一样，除了孤独还是孤独。这种感觉一旦存在，他一是不停地沐浴，洗去一身疲惫，让内心在整洁的更装之后，尽量趋于平复。久之，养成洁癖之好！而洁癖这一习性会直接导致喜净厌浊的情感反映和心理定式。对洁净的过分讲究，势必造成对人对事的挑剔之态，进而形成离群索居的孤独意识。二是读书思考让自己沉浸其中，大脑中不能有空间和空闲装得下他的孤单。越是孤独，越想读书探索，越想寻求友朋，因此也愈发萌生自己的表现意识，进一步发展为认识上的独异、自信乃至超俗。

慢慢地，李贽也习惯了这里的生活，把这里当成了自己的第二故乡。一时兴致乃高歌"吾泉而生，又泉而官，吾与泉有夙缘哉"！并自号"百泉居士"。这样一来李贽的心终归于百泉之上。

再说李贽以教谕的身份来到辉县。何为教谕，"正式教师"之意，宋代开始设置，负责教育生员。明清两代县设"县儒学"，是一县之最高教育机关，内设教谕一人，另设训导数人。府学教谕多为进士出身，由朝廷直接任命。县学教谕多为举人、贡生出身，由藩司指派。掌文庙祭祀，教育所属生员。芝麻官的他们常以"奉薄俭常足，官卑廉自尊"

自命自嘲。儒学教谕再按《明史·职官志四》："儒学。府教授一人，训导四人。州，学正一人，训导三人。县，教谕一人，训导二人，教授、学正、教谕，掌教诲所属生员，训导佐之。"也就是说李贽初入仕途，第一份官差是作为辉县县学的校长兼教授。比之父亲的民办教师身份，自己不仅有了正式编制，且有乌纱帽可戴。心尚可安。

然而，人在官场，凡事总难顺意。尤其"平生不爱人管"的他初入官场还没有摸着门道便与顶头上司县令、提学言行相悖。"为县博士，即与县令、提学触。"如此，辉县五年，李贽碰得满鼻满脸之灰，原本求道之心被淹没在与上司的周旋中，"百泉五载，落落竟不闻道。"邵雍之志也只好暂埋心底。

四

痛亲之痛

　　嘉靖三十九年（1560），三十四岁"以文章擢（南京）国子监"，上任伊始，父丧。即归泉州服孝三年。嘉靖四十二年（1563），三十七岁任北京国子监博士。旋即，祖父丧，又归家守孝三年。其间次子夭折。出于经济考虑，安置妻女于辉县耕田自食。祸不单行，辉县大旱，二女、三女相继因饥荒而死。初入宦海，仕途不顺，家难连连。

　　辉县教谕五年任期终满。李贽正在为下一步的去向忧心时，一纸调令飞奔而来。原来，李贽在辉县任上虽无政绩，但百泉之上偶发感思之作竟也流布官场，得朝中贵人赏识，"以文章擢（南京）国子监"博士。这一年是嘉靖三十九年（1560），李贽三十四岁。至此，李贽终于可以借文章登堂入室，距离大明王朝的心脏越来越近了。作为留都的南京虽无京师那般长袖善舞，但因其少却了北京浓郁的政治气候的束缚，加之江南自古繁华富庶，文人墨客多聚于此。国子监更是硕儒名宿会集。李贽此番因缘巧合，任职于此，实乃大幸。可怜李贽这个倒霉的博士，入职后板凳尚未坐暖，人脉尚未熟络，老父白斋公病故的家书飞至，李贽满腔的热忱被冰冷的噩耗浇透到底。

人生无常，想来父亲虽清贫一生，但恪守良知，与人为善，深受族人邻里敬重，在自己心中父亲也一向是可以促膝谈心之人，本想此番安定下来，接老父前来南京，颐养天年尽些孝道。世事难料，接书遂东归泉州，奔丧守制。当是时，"倭夷窃肆，海上所在兵燹。居上间关夜行昼伏，除六月方抵家。抵家又不暇试孝子事，墨衰率其弟若侄，昼夜登陴击柝为城守备。城下矢石交，米斗斛十千无籴处。居士家口零三十，几无以自活"（《焚书》卷三《卓吾略论》）。为官官不顺，归家家不安。李贽内心的苦楚积淀着，压抑着。

三年服阕，李贽拖着疲惫的身躯再次携家室北上入京候缺。身心疲惫与其说是守丧劳累毋宁说是族中琐事，各种无端的责任压得他有些喘不过气来。此番离别泉州，他有一种强烈的逃离感，仿佛一下子解除了羁绊与困扰，恢复了自由之身。赴京的路上，写下了诗句："屋有图书润，庭无秋菊鲜。应知彭泽令，一夜不曾眠。""支公遁迹此山居，深院巢云愧不如。自借松风一高枕，始知僧舍是吾庐。"此中或以陶渊明自居，流露以书为伴，远离俗世之愿；或羡慕僧人求道于深云寺舍的生活。此一心态的溢出，直接影响了李贽后半生的生活走向与价值追求。

"居京邸十阅月，不得缺，囊垂尽，乃假馆受徒。馆复十余月，乃得缺，称国子先生，如旧官。"从留都辗转京师，十月等待，官职如旧，再入国子监博士。真乃江山易改，禀性难移。上任伊始，不服人管的桀骜本性再次暴露，即与祭酒、司业触，一如辉县任上。不顺一想便知，然而更加不幸的事情才刚刚开始。

"未几，竹轩大父讣又至。是日也，居士次男亦以病卒于京邸。"居官不顺，家难连连。刚刚为父守制三年，脚跟重新落定，祖父亡故的消息随即传来，老人亡故尚在情理之中，小儿夭折才是雪上加霜。李贽独立庭院仰天长叹："嗟嗟！人生岂不苦，谁谓仕宦乐。仕宦若居士，不乃更苦耶！"李贽想着这一路从泉州走来，先是长子走了，接着老父走了，如今祖父、小儿又相随而去，真是不敢想啊，人生如此，意义何在？李贽作为男人尚痛苦至此，黄氏悲戚至卧病在床。

安葬小儿后，终要南归守制。这次万不能举家南迁，一来泉州动荡，族人至贫，回去恐难糊口。更为可怕的是，这一路上的盘缠根本就没有着落啊。二来，守制期满，还得回京待命。所以，来来回回，一大家子实不方便。思来想去，李贽对黄氏说：

> 吾有一言，与子商之：吾先大父大母殁五十多年矣，所以未归土者，为贫不能求葬地；又重违俗，恐取不孝讥。夫为人子孙者，以安亲为孝，未闻以卜吉自卫暴露为孝也。天道神明，吾恐决不肯留吉地以与不孝之人，吾不孝罪莫赎矣。此归，必令三世依土。权置家室于河内，分赙金一半买田耕作自食，余以半归，即可得也。第恐室人不从耳。我入不听，请子继之！

黄宜人应道："此非不是，但吾母老，孀居守我，我今幸在此，犹朝夕泣忆我，双眼盲矣。若见我不归，必死。"语未终，泪已潸然。李贽不敢正色，黄氏终归是知礼之人，她知道夫君的性格，既然他主意已决，自己是万难使其改变的，收泪改容谢曰："好好！第见吾母，道寻常无恙，莫太愁忆，他日自见吾也。勉行襄事，我不归，亦不敢怨。"见黄氏如此体谅自己，李贽更觉得对不住妻子，内心酸楚直往上涌。妻女三人在哪里落脚又成为一大难题。沉思良久，觉得入得官场以来，两京所待时日不多，几无可托之人，唯有辉县任上达五年之久，虽与县令有触，但尚有三五好友可托，于是决定将妻女三人安置于辉县。

李贽之所以如此安排，并非要将妻女寄于友人门下，实属心理安慰。这里是他除去泉州之外最为熟悉的地方，甚或第二故乡。说来此番南归，上司和友朋据习俗，送给他还算丰厚的赙仪。他把全部款项分为两半：一半留给妻女在辉县购置几亩田产，让她们耕作自食。一半则由他自己携回泉州，他所需要安葬的不仅是新去世的祖父，而且还有祖先三代的灵柩五口。

曾祖父的灵柩已经停放了五十年，按照风俗，安葬先人，必须讲求风水，选择吉地，以期后人飞黄腾达，否则宁可把灵柩长期停放。老父去世时，自己还在文官的下层中挣扎，环境逼迫他迁就现实。如今条件尚可，必令三世依土，不再做过高的奢望。同时守制期间，家族大小事务尚需他这个入仕的族人出面支撑，花销自然是少不了的。有鉴于此，当黄氏提出想同回泉州，一并看望她那年轻居孀，因想念女儿朝夕哭泣至于"双眼盲矣"的老母时，李贽不得不狠心拒绝这一实在情理之中的请求。

未行前，共城官吏拦截漕河敲诈钱财，有人想代李贽求请几亩田用水，李贽不肯，说道："吾安忍坐视全邑万顷，而令余数亩灌溉丰收哉！"这年果然大荒，李贽田地仅收数斛稗子。"长女随艰难日久，食稗如食粟。二女、三女遂不能下咽，因病相继夭死。"黄氏之苦痛不敢想象。好在友人邓石阳闻讯后，给留在共城的李贽家眷以物质上的帮助，黄氏与大女方渡过大难。

原来，旧友邓石阳方是时为卫辉府推官。邻人老媪见黄氏小女接连饿死，实在可怜，遂私下告之曰："人尽饥，官欲发粟，闻其来者为邓石阳推官，与居士有旧，可一请。"黄氏答曰："妇人无外事，不可。且彼若有旧，又何待请耶？"后经相邻口耳相传，邓推官方知嫂子在自己的一亩三分地上凄惨至此，遂拨己俸二星，并驰书与僚长各二两者二至。李贽后来回忆道："宜人以半籴粟，半买花，纺为布。三年衣食无缺，邓君之力也。"

嘉靖四十五年（1566），李贽守制终满，他一刻也没有停留，马不停蹄赶赴辉县与妻女聚首。"吾时过家葬毕，幸了三世业缘，无宦意矣。回首天涯，不胜万里妻孥之想，乃复抵共城。入门见室家，欢甚。"然而迎接他的却是泪眼婆娑的黄氏和大女。问二女，方知屦齿之折也。是夕也，"秉烛相对，真如梦寐"。是夜，李贽辗转反侧，"人生岂不苦，谁谓仕宦乐，仕宦若居士，不乃更苦耶"。

李贽睁大眼睛，望着黑漆漆的屋顶，想着这些年来，所读经书，所历人事。几年内，老老少少六位亲人相继离开人世（依次为长子、父亲、次子、祖父、两个女儿），李贽精神上遭受了沉重打击，特别是两个女儿竟然被活活饿死，更是深深触动了他的神经。他本来就厌恶那些满口仁义伦理的道学先生，经历了一连串的不幸事件后，李贽对"存天理，灭人欲""饿死事小，失节事大"之类的空洞说教更是深恶痛绝。

六位亲人的死让他一时没有了安全感，两次回家守丧的家族之累更让他没有丝毫归属感。所有这一切使他的心灵受到强烈震撼，并产生了对死亡的恐惧之情，由此促使他思考生死问题，这既是求学问道的源动力，也是他求学问道的最终目的，李贽深深地认识到：穿衣吃饭、百姓日用这些人类的自然欲求才是"天理"，是世间最大的"道"。

这一年夏天，李贽终于病倒了。一家三口继续留在辉县。火热的太阳炙烤着大地，李贽习惯了东南的潮湿天气，疾病缠身的他实在难以承受如此干旱，遂与友人赵永亨、陈芰、张士允、张士乐、傅坤避暑白云山中。

白云山云蒸霞蔚，湖光山色，李贽疲惫之心顿觉清爽。三五好友漫步山林，寄情山水，或切磋棋艺，或对酒赋诗，或纵情论道。李贽突然感觉到前所未有的超脱。兴之所至，遂吟诗二首，《途中怀寺上诸友》云：

世事何纷纷，教予不欲闻。
出郊聊纵目，双塔在孤云。
雨过山头见，天晴日未曛。
骑驴觅短策，对酒好论文。

后记曰："至山寺，惟子中在，又与予偕病，勉强下棋。虽得水送酒，不敢进也。须臾，君宣从南来，我二人渐亦精彩，则用短述遣心云。"

又《无题》诗一首：

思君复自陟崔嵬，君独思君不顾回。
一雨半犁堪种谷，三人两病懒登台。
棋声忽应空山去，酒味欢从得水来。
可是君宣寻到我，须臾为报洞门开。

后记曰："时嘉靖丙寅（嘉靖四十五年，1566年），予偕诸

友避暑山中，赵永亨字子吉，陈荩字予进，张士允字子中，张
士乐字子善，既获嘉傅坤，为六人之友。予为谁？即卓吾。"

秋天，邓石阳到访山中。故友相见，李贽倍感亲切，尤其归家三
载，得邓兄之助，家眷方得以保全。兴之所至，遂挥笔成诗曰：

相访过山寺，题诗欲满山。
野人惊瘦病，仙客喜开颜。
落笔天将暮，举头叶可攀。
行吟出树下，云在意俱闲。

邓石阳和之曰：

出城载酒访函关，十里肩舆度远山。
谈道石床风韵寂，论心泉阁鸟声闲。
桃源花绕迷归路，谷口烟浓拥去纶。
我欲寻幽作新隐，禅堂深锁白云间。

在这里，没有尘世的纷扰，没有官场的应酬，有的只是肃穆清幽的
山寺，高耸云间的双塔，举头可攀的绿叶，以及二三同好对酒论文、放
情丘壑、山栖谷隐的惬意，俨然一幅归隐图。这里李贽第一次感受到友
情给他带来的无论现实还是心理的安全感和归属感。正因为有了邓石阳
的救助，妻子和大女儿方得以存活，今日自己身心才如此快意，这使他
越来越感受到朋友的重要性，也越来越重视朋友之道。

这一季，虽病体缠身，但好山好景，友人相伴，李贽难得有了一点

内心的休憩，竟也有了诗情雅致，为官十余载，只在这辉县安稳五年，南京、北京国子监任上，板凳基本都没有坐热就先后回家奔丧守制。此次入得云台山林，一身疲惫与伤病荡然无存。是啊，十余年来，为了支撑起这个家庭，李贽奔走南北，如今父祖先后故去，兄弟姊妹各自成家，自己已近不惑之年，是应该为自己活了。这几个月下来李贽内心时有五柳先生当年"鸟倦飞而知还"之志。

但李贽还不能归隐，他还得"假升斗之禄以为养"，做了几年的教官，李贽一点经济基础都没有。本来从九品的教官俸禄就极其微薄，加之多次往返于河南、泉州以及北京之间，为父祖操办丧事，李贽不仅一点积蓄都没有，还要靠朋友接济。更何况，李贽还要求道，为得"胜己之友"，再入京师方为正途。

五

潜心复活

　　嘉靖四十五年（1566），李贽四十岁，守丧期满，返京，得礼部司务一职，任期五年。虽是穷差事，但这一安定、安稳的生活，使其心灵得以一定安顿。此际，李贽借助京城得天独厚的人文环境，广结各类学者。值阳明之学大兴，接触了不少其追随者和门人，便随向往之，自此对佛学兴趣日浓。

　　白云山中的休养让李贽得以复活。辉县休整的"使命"告一段落。

　　这年的秋末，李贽接到吏部的通知，补礼部司务一职。明制，司务从九品，掌管本衙门的抄目、文书收发、呈递拆件、保管监督使用印信等内部杂务。也就是一个从事文书工作的穷差事。有同僚嘲笑曰："司务之穷，穷于国子，虽子能堪忍，独不闻'焉往而不得贫贱'语乎？"友人也一再劝他辞官，有了好的官缺再去上任。然而，李贽有自己的想法。他虽然还得"假升斗之禄以为养",但与前些年相比,家庭的负担轻了。

前些年是为家庭、为生活而奔波,无暇求道,而现在他志在求道。因此,李贽说:"吾所谓穷,非世穷也。穷莫穷于不闻道,乐莫乐于安汝止。吾十年余奔走南北,只为家事,全忘却温陵、百泉安乐之想矣。吾闻京师人士所都,盖将访而学焉。"李贽所看重的不是官职的大小和财富的多寡,而是看重京城的人文环境,看重访学问道。李贽认为,最大的贫穷乃是不闻道,不闻道则无见识和骨力,"无见识则是非莫晓,贤否不分,黑漆漆之人耳,欲往何适,大类贫儿,非贫而何?无骨力则待人而行,倚势乃立,东西恃赖耳,依门傍户,真同仆妾,非贱而何"?李贽对贫富贵贱的认识还体现在他当时所作的《富莫富于常知足》一诗中:

> 富莫富于常知足,贵莫贵于能脱俗。
> 贫莫贫于无见识,贱莫贱于无骨力。

与其说在此任上谋事,倒不如说借此闻道。他此番从河南携家带眷回北京复官,但是他在礼部任职并不愉快,跟长官、僚友都合不来。在他眼里,这些人各有缺点:有的是急功贪腐;有的是人品下流;有的是过于刻厉,知有己不知有人。从这些理由来看,并无多大的权力与利益的冲突,纯然是意见相左,理念不合。这些官场的规则和他的个性绝然不合,他又不愿意迁就,所以在仕途上并无太大希望。在家庭方面,亲生骨肉仅余一女,香火几断。父祖又皆已过世。事实上已逼得他后退无路了。

"身无一贤曰穷,朋来四方曰达;百岁荣华曰夭,万世永赖曰寿。"

李贽在《富莫富于常知足》又写道。此前，李贽的前半生基本上被束缚于儒家伦理的锁链之中：遵循孝道，他为父亲丁忧三年，又为祖父守孝三年，不得不为此而几度南北奔波；遵循儒家伦理，他还操持弟、妹之嫁娶，使其各得其所，安居乐业……为此，他不得不奔波于官场与家族之间尽伦尽职。前半生就在这样的折腾中几乎丧失了自我，虽然李贽也一直在追求自我。

李贽再次拖家带口入京补职。入京不久，沉迷仙术的世宗驾崩，子载垕即位，是为穆宗。因犯皇讳，李贽去"载"字，从十六岁入得府学以来一直使用的李载贽一名，至不惑之年不得不更名为李贽。

此番二次入京，李贽内心再无当年初入京城时的好奇与惊奇，甚或有过大有作为的冲动。历经白云山内众友的开悟，他觉得友朋对于一个人的精神世界是何其重要，也真正体味到人以群分的古训。入得官场十余年，自己的性格与这份官职是如此的格格不入。但是，即入此途，身不由己，李贽也只好忍了。

"五载春官，潜心道妙"，袁中道称他此时"久之自有所契，超于语言文字之表"（《李温陵传》）。这时李贽追念他父亲，"憾不得起白斋公于九原，故其思白斋公也益甚，又自号思斋居士"。又有人对他说"子性太窄，常自见过，亦时见他人过，苟闻道，当自宏阔"，于是又自称"宏父居士"。

至此，李贽官场沉沦下僚十余年的阴霾渐趋挥去，反在此一穷职闲职任上，唤起了他求道问学之志。

一个新的人生历程即将开启。

明中期以来，阳明之学风行海内，弟子遍天下，就连内阁首辅徐阶也为忠实信徒，且大力提倡讲学。于是讲学之风盛行于京师，随而传布全国。

李贽上任后，很快结识同在礼部任职的阳明传人李逢阳、徐用检。他们二人常随赵大洲讲学。赵大洲是泰州学派王艮的再传弟子，官翰林，与四方豪杰讲习，廓摧俗学，发明本心，以天下为己任。一日，徐用检又去从赵大洲讲学，约李贽同行，见李贽踌躇不定，乃"以手书《金刚经》示之曰：'此不死学问也，若亦不讲乎？'（李）贽始折节向学"。李贽晚年回忆道："不幸年甫四十，为友人李逢阳、徐用检所诱，告我龙溪先生语，示我阳明王先生书，乃知得道真人不死，实与真佛真仙同，虽倔强，不得不信之矣。……余今果能次先生之谱，皆徐、李二先生力也。"（《土阳明先生道学钞》）

随着与李逢阳、徐用检的关系日进，他们也不断向李贽灌输王畿和王守仁的思想，还结识了王守仁的再传弟子李材。出于好奇和友人推荐，李贽开始大量阅读王门学人的著作。后来他在《答李见罗先生》中说："昔在京师时，多承诸公接引，而承先生（徐用检）接引尤勤。发蒙启蔽，时或未省，而退实沉思。既久，稍通解耳。师友深恩，永矢不忘。"

原本只是因为与李贽投缘，遂拉拢其以壮大队伍，不想时隔不久，二人与之再次论道，为李贽的精进、卓识而啧啧赞叹，呼为奇人。李贽倒也不客气，便说："颜渊虽然在孔子身边，但也要刻苦才能达到孔子的卓越标准；道理虽然能使你卓越，但要达到卓越则完全取决于自身刻苦到什么程度。"遂自号"卓吾"。就是说，因为，要卓越自我，所以，取"卓吾"为号。李贽使用过的别号有十几个，最后他选择"卓吾"为自己一生画句号，表明他毕生都在追求"卓吾"！

这种美在他心目中就是："卓然"之美、"卓立"之美。在他的著作中，他把这种美，化为行动的准则。他还说过："别号是对美的呼唤。"卓吾，就是吾要做"颜子之善学孔子处"那样的"继往开来者"；而不做受"名利牵引""必讲道学以为取富贵之资"的假"宋儒"。卓吾，就是吾要做"卓然不为千圣所摇夺者"；而不做"因前犬吠形，亦随而吠之"的"真一犬"。卓吾，就是吾要做"卓立而能文章垂不朽者"；而不做"满场皆假"中的"矮子"。卓吾，就是吾要做"率性之真，推而扩之，与天下为公"的"大人"；而不做"种种日用，皆为自己身家计虑，无一厘为人谋"的"自私自利之徒"。

礼部五年，李贽潜心阳明新学，吸收了王学中的积极思想。

王守仁早年"遍读考亭（朱熹）之书"，也曾信奉程朱理学。一年，王守仁得了一场大病，正好父亲官署中有一片竹林，他就按照朱熹格物致知的思想去做格竹子的功夫，但一连七天"沉思不得其理"。他认为由于朱熹主张只在"格物"上下工夫，而不注重身心修养，遂造成其后学在道德修养方面的知行脱离，以为必先知了，然后能行。这种支离割裂的学术之弊是明中后期士风日下、道德沦丧的罪魁祸首。于是他把儒家思想与佛教禅宗思想结合起来，提出了心即理、知行合一、致良知等思想，创立了他的心学体系，进而形成了阳明学派。

在知与行的关系上，王守仁从"天地万物本吾一体"出发，反对朱熹的"先知后行"论，提出了"知行合一"的论断。其目的在于"发动处有不善，就将这不善的念克倒了，须要彻根彻底，不使那一念不善潜伏在胸中"。"致良知"是对"知行合一"说的深化和发展，也是其学说的核心。王守仁指出："吾生平讲学，只是'致良知'三字。"良知就是天理，是心之本体，致良知无须外求，只需从心性上做为善去恶的修养功夫就可以了。

从这一认识出发，王守仁指出："夫学贵得之心，求之于心而非也，虽其言之出于孔子，不敢以为是也，而况其未及孔子者乎！求之于心而是也，虽其言之出于庸常，不敢以为非也，而况其出于孔子者乎！"王守仁的这一论述客观上起了打破偶像崇拜，发展个性，解放思想的作用。

相比于程朱理学那套陈腐僵化的学说，阳明心学显然对李贽有着极大的吸引力，因为他从中发现了人的主体性。这时的李贽是阳明心学的崇拜者，他称王守仁是"千古大圣人所当让美，所当让德，所当让才"。从任职礼部司务起，李贽才算真正接触到明代的新思潮，真正接触到了当时的思想界精英，这为他后来成为著名的启蒙思想家奠定了思想基础。

随着阅读的加强，思考的深入，探讨的争鸣，李贽发现阳明心学中也夹杂着许多不尽如人意的思想。比如：王守仁曾说"良知良能，愚夫愚妇与圣人同"，"人胸中各有个圣人"，"满街人都是圣人"之类的话；还曾说："与愚夫愚妇同的，是谓同德；与愚夫愚妇异的，是谓异端。"乍一看，王守仁认为"良知"面前人人平等，但他又说："唯圣人能致良知，而愚夫愚妇不能致，此圣愚之所由分也。"而李贽则将这些论述中的消极内容予以剔除，引出了平等思想。进而循此路径，鲜明地提出了"不以孔子是非为是非"的论断，彻底打破了孔子的权威。

明中后期，儒教文化已经严重禁锢了士人思想的发展，科考必须"代圣人立言"，做事必须"事事遵古例"，李贽的思想中心就是求变、求多元化，每个人都要有自己的价值观，勇于创新。孔丘的话并不都是千古不易之理，不能以他的是非为是非，每一个人都应该自为是非。

李贽天生不愿受人管束的个性与同僚向来不睦，在礼部司务任上依然如此。他曾自言："司理曹务，即与高尚书、殷尚书、王侍郎、万侍郎尽触也。"但礼部这五年中，唯独对一个人礼遇有加且甚为推崇，此人就是年长李贽两岁，其时同在礼部先后任礼部右侍郎和礼部尚书的张居正。众所周知，张居正死后，万历帝以"纯任霸术""专恣擅权"为名，对其抄家灭族，废弃了大部分新法。李贽在朝野上下几乎无人敢为张居正鸣不平，即使门生故旧为了自保也不得不与张居正划清界限的政治情势下，他公然称张居正为"宰相之杰""吾师也"，是"大有功于社稷者"，并发出了"今日真令人益思张江陵"的感叹。对张居正的这种好感，一方面源于任职礼部期间对他的了解，但更重要的是源于李贽注重社会功利的进步的历史观。

这五年里与上司多有冲撞，仕途自然不顺，但在闻道上却收获颇多。也因李贽看透了官场险恶，不免心生厌弃，故而一心扑在学道上，专注于交接同道友朋，寻访拜见得道高人。但北京这庙堂之地，稍有不慎即卷入政治斗争的旋涡之中，让李贽在学道的路上不免谨小慎微。每当此时，他即想起当年避居白云山的那份惬意。于是一直想着有朝一日能觅得一远离京师的清闲官职，但是周边又能聚得一帮道合之人，如此有官可做，衣食无忧，有朋可交，闻道问学，而南京无疑就是这样一个理想之地。朱棣迁都北京后，南京作为留都仍保留了一套中央行政机构，除没有皇帝外，其他各种机构的设置完全与北京一样，只是大都为闲职。但这里少了些北京政坛的勾斗喧闹，多了些文人学者的自由论辩。李贽正是看重了这一点，于是"乞就留都"，很快被调任南京刑部员外郎。

六

醉翁之意

　　隆庆四年（1570），四十四岁调任南京刑部员外郎，李贽
的生活有了起色，关注生命的意识渐浓。至万历五年（1577）
止，南京七年中，李贽结识、交游了一批对其思想产生最要
影响的名士，如耿定向、耿定理、焦竑等。更与耿定理与焦
竑结为莫逆之交。同时，李贽还交往了王守仁的弟子王畿以
及泰州学派的罗汝芳。更师事泰州学派王艮之子王襞。至此，
李贽折节王学，所得颇多。

　　嘉靖二十一年（1542）"壬寅宫变"中幸运保住一条命的朱厚熜干
脆移居西苑修玄。随着年龄渐增，加之长期服用含有朱砂、水银、雄黄
等的丹药，嘉靖帝的身体每况愈下。终于在嘉靖四十五年（1566）十二
月十四日，驾崩于乾清宫，享年六十岁。随后，三子裕王朱载垕继位，

年号隆庆，成为大明第十二位皇帝。隆庆帝少年时因其母杜康妃失宠缘故，而不得父皇宠爱，又非长子，很晚才被立为太子，即位时年已三十岁矣。隆庆帝登基前，在裕王邸生活了十三年，此期间较多地接触到大明王朝社会生活各个层面，了解到王朝的各种矛盾和危机，特别是严嵩专政、朝纲颓废、官吏腐败、"南倭北虏"之患、民不聊生之苦，内忧外患使他更加关心朝局。这些个人经历使其即位后行事谨慎，宽仁大度，勤俭爱民，处理政务大都恰到好处，可称为一代明主。他倚靠高拱、张居正等大臣的辅佐，革弊施新，得到大治，史称隆庆新政。可惜，隆庆帝一度沉迷媚药，在位六年即因病去世，终年三十六岁。

隆庆四年（1570），李贽从北京来到了南京。南京于李贽也是二进宫。回想十年前初入留都，那是他第一次闯入这样繁华富庶的都市，这里曾让他大开眼界，只是还未能真正开始时，丁父忧，旋即东归守制。

在南京的七年是李贽思想开始发生较大变化的时期。此地，李贽先后结识了耿定向、耿定理兄弟，并与焦竑结为莫逆。这三人成为李贽后半生生命中极为重要的人物，他们从不同方面对李贽的思想产生了重大影响。

三人中，最早相识的当属焦竑。焦竑（1540—1620），字弱侯，号漪园，又号澹园，又号龙洞山农。祖籍今山东日照。祖上已寓居江宁，至焦竑辈实为南京土著。此子年少聪颖，十六岁应童子试，获第一名，入应天府学读书。之后于嘉靖四十三年（1564）中举，万历十七年（1589）高中状元，官翰林院修撰，万历二十年（1592），焦竑任会试同考官，万历二十三年（1595），为皇长子讲官。

焦竑自幼博览群书而少年成名，"自经史至稗官、杂说无不淹贯"，且好交游。早在入仕以前，他便被士人推许为"士林祭酒"，有"一代儒宗"之称。

李贽刚到北京任礼部司务时，便听说南京有个叫焦竑的青年才俊，年纪虽轻，但学问不小，李贽一生都在求"胜己之友"，自此开始心仪焦竑。礼部任上，即与来京的焦竑有一面之交，"余至京师，即闻白下有焦弱侯其人矣。又三年，始识侯"。哪知一晤即为知音，相识恨晚。"既而徙官留都，始与侯朝夕促膝，穷诘彼此实际。夫不诘则已，诘则必尔，乃为冥契也。……惟宏甫为深知侯，故弱侯亦自以宏甫为知己。"有道是卓吾何幸，有斯弟；弱侯何幸，有斯友。遂成莫逆。

此时李贽年四十有四，已由南而北，由北而南，几经宦程。此时小李贽十三岁的焦竑却因为科场不利，淹留未仕，困居故里。知己贵在互诉衷肠，在倾心相交中一切烦恼之事都可抛之脑后。自此，两人朝夕过从，相与论道，"穷诘实际"。李贽不以孔子是非为是非，焦竑则对孟子多有不敬之辞。这成为他们相互交往并建立起深厚友谊的牢固基础。这样心心相印的时光，前后长达数年，一直到李贽万历五年（1577）离开南京为止。

需要一表的是，焦竑少年成名，与其恩师耿定向的提携大有关联。从学说师承及所受影响来看，耿定向是焦竑介入阳明心学系统的导路人。焦竑尝自谓："年少气壮，不可检柙"，"未知所向往"，幸遇耿师，复蒙史师开悟教导，"志始有定"。又说："余幼好刚使性，……年二十有三，闻师友之训，稍志于学。"

焦竑十六岁入应天府学读书，获南直隶督学使者赵方泉赏识。嘉靖四十一年（1562），泰州学派学者耿定向督学江南，到任后，正学风、迪士类、建书院、聘师长，大力弘扬"良知"之学。受赵方泉举荐，得耿定向器重，以"国士"待之，以"良知之学"相规，又命其为崇正书院学长，甚至一度让其代为掌教席。焦竑因此成为耿定向的门徒，一时名声大振。所以焦竑一生不曾忘记耿师的知遇、奖掖、提携之恩。

《明儒学案》称其"师事耿天台（定向）、罗近溪（汝芳），而又笃信卓吾（李贽）之学，以为未必是圣人，可肩一狂字，坐圣门第二席，故以佛学即为圣学，而明道（程颢）辟佛之语，皆一一绌之"。

而《总目提要》中纪昀等则对焦氏友李贽、鼓狂禅，痛加抨击。

《焦弱侯问答》提要即云："竑师耿定向而友李贽，于贽之习气沾染尤深，二人相率而为狂禅。贽至于诋孔子，而竑亦至尊崇杨墨，与孟子为难。虽天地之大无所不有，然不应妄诞至此也。"

《易筌》提要亦云："是书大旨，欲以二氏通于易，每杂引《列子》《黄庭内景经》《抱朴子》诸书以释经。史称竑讲学以罗汝芳为宗，而善耿定向、耿定理及李贽，时颇以禅学讥之。盖不诬云。"

《阴符经解》提要更云："盖竑与李贽友善，故气类熏染，喜谈禅悦，其作此注，仍然三教归一之旨也。"

纪晓岚还说："其讲学解经，尤喜杂引异说，参合附会。如以孔子所云空空及颜子之屡空为虚无寂灭之类，皆乖近正经，有伤圣教。盖竑生平喜与李贽游，故耳濡目染，流弊至于如此也。"

显然，纪晓岚站在儒家立场上对李贽和焦竑的攻击，反映了李贽的思想对焦竑的影响，但有失片面。实际上，二者的影响是相互的，焦竑对李贽的影响也不容忽视，甚至在早期要大于李贽对焦竑的影响，李贽自己就曾直言不讳地说："宏甫之学，虽无所授，其得之弱侯者，亦甚有力。"李贽虽长焦竑十三岁，但闻道较晚，到北京做礼部司务后才开始有精力读书求道，才有机会接触当时学术界特别是阳明学的精英，而焦竑自幼博览群书，又得名师提携，广交游，名震天下。因此，在南京期间，李贽受焦竑的影响大于他对焦竑的影响也就是自然而然的了。

耿定向（1524—1596），字在伦，湖北黄安（今湖北红安）人。嘉靖三十五年（1556）进士。曾任都察院右副都御史、刑部左侍郎、户部尚书等职，官运一路亨通。后辞官与弟定理等一起居天台山，创建书院，讲学授徒，潜心学问，人称天台先生。耿定向与人论学时，话虽不多，但经常是"当机指点"，往往能使人豁然开朗。

弟耿定理（1534—1584），字子庸，号楚倥，世称八先生。与其兄高中进士完全不同的是，耿定理自幼在父亲的教导下也曾研读朱熹注疏的四书五经，但善于思考的他诵背之余觉得朱熹的那一套理论"不知所出"。常常一个人跑到荒山空谷中，冥思苦想，不愿盲目遵从程朱理学的权威，认为那样便是"有眼瞎子"。他自此绝了科举仕进之意，"或静坐一室，终岁不出；或求友访道，累月忘归"。曾以邓豁渠、何心隐为师，得泰州学派之旨趣。耿定理始终以学道为事，"有德不耀"，"有才无官"，过着一种闲云野鹤式的淡泊功名利禄的无拘无束的生活。

兄弟二人虽性情有异，一入仕途，一好游学，但交友求道旨趣殊途同归。

李贽和耿定理的相识源于一场论坛。那是隆庆六年（1572）的春天，耿定向兄弟到南京求友访道。一日，在一论坛中忽闻一人高谈阔论，围坐者不时点头称是。耿定理本是途经此地，无意中听到言说者一些言论甚是有理，遂也端坐一旁，仔细聆听起来。

待到关键处，他突然发问："学贵自信，故曰'吾斯之未能信'。又怕自是，故又曰'自以为是，不可与入尧、舜之道'。试看自信与自是有何分别？"

讲者应声而答："自以为是，故不可与入尧舜之道；不自以为是，亦不可与入尧舜之道。"

耿定理顿觉此人"终可入道"，起身拱手道："在下黄安耿定理，敢问兄台大名？"

讲者见说话者风度翩翩，慈眉善目，眼神深邃，举手投足间颇有一股贵雅之气。亦拱手回应道："不才泉州李贽也！"

"哎呀，"耿定理朗叹一声，"小弟有礼了，久闻先生之名，今日巧遇，幸甚！幸甚！日后定当上门求教！"

"来日再会！"李贽应道。

遂大笑而别。

李贽日后追忆道："岁壬申，楚侗游白下，余时懵然无知，而好谈说。先生默默无言，但问余曰：'学贵自信，故曰'吾斯之未能信'。又怕自是，故又曰'自以为是，不可与入尧、舜之道'。试看自信与自是有何分别？余时骤应之曰：'自以为是，故不可与入尧、舜之道；不自以为是，亦不可与入尧、舜之道。'楚侗遂大笑而别，盖深喜余之终可入道也。余自是而后，思念楚侗不置，又以未得见天台为恨。"

定理"不烦言说，当机指点"，对李贽影响甚深。之后，李贽便引之以为师友，几经往来，互为知己。之后更是弃家不回，投奔耿定理共同证道。耿定理成为李贽结交焦竑之后的又一个"胜己之友"。

当时，御史耿定向在都城的南畿地方督学，倡导讲学。借焦竑、定理之缘结识定向，两语三言，恨叹见晚。李贽与定向也渐趋熟络起来。

李贽借聚友讲学频频获得各界胜己之人的光顾，友朋圈一时膨胀，知名度也远播天下，他收获了官场上未曾有过的成就感。于是定于每月十六日为固定会期。"会期之不可改，犹号令之不可反，军令之不可二也。故重会期，是重道也，是重友也。"讲会中李贽广交天下英才，学识、思想日益精进。此际的李贽甚为充实和知足。

明中后期以江南地区为代表的士人对传统君子人格失去兴趣，倾向欣赏狂狷癖病的风流才子似的殊异风度，而这种个性张扬的追求显然与儒学的固有规范是相冲撞的。但士人认为这种有"缺点"的个性才是真正的优点。张岱曾有言："人无癖不可与交，以其无深情也；人无疵不可与交，以其无真气也。"何良俊亦言："余谓当世正不必交，况赋性怪癖，闻世人言都不甚解。平生唯赏庄先生之恣肆，孔北海之奇逸，嵇中散之傲诞……"

张大复在《病》中更说：

> 木之有瘿，石之有鸲鹆眼，皆病也。然是二物者，卒以此见贵于世。非世人之贵病也，病则奇，奇则至，至则传。天随生有言："木病而后怪，不怪不能传形；文病而后奇，不奇不能骇于俗。"吾每与圆熟之人处，则胶舌不能言；与骛时者处，则唾；与迂癖者处则忘；至于歌谑巧捷之长，无所不处，亦无所不忘。盖小病则小佳，大病则大佳，而世乃亦不如己为予病，果予病乎？亦非吾病，怜彼病也。天下之病者少，而不病者多，多者吾不能与为友，将从其少者观之。

张大复对士人传统人格的否定和对新的人格的追求使得士人在社会交往对象的选择上尤其倾向于那些狂癖、奇异之士。这已然完全超出了正统儒学所要求的"以友辅仁"的"温良恭俭让"的形象。

李贽"乞就留都"，意在求道于"胜己之友"。故而在官任上少却了几分该有的谨慎，不自觉地在一些场合对封建礼教和理学持批判态度，往往和一般因循守旧的假道学者格格不入，因此每每与上司有抵触。他在《感慨平生》中说："最苦者，为员外郎不得尚书谢、大理卿董并汪意。"（《焚书·卷四》）

意料之外的是，本已无心插柳的他，却来了官运。几年内即由主事递升员外郎，继而再升郎中。时运来了真是挡也挡不住。李贽也越发自信起来，求学访友之念一发不可收拾。李贽舍弃京师，乞就留都，白下也待其不薄。这里人文荟萃，商业发达，思想激进，随时随处可以结交到各类异见精英，各路个性神仙。这极大地满足了李贽好交友交游以求闻道得道的心理。

李贽对交友之道也自有一番独特的体验和认识：

> 盖独学难成，唯友为益也。
>
> （《续焚书·答沈王》）

> 余交最广，盖举一世之人，毋有如余之广交者矣。余交有十。十交，则尽天下之交矣。
>
> （《焚书·李生十交文》）

> 夫天下无朋久矣。何也？举世皆嗜利，无嗜义者。嗜义则视死犹生，而况幼孤之托，身家之寄，其又何辞也？嗜利则虽生犹死，则凡攘臂而夺之食，下石以灭其口，皆其能事矣。今天下之所称友朋者，皆其生犹死者也。此无他，嗜利者也，非嗜友朋也。今天下曷尝有嗜友朋之义哉！既未尝有嗜义之友朋，则谓之曰无朋可也。
>
> （《焚书·朋友篇》）

李贽不仅将朋友当作闻道求道的对象，他还毫不掩饰地坦言"专以良友为生"，甚至把好友当作"过活物件"。

> 第各人各自有过活物件。以酒为乐者，以酒为生，如某是也。以色为乐者，以色为命，如某是也。至如种种，或以

博弈，或以妻子，或以功业，或以文章，或以富贵，随其一件，皆可度日。独余不知何说，专以良友为生。故有之则乐，舍之则忧，甚者驰神于数千里之外。明知不可必得，而神思奔逸，不可得而制也。

（《焚书·答周友山》）

李贽很是珍惜南京一任消闲的官职生涯，上任六年来，他将更大的热情和精力投注到讲学论道上。且以"重道重友"为人之生存意义，讲会论道，参访道友成为他此段的主要活动。李贽嗜友为命的理念也得到了诸多道友以及追随者积极的呼应和回报。公安"三袁"之一的袁中道就此论曰：

予窃念公少而有朋友之癖，不论居官悬车，皆如是也。生平不以妻子为家，而以朋友为家；不以故乡为乡，而以朋友之故乡为乡；不以命为命，而以朋友之命为命；穷而遇朋友则忘穷，老而遇朋友则忘老。至于风雨之夕，病苦之际，块处之时，见故人书，则奋然起舞，愁为之破，而灾为之消也。以公之不能一日忘朋友如此。

（《珂雪斋集·代湖上疏》）

一焦二耿外，李贽与王学后人亦交游甚广。不得不提的是被李贽视为"心斋之子东崖公，贽之师"。这位东崖公就是王阳明得道弟子王艮的次子王襞。

王襞（1511—1587），字宗顺，号东崖，晚年别号天南逸叟，江苏泰州安丰场人。少年随父从学王阳明，幼闻庭训，受到王阳明赞扬，后又从学钱德洪、王畿等王学著名学者。阳明卒，王襞帮助父亲授徒淮南。父殁，王襞"望日隆，四方聘以主教者沓至"。"归则随村落大小，扁舟往来，歌声与林樾相激发，闻者以为舞雩咏归之风复出。至是风教彬彬，盈宇内矣。"他继承父业，终生不仕，从事讲学活动。王襞尚自然，认为良知本自现成，如饥来吃饭，困来睡眠般地自然，不假外求。要致良知，只要保持心灵的空寂，使其不被障蔽就可以了。五十五岁左右，王襞至南京，之后"与多士讲习，连榻累旬，博问精讨，靡不惬其欲以去"。对"乐学"之说，发挥尤多。李贽学习王襞之学，大概就在这一时期。当然，其父泰州学派创始人王艮"百姓日用即是道"之论对于李贽来说，自是深有体会，前些年自家老少六口相继过世，多为贫困饥荒所致。而王襞"乐学"之道同样深深扎根于李贽内心，因此，李贽对王氏父子之学多了几分真实感和亲近感。李贽后半生追求绝假纯真，安贫乐道之学自然有着王氏父子的深刻影响。

南京期间，李贽还结识了王畿、罗汝芳等知名学者。

王畿（1498—1583），字汝中，号龙溪，浙江绍兴山阴县人。年轻时恃才不羁。嘉靖二年（1523），因试礼部进士不第，返乡受业于王守仁。五年会试中式，未参加廷试，协助王守仁指导后学，时有"教授师"之称。为王守仁最赏识的弟子之一。嘉靖八年（1529）赴京殿试，途中闻王守仁卒，奔广信料理丧事，服心丧三年。嘉靖十一年（1532）终中进士，官至南京兵部主事，曾任南京武选郎中之职，因其学术思想为当时首辅夏言所恶，不久即被罢黜。罢官后的王畿心无旁骛专事讲学。林下四十余年，无日不讲学，自两都及吴、楚、闽、越、江、浙，皆有讲舍，所到之处，听者云集，年八十，仍周游不倦。其自述"予自闻阳明夫子良知之教，无日不讲学，无日不与四方通知相往来相聚处"。认为良知是当下现成，不假功夫修正。知识与良知有别，知识不是良知，但在良知的作用下可以变为良知。其思想以"四无"为核心，修正王守仁的四句教。认为心、意、知、物只是一事，若悟得心是无善无恶之心，则意、知、物皆无善无恶。主张从先天心体上立根，自称这是先天之学。认为良知一点虚明，便是作圣之机，时时保住此一点虚明，不为旦昼梏亡，便是致知，而不注重"致良知"的功夫，强调自由自在的处世态度。黄宗羲认为其学说近于释老，使王守仁之学渐失其传。

罗汝芳（1515—1588），字惟德，号近溪，江西南城人，自幼聪明好学，博览群书，独钟理学。当他读到理学家薛瑄《读书录》中"万起万灭之私，乱吾心久矣，今当一切决去"的一段话时，决定从静坐息念上下功夫。于是，便在寺中闭关静坐，置水镜于几上，对之默坐，使心与水镜无二。久之，遂成重病。其父授之以王阳明的《传习录》，罗汝芳从中领会了"致良知"的学说，竟病愈。十六岁赴南昌师从泰州学派代表人物颜钧。尽受其学，得王艮泰州学派真传。嘉靖二十二年（1543）中举，二十三年（1544）参加会试后，自认为"吾学未信，不可以仕"，不参加廷对，遂退居乡里十年之久。

嘉靖三十二年（1553）他中进士，先后担任过太湖知县、宁国知府、参政等职。他四处游访，考察社会，探究学问，并在从姑山创办"从姑山房"，接纳四方学子，从事讲学活动。当是时，首辅张居正最厌讲学，遂与之结怨，旋即被劾致仕。至此，一生深入江湖，宣讲哲理，教化士民，以发人"良知"和济人急难闻名于世。受颜钧影响，罗汝芳反对朱熹、王阳明等人所倡导的以省、察、克、治为基本手段，以"制欲"为基本内容的道德修养方式，并认为这有悖于孔孟之道。罗汝芳思想的核心是"赤子之心"。他认为，人生下来是个赤子，赤子之心就是未受世俗影响的人的本心，是"不学不虑"，与生俱来的。罗汝芳还认为，圣人是由赤子之心扩充而成，人人都有赤子之心，故人人皆有可能成为圣人。

南都六载，李贽接触的几乎皆为阳明学派的大师级人物，且渐趋形成一个相对稳定的友朋圈，活跃于这样的圈子内，李贽的思想发生了颠覆性变化。特别是在与泰州学派要人的接触中，李贽更是直接从中汲取了思想营养：受王艮"百姓日用即道"的影响，李贽提出了"穿衣吃饭即人伦物理"；受罗汝芳"赤子之心"的影响，李贽创立了"童心说"；李贽的"自然之性，乃是自然真道学""学贵为己，务自适""率性而行"等思想则是对罗汝芳、王襞等心性之学的进一步发挥；李贽狂狷豪放的性情更是深受泰州学派的影响。李贽称赞泰州学派的创始人王艮及其门徒徐樾、颜钧、赵大洲、邓豁渠、罗汝芳、何心隐等个个都是"英灵汉子"，"一代高似一代"。

李贽之所以格外推崇泰州学派，主要在于他们没有正统儒学的严格的道统观念，能够不拘师说，甚至"往往驾师说之上"，超越了阳明学派，发展出许多新的思想。泰州学派更加关注普通百姓的生活，仅"百姓日用即道"一说，就把高高在上、玄虚的道德观念拉回到普通百姓的日常生活中，承认人的欲望，在道德世俗化方面迈出了一大步。受佛家禅宗的影响，泰州学派强调人的心性的主体地位，更加关注作为生命个体的"自我"。从王阳明的"人胸中各有个圣人""满街人都是圣人"，泰州学派发展出了"人人皆可成圣"的朴素的平等观念。这几个方面，与其说是对阳明心学的继承和发展，不如说是对他的反对。对此，明末清初的大思想家黄宗羲有着清醒的认识，他在《明儒学案·泰州学案》中说：

> 阳明先生之学，有泰州（王艮）、龙溪（王畿）而风行天
> 下，亦因泰州、龙溪而渐失其传。泰州、龙溪时时不满其师

说，益启瞿坛之秘而归之师，盖跻阳明而为禅矣……传至颜
山农、何心隐一派，遂复非名教之所能羁络矣。

跻身禅学，"非名教所能羁络"实际上已经走上"异端"的道路了。泰州学派这些思想正好契合了李贽"自幼倔强难化，不信学，不信道，不信仙释"，追求独立的思想和反叛精神。但是，泰州学派并没有继续走下去，他们中的绝大多数依然尊奉孔子，如王艮不仅在讲学中阐发孔子的学说，而且经常头戴代表封建纲常的纸糊的"五常冠"，手持写有"非礼勿视，非礼勿听，非礼勿言，非礼勿动"的笏板周游四方，传道讲学。李贽则不同，他公然以"异端"自居，提出"不以孔子是非为是非"，从而"颠倒千万世之是非"，他要把孔子拉下儒家道统的"神坛"，把传统的儒家意识形态和专制制度掀个天翻地覆。

南京期间，李贽重要的一项活动是开始登坛讲学。李贽虽然在北京任礼部司务时既已接触王学，但到南京后才真正结识到了王学后人中的诸多翘楚，切实融入了当时的学界前沿。只是在北京和初到南京时，李贽尚处于学习阶段，处于思想爆发前的知识积累期，还未能形成自己的思想或者至少是他的思想还不成熟。李贽自己也曾说过自幼读孔子的书而不懂孔子的书；尊奉孔子，却不知道孔子什么地方值得尊崇。他把自己这种思想状态称作是"矮子观场，随人说妍"，就是说自己像矮子看戏，只是跟在别人后面叫好的应声虫而已。李贽还说自己"五十以前，真一犬也。因前犬吠形，亦随而吠之。若问以吠声之故，正好哑然自笑也已"。

可见，李贽真正形成自己独立的思想是在五十岁左右，即离开南京前的一两年。也就是在这时，李贽不再满足于一味听别人讲学论道，开始登坛宣讲自己的思想。

某日，李贽聚友讲学，一位同僚对他说：我辈都是读书人出身，岂不明白义理，难道还用得着讲吗？

言外之意是说：我们都是饱读四书五经、深明儒家义理的进士，难道还要听你一个举人讲学。

李贽也不无嘲讽地答道："君辈以高科登仕籍，岂不读书？但苦未识字，须一讲耳。"

其人大为不解，"怪问其故"？

李贽答曰：

> 《论语》《大学》岂非君所尝读耶？然《论语》开卷便是一个"学"字，《大学》开卷便是"大学"二字。此三字吾敢道君未识得，何也？此事须有证验始可。如识《论语》中"学"字，便悦、乐、不愠，说"大学"二字，便能定、静、安、虑，今都未能，如何自负识得此字耶？

听了李贽的回答，"其人默然不能对"。

李贽这一番极富思辨和启发性的辩答，使一个个进士出身的同僚不仅集体默然，自此更是刮目相看。

讲学中，李贽已经表现出自己独特的"异端"思想了。据当时的东林党人史孟麟讲，李贽讲学时，"全以当下自然指点后学，说个个人都是见见成成的圣人，才学便多了。闻有忠节孝义之人，却云都是做出来的，本体原无此忠节孝义"。

南京任上，李贽还研读《老子》。李贽实在是一个现学活用的家伙，熟读《老子》后，即用老子的思想反观儒学，进一步解构儒家经典，常有别番洞见。

话说万历初年，已在学界小有名气的李贽，不时接待访学问道之人。万历二年（1574）的一天，耿定向的两个弟子潘士藻、祝世禄来南京拜访李贽。李贽邀其与众人一起论学。彼时，有人正谈"非礼勿视，非礼勿听，非礼勿言，非礼勿动"的"四勿"之道。李贽当即插话说："只此便是非礼之言！"众人愕然。李贽接着说："人所同者谓'礼'，我所独者谓'己'，学者多执一己定见，而不能大同于俗，是以入于非礼也。"见众人似懂非懂，李贽便举例说，颜渊的"四勿"，"即四绝也，即四无也，即四不也。四绝者，绝意、绝必、绝固、绝我是也。四无者，无适、无莫、无可、无不可是也"，四不者，"不见、不动、不言、不显是也"。"四绝"显然来源于老子的"绝圣弃智"说，而"四无"则源于老子"无为而治"的思想。李贽还进一步对"礼"作了自己的老子化的阐释：

> 盖由中而出者谓之礼，从外而入者谓之非礼；从天降者谓之礼，从人得者谓之非礼；由不学、不虑、不思、不勉、不识、不知而至者谓之礼，由耳目闻见、心思测度、前言往行、仿佛比拟而至者谓之非礼……

在李贽的思想里，"礼"是发于情性，顺乎自然，是以个人心性的自由自在为依归的。一切有悖于人的心性自由的外在规范都是"非礼"。李贽对"礼"的阐释，是"童心说"的先声。

吏部一任，李贽已全然没有衣食之忧，妇孺家族之累。潜心道妙，交游师友成为他为官之余的主要工作。李贽越来越接近圣人之学，讲学论道中的愉悦与收获使他对于原本就不热衷的官场再也提不起兴趣。

七 践履参禅

万历五年（1577），五十一岁出任云南姚安知府。李贽实施"无为而治"，使百姓自得其乐，政绩显著。公余之暇，乐事讲学。姚安居官三年后，半百的李贽在姚安知府的任上彻悟人生。弃官而去，开始了探索人生的漫游天下、讲学立说之路。

隆庆六年（1572），在位六年的朱载垕因病去世，坊间传说隆庆帝由于长期服食媚药，纵欲过度，身体每况日下，难以支撑。终年三十六岁。穆宗驾崩，十岁的朱翊钧即位，年号万历，在位四十八年，成为大明在位时间最长的皇帝。嘉靖四十一年（1562）八月十七日，朱翊钧出生在裕王府，是穆宗朱载垕的第三子。穆宗有四子，长子朱翊铁、次子朱翊钤，俱早亡。朱翊钧遂被立为太子。万历帝在位初十年，内阁首辅张居正主持政务，在小皇帝的支持下实行了一系列改革措施，经济发展，国力强盛。朱翊钧亲政后，亦励精图治，开创了"万历中兴"的局面。只是万历中期后，因再无像张居正的这样的人可以督导，又因国本之争等问题，万历帝开始倦于朝政，自己又沉湎于酒色财气之中，尤其爱财敛财之心不减，一度强征矿税为人所诟病，自此不再上朝，荒于政事，大明朝也从此逐渐走向衰亡。

但是万历皇帝在位时期衰败的明王朝也在这个时期走向开放和活泼，此间，华夏大地出现了资本主义萌芽，外国传教士也纷纷来华，利玛窦还入宫觐见过万历帝，西学东渐之风吹起，整个社会也出现了反对封建礼教、个性解放的思潮。

上文已说，奇巧的是，南京一任，耽于求道师友、沉溺佛老的李贽，官运却意外亨通，万历四年（1576），李贽由员外郎升为郎中（正五品）；次年，李贽又获升迁，出任云南姚安知府（正四品）。明代官场重进士身份，对于举人出身的读书人来说，正四品的知府可谓官尊位显了。于毫无储蓄的李贽言，虽然偏远近乎流放，但正四品任满三年，致仕之后的生活即可获得保障。这在李贽入滇途径黄安即与耿定理有交代："待吾三年满，收拾得正四品禄俸，归来为居食计，即与先生同登斯岸矣。"所以，姚安知府不过是李贽求道路上的一个铺垫而已。他后来也直言："五十而至滇，非谋道矣，直糊口万里之外耳。"

明朝万历年间，是一个理学之风大兴的时代，全国上下奉程（颢）朱（熹）理学为圣典，大力倡导存天理，灭人欲；但在李贽等一些激进思想者看来，追求享受也是人的一种权利，认为人不能没有情感欲望，只要把握尺度，追求正常的美声、美色、美味和舒适就是人的本性。因此，李贽主张"童心说"，号召冲破封建礼教的束缚，反对用虚伪烦琐的礼教训诫残害人的个性，禁锢人的情感，压抑人的欲望，提倡恢复人本身所具有的天真烂漫的童心，任情所动。这是李贽对个性解放的呐喊，这在当时需要足够的勇气和胆识。所以，守旧的理学卫道士们害怕了，李贽遂被"放逐"蛮荒之地。于是，万历五年（1577），一个平常的日子，地处边荒的姚安路军民总管府迎来了新知府李贽。

姚安，古为滇国地。属于少数民族聚居地区，自古以来就是中原王朝征服西南"蛮夷"的战略要地。东汉光武年间归附后，置永昌郡统之，自此之后，叛服无常。明朝洪武二十七年（1394），设姚安军民府，但仍然骚乱不已。万历元年（1573），这里刚经过一场战乱。万历五年（1577）李贽来到姚安后，看到的仍是见满目疮痍、民不聊生的凄惨景象，悲愤之余，写下了这样一副对联：

> 从故乡而来，两地疮痍同满目；
> 当兵事之后，万家疾苦总关心。

李贽向来反对将汉族政治的那一套强加在其他民族头上。到任后，一改过去朝廷实行的高压政策，对姚安府少数民族实行宽松政策，不用汉人的尺度一概苛求。鉴于近年不断研读老庄、佛典，深受其中理念的浸染，也鉴于此一任上终算掌有实权，自己的想法可以落实在具体事务中。于是他将"无为而治"作为自己的施政纲领，"一切持简易，任自然"，实际上就是顺从和尊重当地少数民族的习俗，"因俗而治"。对民族纠葛，持"无人告发，即可装聋作哑，何须细问"的态度。对民族上层人士以礼相待，竭以至诚。"凡有一能，即为贤者。"故李贽在滇三年，境内安然，各民族和睦相处，安居乐业，僚属、胥吏、士民以及少数民族首领对他都十分尊敬。

李贽施政，"务以德化民，不贾世俗能声"。他十分注重修桥铺路等事关地方百姓的公益事业。当年，涟厂河泛滥成灾，尤其夏秋霪霖，洪流暴涨，舟楫难施，行者有漂没之患。刚上任的李贽就用有限俸禄，"捐资聚石为桥，利行旅，通往来，以垂永久"。后人念其功绩，呼为"李贽桥"，至今犹存。对于属下，李贽也是体恤有加，认为"仕于此者，无家则难住；携家则万里崎岖而入……尤不可不体念之"！因此，李贽对他们从不求全责备，但有一能，就予以重用。

从南京到云南，李贽始终坚持着求道讲学、"上下求索"的道路。偏居姚安，在这"天高皇帝远"的"化外之地"，他有更多的时间和精力，对这一路来一番更加深刻地直接切入历史和哲学层次的思索。当然，如此安然的"求索"前提是，姚安知府任上，李贽实实在在地当了个有实权的一把手，各项"常例"和其他收入不觉中丰满起来，遂渐有所积蓄。其实，更为重要的是，自从接触老庄和佛教以后，李贽的性情也发生了明显变化。妻子黄宜人感触最深，以前李贽"时时见他人过""嫉恶也过严""性窄"，到如今"宏阔""宽和""与人为善""不与人争"，但也变得有些自信甚至倔强，还不免有些怪异。

李贽的政治主张和措施，赢得了少数民族士官和百姓以及下属的支持，出现了多少年来罕见的少数民族与汉族和睦相处、百姓安居乐业的局面。但是李贽的施政方针却开罪了诸位上司，与云南巡抚王凝以及他的顶头上司、云南布政司右参政兼洱海分巡道骆问礼发生了矛盾。对于王凝，李贽是不屑一顾的，因为他是一个满口仁义道德、品行却极其低下的假道学，故而李贽说："王本下流，不必道也。"好在李贽来云南仅一年后，王凝就调离了。

但最令李贽痛心的是，一向与他最相知的骆问礼也反对他的施政方针。骆问礼有才能，而且性格刚直，遇事敢言，不畏权贵，道德文章堪称楷模。在南京时，与李贽就是同僚，且最称相知，隆庆年间因上书直谏得罪皇帝，被贬云南。由于思想和政见上的分歧，遂生间隙。李贽主张施政要"因性牖民","持简易，任自然"。而骆问礼则以程朱理学为宗，为政以苛刻严厉著称。骆问礼反对李贽的"无为而治"，责备李贽只是干些修葺颓圮的学校以及聚居区的防火道、火神庙之类的小事。幸而骆问礼为人正直，政见相左外，两人的关系并没有因此受到太大的影响。故当骆问礼得知李贽要辞官后，曾再三挽留，并在给同僚杨道会的信中说："卓吾兄洁守宏才，正宜晋用，而归志甚急。不孝力挽。三年屈首，非其本心，今遂其高矣。士类中有此，真足为顽儒者一表率。"（骆问礼《万一楼集》卷二十五《复杨贯斋》）更令李贽欣慰的是，当时分管洱海道（下辖姚安等县）的云南按察司佥事顾养谦以及云南巡按御史刘维与李贽关系甚为融洽，给了李贽极大的支持。

为明心迹以自警，他还在府衙的门柱上撰写楹联一副：

> 听政有余闲，不妨鑋运陶斋，花栽潘县；
> 做官无别物，只此一庭明月，两袖清风。

如此践履纲领，遂颇多善政，民评甚佳。而据姚安地方志书记载，李贽坐衙时"法令清简，不言而治。每至伽蓝，判了公事"，然后便来到读书人和僧侣之间，与他们"参论玄虚"，海阔天空，自然历史，无所不谈，无话不说，以致"时人怪之"。一副典型的书生形象。史志称其天性严洁，政令清简。这也难怪，李贽终归是个文人，为了延续南京时的讲学布道，他还在县城德丰寺创办"三台书院"，"日集生徒于堂下，授以经义，训以辞章"，传播中原先进文化，在姚安点播下文明种子。

李贽在姚安任职三年，治政有方，政绩不凡。涟厂河上的李贽桥，已成他为官一任造福一方的历史丰碑。"欲擒故纵""老马识途"的传说故事，则在讲述者口中一遍又一遍地重现着李贽明察秋毫的断案形象。至于"悬鱼示警"的故事，传递的是一种想做清官的愿望和决心，这种愿望和决心植根于日常生活的哲理之中，与冠冕堂皇的保证不同，它更容易使人相信，因为它合乎常理。李贽就是这样的人。

但是，李贽是一个追求自由的人，对于当官他没有多大兴趣，他在赴姚安时，路经黄安，见到了好友耿定理，便产生了弃官留住的想法，只是为了生计不得不去赴任，于是李贽便想将妻子黄氏以及女儿女婿留在耿家，但是妻子执意要与李贽同往。妻子之所以如此，一是她知道丈夫的个性，担心他留恋云南的山水或是只顾学道而不再回来。李贽的好友顾养谦也曾说到这一点："盖先生居常游，每适意辄留，不肯归，故其室人患之，而强与偕行至姚安。"二是担心丈夫的健康和安全。李贽本来身体就不好，姚安又地处万里之外的边陲，常有边民叛乱，妻子怎能放心得下？李贽只得携妻奔赴姚安。

临别，李贽和耿定理约定："待吾三年满，收拾得正四品禄俸，归来为居食计，即与先生同登斯岸矣。"所谓的"同登斯岸"就是共同论学论道，就是摆脱官场的羁绊和世俗的纷扰，潜心悟道的超然境界。有了一定的经济基础，才能真正过一种身心独立自由的生活，才能达到超然的境界。明代，官吏退休后在俸禄上可享受与在职时的同等待遇，所以李贽此时便已决定三年"收拾得正四品禄俸"后辞官。

万历八年（1580），三年届满。按惯例，经考核政绩显著可以继续升官。而负责考核的主要是巡按御史，而此时巡按御史仍是刘维，李贽又深得百姓和下属拥戴，因此升迁几无悬念。李贽却在这年三月就亲自到楚雄府刘维那儿要求辞官，刘维苦苦相劝，说："姚安守，贤者也。贤者而去之，吾不忍……即欲去，不两月所为上其绩而以荣名终也，不其无恨于李君乎？"明确表示要为李贽请功。但李贽并非贪图功名之辈，慨然回绝道："非其任而居之，是旷官也，贽不敢也。需满以幸恩，是贪荣也，贽不为也。名声闻于朝矣而去之，是钓名也，贽不能也。去即去耳，何能顾其他？"云南布政司、按察司两署长官也不同意李贽辞官。于是李贽返回姚安将夫人安顿好后，带着生员郭万民远走大理，来到佛教名山——鸡足山，师徒二人以及众名僧一起参禅论道，决绝之心无疑。刘维以及布、按二司长官见李贽去意已决，于是上报朝廷，批准了李贽的辞呈。这时已经是盛夏七月了。

李贽要走了，平日交好的抑或不和的同僚士绅，无论往昔如何，今日都为李贽的行为和勇气所折服和感动，纷纷来到衙府为其送行。各种应酬让李贽着实忙碌了一阵子。临行前日，下人呈上一个包裹，说是巡按御史刘大人叫人送来的。李贽打开外包，里面是由刘维题名《高尚》的一册手书。细细翻看，原来是这些年共事的长官、同僚、属下以及交往的士绅们，出于对李贽辞官的各种心态，慷慨赠言，或颂扬其功绩，或表彰其品行，或感谢其关照，林林总总，汇为一册。当时的大理学者李元阳参赞评价李贽曰：

> 姚安太守古贤豪，倚剑青冥道独高。
>
> 僧话不嫌参吏牍，傣钱常喜赎民劳。
>
> 八风空景摇山岳，半夜歌声出海涛。
>
> 我欲从君问真谛，梅花霜月正萧骚。

看着这些饱含深情的文字，李贽感叹，总算对自己有个交代了，不枉云南这一遭，心尚可安。二十五年的仕宦生涯结束了！

话说姚安偏远，绝无白下众多师友可以谈学论道。如果说，热闹的两京之际，李贽主要倾心王学及其后学的话，那么姚安任上，清冷的山林中，李贽更多地潜心研习佛教作为此际求道行道的主要内容。

李贽曾作《圣教小引》，特别归结了自己五十入滇的思想演变。"五十以后，大衰欲死，因得友朋劝诲，翻阅贝经，幸于生死之原窥见斑点。"言外之意，此前，总体是随人后脚，即对王学及其后人的求道问学。当此适时，年过半百，独居云南，回顾前半生家族困顿、仕宦艰辛，如今体衰身弱、无意官场，各种因缘促使其"翻阅贝经"，穷究释理，成一家之见。由此，李贽真正开辟了一条脱离先前"随人说妍"的为学路径。当然，李贽接触佛学早在两京期间，只是姚安边地，少人与其论道，更适宜自我研读，而西南地区向来佛教盛行，种种际遇，使得李贽开始全身心地投入到佛法教义的研修之中。如前所述，辞官遇阻的他，干脆携带弟子入驻鸡足山与众名僧一起参禅论道。鸡足山乃西南佛教圣地，藏经之所，李贽入得山中，拜会高僧，为其日后的佛学研究奠定了很好的基础。李贽佞佛非一日之寒，姚安以来，公事闲暇，交游僧侣，遍访山寺，一度达到痴迷的程度。此际所作诗歌自是充满禅意。如其《雨后访段严庵禅室兼怀焦弱侯旧友二首》：

其一

郡斋多暇日，乘兴一登临。

雨过青山色，僧归绿柳荫。

关河来远梦，明月隔同心。

为有清风在，因之披素襟。

其二

伯牙去已久，何处觅知音。

独有菩提树，时时风雨吟。

兴来聊倚玉，老去欲抽簪。

按剑投苍壁，凭高感慨深！

再如《钵盂庵听诵华严并喜雨二首》：

其一

山中闻胜事，闲寂更逃禅。

竺法惊朝雨，经声落紫烟。

清斋野老供，一食此生缘。

千载留衣钵，卢能自不传！

其二

《华严》真法海，彼岸我先登。

雨过千峰壮，泉飞万壑争。

山中迎太守，物外引孤僧。

寄语传经者：谁探最上乘？

由于经常入驻寺庙，属下办理一些公务文书的批复也不得不移步至此。李贽如此轻官重道，不得不说是为了当年入滇之前黄安之约。是啊！待得归来"同登斯岸"。每念及此，致仕归来之心骤增。李贽就此曾书信知己焦竑多封，自述辞官心路：

弟尝谓世间有三等人，致使世间不得太平，皆由两头照管。第一等，怕居官束缚，而心中又舍不得官。既苦其外，又苦其内。此其人颇高，而其心最苦；直至舍了官方得自在。弟等是也。又有一等，本为富贵，而外矫词以为不愿，实欲托此以为荣身之梯，又兼采道德仁义之事以自盖。此其人身心俱劳，无足言者。独有一等，怕作官便舍官，喜作官便作官；喜讲学便讲学，不喜讲学便不肯讲学。此一等人心身俱泰，手足轻安，既无两头照顾之患，又无掩盖表扬之丑，故可称也。

（《焚书·复焦弱侯》）

弟自三月即闭门专为告归一事，全不理事矣。

（《续焚书·与焦弱侯》）

数月间反反复复，闭门告老，又走鸡足，虽吾宜人亦以为我为不得致其仕而去而闷也。……世间胜己者少，虽略有数个，或东或西，或南或北，令我终日七上八下。老人肚肠能有几许，断而复续，徒增郁抑，何自苦耶！是以决计归老名山，绝此邪念，眼不亲书，耳不闻人语，坐听鸟鸣，手持禅杖，以冷眼观众僧之睡梦，以闲身入炼魔之道场，如是而已！

（《续焚书·寄焦弱侯》）

李贽的矛盾心情是明显的。适逢此时，泰州学派弟子何心隐，因书院讲学得罪当权者张居正，遂遭通缉入狱，终以"妖道"罪名被杖死。李贽闻之，当即决意辞官。

去意已决，终获批准。李贽离任时，"俸禄之外，了无长物"。"囊中仅图书数卷"，"士民攀卧道旁，车不得发"。民意如斯，值了！

踏过自己用有限俸禄捐资修建的"利行旅，通往来"的双孔石桥后，他与姚安再见了。虽然很留恋这片让他大展抱负的土地，但他不得不走。作为思想者，他需要更加广阔的自由天地。

是啊，李贽后来在《感慨平生》中叹道：

> 余唯以不受管束之故，受尽磨难，一生坎坷，将大地为墨，难尽写也。为县博士，即与县令、提学触；为太学博士，即与祭酒、司业触。……最后为郡守，即与巡抚王触，与守道骆触。

之后在《又书使通州诗后》也说："吾之居哀牢，尽弃交游，独步万里，戚戚无欢，谁是谅我者？其时诸上官，又谁是不恶我者？"当初，千辛万苦入得皇家道业。如今，身心疲惫地脱离管束之困，自由之身的获取，他呼吸着西南清新之气，大步地奔赴黄安。

从此，李贽还算独立而几乎不能自主的前半生停留在了五十五岁离别姚安，奔赴黄安的大道上！

中篇　流寓论道

一 客居天窝

万历九年（1581），五十五岁的李贽开始了黄安天窝的客寓生活。此后十年间，他在精神层面有着体制外的近乎无所拘束的自由与洒脱。各种狂狷言说与异端行为很快使其成为官方以及传统儒者的攻击对象，李贽也毫不示弱，以孤身之力与群儒鏖战，当然他背后也有着不在少数的胜己之友的支持和护卫。其中与天台先生的论辩成就了他，也毁灭了他。

古人一向有辞官归家、衣锦还乡、荣归故里之愿，但李贽对家乡泉州除却故居、旁亲之外，实在无甚留恋，而他又极为看重友情故交，尤其是知己之交。偏安云南任上，李贽旦有闲暇必书信与耿、焦二知己，相互探讨、推敲阳明心学、禅学。与友人论道在为官任上尚难全力投入，离任一身轻的他把求友、问道看成在世的唯一追求。

离境姚安后，李贽还曾专门去信焦竑表达强烈的求友愿望，并吐露眼下友朋甚少的苦闷：

> 世间胜己者少，虽略有数个，或东或西，或南或北，令我终日七上八下。老人肚肠能有几许，断而复续，徒增郁抑，何自苦耶！是以决计归老名山，绝此邪念。
>
> （《续焚书·寄焦若侯》）

由于近几年偏安一隅，加之忙于政务，无法结交到"胜己之友"，李贽为此甚为孤独、苦恼，无奈向焦竑倾诉。为了摆脱这种苦楚，甚至激奋地喊出"绝此邪念"的牢骚之语。而泉州是决然不可回去的，那里虽然商贸繁荣，但知己胜己之人绝无，一心奔赴黄安才是当下的正途！

袁中道《李温陵传》中这样描述："初与楚黄安耿子庸善，罢郡遂不归。曰：'我老矣，得一二胜友，终日晤言以遣余日，即为至快，何必故乡也？'遂携妻女客黄安。"在李贽看来，道在哪里，哪里就是他的安乐窝。二友耿定理、焦弱侯均颇信禅学，而耿定向于此则颇不以为然。但这并不影响他们之间"兄弟怡怡"的关系。再有，入滇之前，李贽将女儿、女婿托寄于黄安耿家。故而，在李贽辞官去职之后，携妻往黄安投奔耿氏兄弟。

有家不归的李贽还有一个原因是不愿拘于管困。他在《感慨平生》中有透露缘由：

> 缘我平生不爱属人管。夫人生出世，此身便属人管了。幼时不必言，从训蒙师时又不必言，既长而入学，即属师父与提学宗师管矣。入官，即为官管矣。弃官回家，即属本府

本县公祖父母管矣。来而迎，去而送，出分金，摆酒席；出
轴金，贺寿旦。一毫不谨，失其欢心，则祸患立至。其为管
束至入木埋下土未已也，管束得更苦矣。我是以宁漂流四外，
不归家也。

困于官场实属无奈，如今，父祖皆故，孝道已尽，困于家族杂务显
然已超出自己的接受之列。

李贽誓死不还乡，除了担心回乡后得受当地官府管束和家族之累的
上述原因外，尚有一个李贽没有讲出的重要原因，即与当时泉州地区炽
盛的闽学氛围有关。闽学是南宋著名理学家朱熹创立的一个带有地域性
的学派，由于它继承和发展了河南洛阳程颢、程颐创立的洛学理论，故
历史上统称为程朱理学，为宋、元、明、清理学之主流。而"好作惊世
骇俗之论，务反宋儒道学之说"的李贽，被学界称为"王学左派""异
端之尤"。当明代后期阳明学说盛行之际，偏安一隅的泉州固守旧说，
且因特殊的地理位置，竟成为闽学的主要根据地之一。作为泉州人氏的
李贽不但没有加入故乡闽学学者们的阵营，甚至在《又与焦弱侯》书中
说出"今之讲周、程、张、朱者，可诛也"这种令时人震惊的话来，更
甚者还在于他不顾同乡情分，公然在其著作中指名道姓地批评家乡的一
些闽学代表人物为迂狂不通。因此，李贽在晚年若回到泉州，是很难找
到知己觅得知音的。

而此际阳明学说虽然在福建遭到闽学学者们的坚决抵制和批判，但
在全国其他地方却相当盛行，使朱子学说一时低落。这种大气候为其想
当"四方之人"提供了必要的前提条件，使他在"漂流四方"的路上
遇到了一个又一个志同道合的朋友甚至知己。这些人在李贽的生活、读
书、论学、著作等诸多方面提供了种种便利，不断成就着李贽。

万历九年（1581）春，五十五岁的李贽与妻黄氏出滇赴楚。取道西蜀，穿越三峡。览瞿塘滟滪之胜，访相知故人论道，游走访谈间便已到达黄安。舍舟登岸，落足楚地。至此，李贽开启了他自主而不独立的后半生的生涯！

母女相见，不免泪多话长。时值夏日，定向与定理两兄弟妥当安排李贽于城外五云山天窝书院食宿和讲学。从此，合家客寓于耿家充当耿氏兄弟的门客兼子侄教师。耿、李两家的关系自是非同一般。李贽后来也曾一度感激地说："吾女吾婿，天台先生（耿定向）亦一以己女己婿视之矣。嗟嗟！余敢一日而忘天台之恩乎！"（《焚书·耿楚倥（耿定理）先生传》）

彼时，耿老爷子辞世不久，耿氏兄弟四人守制在家。天台以都察院右佥都御史兼福建巡抚身份去职丁忧。天台为耿家长子，年长定理九岁。三十三岁中进士，三十九岁以督察御史督学南直隶，创办"崇正书院"，一时"海内士云附景从"，俨然学界领袖、标杆。学识、官位自然深得族人和世人敬仰。老爷子故去，长子身份与社会地位很快使得天台成为一家之长。李贽虽是投奔定理而来，作为长兄的定向一向以礼贤名满遐迩，待李贽自是周全。

甫一安定，李贽即沐浴更衣，神清气爽地携全家来到耿老爷子灵前吊唁，极尽礼数。这李贽入住耿家，当然会给耿门带来诸多照顾安顿之劳，但是如此名声在外之人的投靠也自然给耿族带来足够的美誉。这也是天台所乐见的。

话说这天窝，非为李贽新建之居，乃耿定理的讲学旧所兼耿族养贤待贤之馆。鉴于耿氏三兄弟耿定向、耿定理、耿定力都是颇有声誉的学者，人称"黄安三耿"。往来交游者不在少数，固定门客也有一定数量。耿家即在郊野灵秀之地修建别业"天窝"以待贤士。高僧邓豁渠、名士何心隐都曾于此居住过。李贽入住时，馆内尚有吴少虞、周思久等人常住。李贽曾对友人说："新邑（黄安）虽僻陋实甚，然为居食计，则可保终老。"更对焦竑兴奋报信说："侗天为我筑室天窝，甚整。时共少虞、柳塘二丈老焉，绝世嚣，怡野逸，实无别样出游志念。盖年来精神衰甚，只宜隐也。"是的，李贽在官场周旋了二十余年，突然轻松下来，身体、精神一时竟难以适应，反倒身心俱疲，就是那种累瘫的感觉，猛然休息反而更加不适。于是李贽打算用一段时间好生调养，不观书，不问道，绝尘嚣，怡野逸。就此，李贽安稳地半隐度日。

然而，人怕出名，李贽的到来给天窝以极高知名度。之前两京所交之友以及慕名而来的后学晚辈不时来得此地，探访拜望李贽。李贽也不断接到各种出游讲学的邀请。这倒刺激了李贽，慢慢活跃甚至兴奋起来。

挚友焦竑就是在一收到李贽的报信后，就连明昼夜地赶往天窝与李贽聚首。当然他还是以吊唁恩师先父为名的。精明的天台先生对得意门生的举动自然也是了然于心的。于是备好上等的酒菜，让定理陪同去天窝与李贽晤面。知己重逢，格外兴奋，不分昼夜，对饮长谈。酒至半酣，焦竑挥笔成诗：

> 夜郎三载见班春，又向黄州学隐沦。
> 说法终怜长者子，随缘一见宰官身。
> 门非陈孟时投辖，乡接康成不买邻。
> 苦欲移家难自遂，何时同作灌园人。

表达了对当下李贽的仰慕之情。李贽是懂焦竑的，李贽姚安三年时，焦竑处境多有不顺，知己重逢，自是互诉衷肠！酌满酒，再饮干！看着弱侯内心的苦闷，李贽一再邀请焦竑干脆舍去一切，与自己安居天窝，这里有师有友，这里野逸清修，何其快意！弱侯独饮一杯，低头未语！李贽也就换了话题。

如此十日，漫聊中，李贽得悉岭南广州来了一位意大利的传教士叫利玛窦，通晓中文，善与当地官员结交，获准修建教堂，传经布道，与中土信仰大异，拥有不少信众，包括不少朝廷大员和地方乡绅，被奉为"洋圣人"。李贽虽然一向厌恶"圣人"说教，对在世"圣人"极为敏感，就想着有朝一日可以见识一下"圣人"模样，何况还是一位"洋圣人"。

再好的宴席，终是要散去的，焦竑家中尚有年迈老父需要照顾，不得不早日返回。众人送别驻足后，天台独自又将学生送到最远处，语重心长地说："卓吾不可复制，你不可为其第二。你是你！谨记！切记！"

焦竑归去，李贽时有孤独感，随即清扫屋宇，沐浴更衣，并让下人请得定理先生过来作陪，方觉安然。

翌日，李贽早早起来开窗通风，却发现弱侯站立窗前，恍然间吓了一跳。原来，焦竑乘船归途中，突然想起自家老爷子很快就要八十寿辰了，自己与李贽好友如此，何不请他写个寿序。想到做到，立刻返回天窝。按理，寿序本该是寿诗集册之后的事情，但是今天他就是要请李贽做一件"倒行逆施"之事。李贽向来不受规矩之累，焦父望众德高，是自己十分尊敬的长辈，自是满心欢喜地承应！翌日，一篇《寿焦太史尊翁后渠公八秩华诞序》出笼。

李贽身居天窝，定向也会不时以主家身份前来探望，自然也会谈学论道一番，话说这一年首辅张居正推行一条鞭法，刺激经济发展，作为曾经提拔自己的恩人，定向自然大为支持和赞赏。李贽也对这位曾经在礼部任上结识的上司充满敬意，常誉为"宰相之杰"。

在与耿氏兄弟的日常接触中，李贽隐约感觉到兄弟二人在问学求道方面有不少分歧。其实早在李贽刚到黄安后，女婿庄纯甫就有谈起。耿家四兄弟中，李贽和耿定理的交往特别密切，并把他视为自己志同道合的"胜己之友"。很多人就误以为他们两人在思想上比较一致，其实不然。他们之间的差异，较之李贽和耿定向的差异还要大得多。

耿定理天资聪颖，同时诚实。如他发现四书五经中的理论和他自己的思想有所冲突，就不轻易放过，人云亦云。这种矛盾使他苦恼，也促使他思索，有时会独自一人在深山穷谷中徘徊。最后，他终于"豁然贯通"，确认儒家的仁就是无我，圣人就是把自我之有化而为无，进入寂灭境界，以至"无声无臭"。这种高悬空中的理想主义，只能深藏于内心，不能应用于现实，并发展而成为伦理和道德的标准。故在实际生活中，耿定理从没有应考也从没有做官。耿定理的幸运在于父亲和长兄不但不干预且暗中鼓励，加之，耿族家大业大，已有长子定向支撑门面，不需定理再入仕途用以标榜家族富贵，反倒定理的讲学论道、交游天下为家族带来了意想不到的荣耀和清誉。

然而，与定理这种注重自我内心修炼截然不同的是，李贽则认为："穿衣吃饭，即是人伦物理。"这无疑和耿定理的思想判若水火。他们之所以能和睦相处，不在于耿定理学术理论上的弹性，而在于他性格的柔和轻松。耿定理常以禅宗式的机锋，避开辩论中的正面冲突，以表面上毫不相关的语言，来表示自己的意见，使辩论的对手在思索后被迫折服。因为他认为自己所掌握的真理，基于识见渊博，如果坚持片面的执拗，就等于放弃宽阔的胸襟。

随着李贽辞官常住天窝的消息被传开后，来信来访拜见邀请者络绎不绝。

年末，总算消停。万历九年（1581）的冬日，同居天窝的周思久见李贽近日得闲，遂相邀共赴麻城龙潭湖一游，并于龙潭湖钓鱼台讲学，这次行游李贽与和尚无念初识。

无念（1544—1627），麻城人。小李贽十七岁，早年削发为僧。与周思久素有往来。致仕归来的柳塘（即周思久）后来在龙潭湖创建芝佛寺，遂请得无念出任住持。经柳塘引荐，借李贽龙湖之行得以结识。后在多种场合亲历李贽的特异思想和雄辩口才，遂殷勤问学于李贽。

周思久，字柳塘。嘉靖三十二年（1553）进士，一年后赴任琼州太守。琼州与大陆隔海相望，环境宜人，但文化经济落后不堪。远离京都，但政治腐败极为严重，时有百姓造反之事。柳塘赴任后，明察暗访，整顿吏治，体察民情，"直探斯民心心相感之妙"，处理事务自然据实情以服众。同时，开办学堂，教化归善。不到半年，官威、民望即远播至紫禁城。嘉靖三十二年（1553）秋，藩司即举荐周柳塘进京觐见皇帝。一代清官海瑞也不禁撰文《赠周柳塘入觐见序》予以赞誉："百利随之兴，百弊随之革"，"穷谷深山莫不翕然有去恶惟公是从之心，莫不忻然以前无有也"；"二百年来民情今日始泄，二百年来民心今日始安"。说他"惩恶劝善，节用爱人"，像是古代的圣贤。这周柳塘原是麻城阎河籍人，当地望族。致仕后，来到好友定向的天窝问学怡情。遂与李贽成为"窝友"。周思久的弟弟周思敬也因"往来耿宅，得与李卓吾先生游，心切师事之"。

这"天窝"本是耿家修建的待贤之馆。李贽入住半年后，往来者几乎都奔李贽而来，很多时候天台的弟子、师友、门客近乎忘却了这里的真正"窝主"乃天台先生。渐而久之，天台自然有些不悦！当然，这是李贽所不能觉察的。所以，一切如常。天台向来觉得人要自律，但是觉得李贽好像没有丝毫为之"收敛"，也只好暂时隐忍着。

一日，天台陪友人游览天窝，途经李贽居所，正打算带客进去引荐给李贽。忽闻里面李贽正在大声讲论，原来是李贽给耿家子侄讲书呢。他似乎突然意识到了什么，脸上略微有些惊异的神情，不过很快就散去了。踏入门槛儿的一只脚又轻缓收回，手指向里面指了指，暗示不便打扰，转身带离客人，踱到别处。虽然一路上依然谈笑风生，但天台内心似乎一直在盘算着些什么。

《明史》有载："（耿定向）尝招晋江李贽于黄安，后渐恶之，贽亦屡短定向。士大夫好禅者往往从贽游。贽小有才，机辨，定向不能胜也。"这里明显暗批李贽。但却道出耿李之间已现间隙。

当然，这一切，起初天台并未表露，李贽亦不甚觉察，但这无声息的一切早已被定理看在眼里。所以，很多时候定理总能够用他特有的方式调解长兄耿定向和知己李贽之间潜在而隐形的裂隙。《明儒学案》有记："卓吾寓周柳塘（思久）湖上。一日论学，柳塘谓：天台（耿定向）重名教，卓吾识真机。楚倥（耿定理）诮柳塘曰：拆篱放犬。"

其实驻足天窝，受到耿氏兄弟陶铸，李贽总体是惬意舒适的。这在李贽数封写给弱侯的信中得以印证。"山中寂寞无侣，时时取史册批阅，得与其人会觌，亦自快乐，非谓有志于博学宏词科也。""唯有朝夕读书，手不敢释卷，笔不敢停挥……"

终是好景不长，李贽居留黄安仅两年，万历十二年（1584）七月二十三日，耿定理猝逝，既有的宁静暗流随着定理的去世随之波涛汹涌。

李贽弃官弃家落足黄安，一切皆因"生死在念，万分精进"的定理。如今痛失益友良师，肺腑知己，李贽求道之事遭受重大打击。其情可悲，可想而知。下笔连夜疾作《哭耿子庸》诗四首：

其一

楚国有一士，胸中无一字。令人读《汉书》，便道赖有此。

盖世聪明者，非君竟谁与？所以罗旴江，平生独推许。

行年五十一，今朝真死矣！君生良不虚，君死何曾死！

其二

我是君之友，君是我之师。我年长于君，视君是先知。

君言"吾少也"，如梦亦如痴。去去学神仙，中道复弃之。

归来山中坐，静极心自怡。大事苟未明，兀坐空尔为。

行行还出门，逝者在于斯。反照未生前，我心不动移。

仰天一长啸，兹事何太奇！从此一声雷，平地任所施。

开口向人难，谁是心相知？

其三

太真终日语，东方容易谈。本是闽越人，来此共闲闲。

君子有德音，听之使人惭。白门追随后，万里走滇南。

移家恨已满，敢曰青于蓝？志士苦妆饰，世儒乐苟安。

谓君未免俗，令人坐长叹。

其四

君心未易知，吾言何恻恻！大言北海若，小言西河伯。

缓言微风入，疾言养叔射。粗言杂俚语，无不可思绎。

和光混俗者，见之但争席。浩气满乾坤，收敛无遗迹。

时来一鼓琴，与君共晨夕。已矣莫我知，虽生亦何益！

　　李贽痛忆二人怎样相识相知，如何师友相交，喟叹知己难求，直至泪干心枯。后再作《耿楚倥传》予以纪念。每当遇到大悲大喜之事，李贽都要与远在南京的焦竑分享内心感受。定理猝逝，他在给弱侯的信中表达了自己当时的心境：

此间自八老（定理在家族中排行第八）去后，寂寥太甚，因思向日亲近善知识时，全不觉知身在何方，亦全不觉欠少甚么。相看度日，真不知老之将至！盖真切友朋，生死在念，万分精进，他人不知故耳。自今实难度日矣！

（《续焚书·与弱侯焦太史》）

是啊！李贽辞官千里迢迢奔赴黄安，就是奔耿定理而来，没想到这位至交却先行弃世而去，这不仅给李贽的心灵带来了极大的痛苦，对他以后的生活也产生了难以估量的影响。李贽与耿定向思想不合，虽常有龃龉，但有耿定理从中调和，倒也相安无事。随着耿定理的溘然长逝，这一切不睦再也无人和谐，再也不必遮掩，顷刻间暴露在两人之间。

主家天台先生接连发难。李贽鉴于寄寓身份，开始尚能隐忍，当他出走天窝后，他自由了，轻松了，对天台之后的任一指摘，都回应得分量十足，掷地有声。

最初，天台以李贽狂狷怪论影响家族子嗣为由，旁敲侧击地找借口、寻理由终止了李贽耿家私塾的"教职"。天台仕途坦达，丁忧之后，旋即由左佥都御史升为左副都御史。耿家书香仕宦之族，在黄安，乃至整个楚地都享有盛誉。所以，对于子嗣的教育和期望一直是其非常重视的心头大事，自从上次偶然旁听了李贽对自家晚辈畅谈高论之后，他内心时常难以平静，甚至有些害怕。但碍于二弟的面子，他也只好装作无妨。如今，看着自家子侄举业不顺，甚至无意仕途，向往超脱，这对耿族家长的天台无疑是很大的打击，每念及此，就更加强化和坚定了他所认为的李贽激进的学术思想对后辈的消极影响，乃"数至箴切"于李贽。

事实上，李贽颇为看重耿家子侄，他后来在与耿天台的往来信件中说："唯公家二三子侄，可以语上。可与言而不与之言，失人。此则不肖之罪也。""夫以人才难得如此，苟幸一得焉，而又失之，岂不憾哉？"李贽在离开耿家去麻城之前，深深以为耿家子侄不得良师而遗憾。同样在这封信里，李贽写道："若夫贼德之乡愿，则虽过门而不欲其入室。盖拒绝之深矣。而肯遽以人类视之哉？而今事不得已，亦且与乡愿为侣，方且尽忠告之诚，欲以纳之于道。其为所仇疾，无足怪也，故失言耳。"直斥耿定向为"乡愿"。《论语》里有"乡愿，德之贼也"。李贽说耿定向是"乡愿"，他们之间的矛盾之深俨然如难填之沟壑。

平心而论，耿定向担心其子侄受李贽的蛊惑尚可理解，毕竟他们年纪尚轻，而李贽不仅特立独行、目空一切，其言行又极富煽动性，在社会上有极大的影响力和感召力。

失友之痛尚未平复，责难之名接踵而至。李贽沐浴更衣后，爬上山头，俯视天窝，五味杂陈。该是动身了，也该出去了，想着，走着，下山了。

回到天窝，李贽唤来女婿庄纯甫，将目前境况与想法说与他听。敦厚淳朴的庄纯甫说，自己其实也早已看出一些端倪，也正打算和岳父大人商量一下下一步的打算。他说，自己这么多年来，多亏耿家照顾，得以安宁度日。如今，他们打算回得泉州，家中尚有一些族人，可以获得照顾，安稳度日该是不成问题。只是岳母不知是何想法？是日，李贽和黄氏彻夜长谈，终于说服黄氏偕同女儿女婿一家返回泉州，自己的致仕俸禄悉数交给黄宜人以颐养天年。

至此，弃官舍家，了无拖累。也因"弃官""弃妻"被耿定向批判为有"遗弃"之病。李贽的两封信中曾专书此事：

> 后因寓楚，欲亲就良师友，而贱眷苦不肯留，故令小婿
> 小女送之归。然有亲女外甥等朝夕服侍，居官俸余又以尽数

交与，只留我一身在外，则我黄宜人虽然回归，我实不用牵挂，以故我得安心寓此，与朋友嬉游也。

（《焚书·与曾继泉》）

　　眷属徒有家乡之念，童仆俱有妻儿之思，与我不同志也。志不同则难留，是以尽遣之归，非我不愿有亲随，乐于独自孤苦也。为道日急，虽孤苦亦自甘之，盖孤苦日短而极乐世界日长矣。

（《焚书·答刘晋川书》）

　　不日，收拾好简单的行李后，李贽将妻女遣送回泉州老家，自己独自流寓麻城。

　　回顾耿李矛盾，直接原因主要是耿定向担心其子侄辈受李贽激进的学术思想影响太深而流为"异端"。二人的争辩因为再无定理的隔阻及沟调，一触即发。起初定向对李贽的劝诫固然有着为其子侄辈担心的考量。当然，也不排除定理死后，耿家有资格有能力劝诫李贽的也唯有他天台了，为李贽计，他亦不得不担当之。至少在天窝，定向认为自己是有责任和义务的，无论是兄长还是友人，皆理当如此。

　　耿定向的家长病在二弟去世，子侄衰败面前再也压抑不住了，李贽不僧不儒不道不经他看不惯，李贽在佛堂里挂孔子的画像他看不惯，李贽自称是佛却大碗喝酒大块吃肉他更看不惯。

　　就在耿定向反复劝诫李贽的同时，在不同场合，友朋书信往来中不免流露出对李贽的指摘与不满。李贽是何人？官场二十五年，上司长官的不同意见尚多不服，而李贽又是个典型的心直口快之人，他最反对的就是虚伪和假道学。他把耿定向对他的劝诫和在其他场合对自己的评价、议论、批评联系起来，认为耿定向十足地虚伪、假道学。

不久，两人彻底决裂。李贽愤而出走黄安。在曾经的窝友周柳塘的邀请下，再寓麻城。李贽出走天窝，天台也并未挽留。丁忧之期恰满，耿定向被召回北京继任左佥都御史，随即升为左副都御史。

一面是恩师，一面是挚友，这可难坏了夹在两人之间的焦竑。除了沉默，实在无从做起，恩师不能拜望，挚友不敢走动。好在双方都能体谅和理解，这是极好的。

李贽出走天窝，天台复归京都。原本天各一方，似乎可以到此为止。遗憾的是他们之间并没有因为距离的阻隔而中止，而以书信隔空喊话，针锋相对，密集频繁，火药味浓烈。先是耿定向在信中将弟弟耿定理迷信禅学、不理世事，迁怒于李贽。李贽对此予以坚决否认、严加驳斥。李贽说："楚倥何曾放肆乎？且彼乃吾师，吾惟知师之而已。渠眼空四海，而又肯随人脚跟走乎？"其实，李贽早年在一封《与耿楚倥》的信中还力劝定理修禅尚好，但何必看破红尘，走向极端。纵然"世间万事皆假，人身皮袋亦假也"！人生而在世，身体一失调护，百病随即顿作，因此就不得不做出调理，切不可如禅宗所说"到处自在，随时着衣吃饭度日"。这都见出天台指责之谬也。

实事求是地讲，耿定向出于家长的长久考虑，担心其子侄受李贽的蛊惑尚是完全可以理解和接受的，但他将耿定理痴迷禅学也归咎于李贽就很是不理智了。话说回来，耿氏兄弟与李贽同属泰州学派。相较定理与李贽偏执于释道，定向始终恪守传统儒家的根本，同时他也深受当时社会风气感染，在理学、王学、禅学之间来回摇摆。他试图将三学融合，以王学、禅学为自己的政治目的服务。其弟定理则不然，他潜心王学，旁及禅学，以邓豁渠、何心隐为师。但与邓、何、李擅讲演、好辩论所不同的是，很多时候耿定理口拙心敏。

相传名士李士龙慕名来访，定理与之无一语言及学术，李氏以为子庸轻视他，甚恚怒。临别时，定理送他到船边，问他："孔子曰'不曰如之何，如之何？'作何解释？"李士龙以朱熹集注作答。定理说："毕竟'不曰如之何，如之何'者。"李士龙由此受到极大启发。可见定理治学走的是完全与李贽迥异的纯然是禅学机锋一派的路数。

李贽对耿定向的指责由不满乃至愤怒，在与耿定向的往来信件中毫不留情对耿定向的为学、为人由被动的反击到做全面的抨击。比较往来信件，初期李贽的批评还是比较温和，有意克制的。仅就学术论学术。李贽说：

> "学其可无术与？"此公至言也，此公所得于孔子而深信之以为家法者也。仆又何言之哉？然此乃孔氏之言也。非我也。夫天生一人，自有一人之用。不待取给于孔子而后足也，若必待取足于孔子，则千古以前无孔子，终不得为人乎？

这是李贽有名的"叛逆"言论，表现了他对耿天台的蔑视。李贽拒绝耿定向对他的批评时说："而公乃索之于形骸之内，哓哓焉欲以口舌辩说渠之是非，以为足以厚相知，而答责望我者之深意，则大谬矣。"甚至还说："因公言之，故尔及之，然是亦哓哓者，知其无益也。"表明他们之间的争辩已经没有什么实际意义了。朋友之间，都不屑于争辩了，还能称得上是朋友吗？果然在后来的信件中火药味越来越浓。

话说这耿李冲突，绝非集中在对待晚辈的教育上，根本分歧还是在于二人对道统的认识上。耿定向一向"自负孔孟正脉"，李贽即视为伪君子。而在黄宗羲的《明儒学案》中，也指他思想上前后不符。然则少有人能看到，耿定向并不属于正统的理学派，而是和李贽同属心学派中的泰州学派。耿定向同样是在竭力探求一种既有形而上的根据，又能融合于日常生活的真理。他一方面接受佛家和道家的哲理，认为至善至美属于虚无；但另一方面，却又认为任何信条如果不能在愚夫愚妇面前宣讲明白，则不成其为信条。经过多方考虑，他提出，人的理智有深有浅，有粗有细，有的集中，有的分散；在社会生活中，政治与农业不同，农业又与商业不同。基于这样的分析，他已经开始指出了伦理道德的理，应当与物理、地理的理有所区别，因此施政的标准也应当与哲学思想有所区别。这种理论，为当时持一元论宇宙观者所不能接受。他和李贽的冲突也无可避免，因为两个人都准备把自己的理论体现于行动之中。于是李贽指斥耿定向不诚实，言行不一；耿定向则指斥李贽以立异为标榜，立异的目的还是立异，所谓放浪形骸，无非为博取超凡脱俗美名。气急之下，一向厚道的天台甚至将李贽破例招收女弟子拿来说事。

众所周知，古代社会，女子是没有机会和男子一样接受官学和私学教育的，更不允许参加科举考试，"女子无才便是德"，乃几千年的"主流"观念。但是李贽偏要挣脱当时的思想束缚和偏见，开收女弟子，教她们吟诗作文，享受传统文化赋予的人生乐趣。其著作《观音问》，便是专为女弟子澹然大师所写，他将这位女弟子比作观世音，竭力赞颂其才能。此外，他还有与澹然大师讨论佛学的信函《答澹然师》。李贽不仅收女弟子，兴致勃勃地同女学生研讨学问，还积极地为妇女立传、正名，他认为卓文君的私奔是"正获身，非失身"，是实现自我价值。还在《焚书·答以女人学道为见短书》中说："不可止以妇人之见为见短也。故谓人有男女则可，谓见有男女岂可乎？谓见有长短则可，谓男子之见尽长，女子之见尽短，又岂可乎？"严词厉语地批判了"男子之见尽长，女子之见尽短"中的男尊女卑，对封建礼教压迫下的妇女，给予深深的同情，并为之鸣不平。在《夫妇论》中指出："夫妇，人之始也。

有夫妇然后有父子，有父子然后有兄弟，有兄弟然后有上下。夫妇正，然后万事无不出于正。"把夫妇置于人伦之首，这与三纲五常的封建秩序不同，在当时反响很大。招收女弟子！无视世俗非议！惹得舆论沸沸扬扬！

李贽岂能忍之，随即公布了他写给耿定向的函件，指斥他的虚伪。耿定向以眼还眼，如法炮制，也把他写给另一位朋友的信广为抄传，信上说："昔颜山农（颜钧）于讲学会中忽起就地打滚，曰：'试看我良知！'士友至今传为笑柄。"在这一似乎是漫不经意的开场之后，他跟着就指出，李贽的种种古怪行为，无非是就地打滚之意，目的在于不受拘检，参会禅机。但是耿定向又不无恶意地提到，李贽曾经强迫他的幼弟狎妓，还提到李贽有一次率领僧众，跑到一个寡妇的卧室里化缘。耿定向屡次写信切责李贽"超脱"，发动门生群起攻之，把李贽比之为异端。多年以后，李贽还认为这是耿定向有意识地给他以个人侮辱。

面对耿定向的纠缠不休，李贽酝酿了一次全面大反击。万历十四年（1586），李贽作著名的《答耿司寇》，对耿定向的攻击做出答辩。除了关于寡妇的事件以外，他对自己的不拘形迹毫不掩饰。最值得注意的是他对"就地打滚"的评论。他说，他从来没有听到过这一故事，如果真有这件事，只能证明颜山农确实参透了"良知真趣"。他又说："夫世间打滚人何限？日夜无休时。大庭广众之中，谄事权贵人以保一日之荣；暗室屋漏之内，为奴颜婢膝事以幸一时之宠。无人不然，无时不然，无一刻不打滚。"当一个人真能领悟到打滚的真趣，则另有境界，此即"当滚时，内不见己，外不见人，无美于中，无丑于外，不背而身不获，行庭而人不见，内外两忘，身心如一。难矣，难矣"！他认为耿定向的耻笑无损于颜山农，"即千笑万笑、百年笑千年笑，山农不理也。何也？佛法原不为庸众说也，原不为不可语上者说也，原不以恐人笑不敢说而止也"。

与耿定向的争论与所受到的无端指责一度激发了李贽的狂傲气质，使他性情中原有的倔强执拗、桀骜不驯、嫉恶如仇也发展到极致，他决定公开与世俗对着干，不惮以狂放不羁惊世骇俗的言与行出现在世人面前。因此，"到麻城，然后游戏三昧，出入于花街柳市之间"（《李温陵集》卷四《答周二鲁》注：周二鲁即麻城进士周宏禴）。甚至在书院讲学时，有问那些儒家之道，挥手向学生道："此时不如携歌妓舞女，浅斟低唱。"

他和耿定向的辩论，促成和巩固了他要求个人自由的信念。多年之后，他仍把这次辩论视为生命中一个重要的转折点。《答耿司寇》似一重磅深水炸弹，使得旷日持久的耿李论战始见分晓。李贽皇皇六千余言，将耿司寇解剖于光天化日、众目睽睽之下：

> ……试观公之行事，殊无甚异于人者。人尽如此，我亦如此，公亦如此。自朝至暮，自有知识以至今日，均之耕田而求食，买地而求种，架屋而求安，读书而求科第，居官而求显，博求风水以求福荫子孙。种种日用，皆为自己身家计虑。无一厘为人谋者。及乎开口谈学，便说尔为自己，我为他人；尔为自私，我欲利他；我怜东家之饥矣，又思西家之寒难可忍也。某等肯上门教人矣，是孔孟之志矣。某等不肯会人，是自私自利之徒也。某行虽不谨，而肯与人为善；某等行虽端谨，而好以佛法害人。以此而观，所讲者未必公之所行，所行者又公之所不讲。其与言顾行、行顾言何异乎？……

又说："公之用心，亦太琐细矣！既已长篇大篇书行于世间，今又令别人勿传，是何背戾也？反复详玩，公之用心，亦太不直矣……"

耿李本为同龄人，耿官大也，然李待耿以友道，故李谓"犯颜敢谏"，既然犯颜了，说的话就不中听了。

信中有提及邹守益，邹守益（1491—1562），字谦之，号东廓。曾获恩师阳明赠诗曰："君今一日真千里，我亦当年苦旧迷。"被阳明视为高足与良友，黄宗羲更评价邹守益"阳明之没，不失其传者，不得不以先生为宗子也"。邹守益一向为耿定向所称羡。李贽信中直言耿定向无法比拟邹守益，"且东廓先生专发挥阳明先生'良知'之旨。以继往开来为己任，其妙处全在不避恶名以救同类之急。公其能此乎？我知公详矣。公其再勿说谎也"。李直指耿"名心太重、回护太多"。并进一步剖析耿"每思公之所以执迷不返者，其病在多欲……又欲清，又欲任，又欲和"。更毫不客气地揭露耿的贪婪庸俗，"分明贪高位厚禄之足以尊显也，三品二品之足以褒宠府祖二亲也。此公之真不容已处也。是正念也"。

卓吾老子一口气拉拉杂杂说了这么一大篇，一边辨析如何不容已，再劝楚侗老闲来莫论他人家务，又是针砭耿多欲好名，又是申言孔门修身自敬，又是叹憾超脱放肆之诬，临了把父母官的事大加评议一番。此刻，他已无暇顾及别人的感受、不理会社会的规范，任凭自己的心意驰骋、一泻千里。真谓直捣脏腑，深入骨髓，针针见血、拳拳掏心、刀刀剔骨。对耿定向而言，完全似一把匕首无情地剖开了他的外表，使其灵魂完全袒露在大众面前。特别是通过好友李贽之口之手说出来写下来，可信度就更高。耿定向成为彼时乃至后世人们眼中假道学、伪名士的典范。

气急败坏的耿定向，一时急红了眼，怒召天下弟子对李贽群起讨伐。一封封的"求儆书"飞落在李贽面前。这"求儆书"表面上是"求教傲戒我的书信"，实则是不断深挖李贽"劣迹"，全面搞臭李贽。一向老成持重的耿定向几近丧失了仅有的理性，破口大骂李贽连三岁的小孩都不如。他说，李贽现在胡须都白了，却还在四处游走，全然不顾自己的妻小，这样的人还有什么道义可言呢？

急红了眼的耿定向，甚至变"文攻"为"武斗"。众爱徒在李贽安身的楚地以维系风化为由，一方面大造舆论声势，孤立排挤李贽。另一方面，众弟子过度领悟耿师心意，竟然雇用流氓在武昌街头围攻李贽。老耿还不解恨，决意将与李贽的不合与论战公开化，授意门徒蔡毅中作序《求傲书》，并刊行天下。以报复李贽《答耿司寇》中对自己的"透视"。

当然，李贽肆意解剖耿定向的同时，自己也说"人皆如此，我亦如此，公亦如此"。庸俗、自私很正常，可怕的是耿定向时时以圣洁者、训导者自居，李贽把握要点，直击软肋。

所谓损人一万，自毁八千。这封信无论在当时还是在后来的历史上都给当事双方造成了极大的影响。李贽也因为如此激烈的言论不仅为后来反对他的保守、正统人士所攻击，甚至为焦弱侯所诟病。

耿李的矛盾除了学术有别外，在为人处世上也差别甚大，这可从何心隐之死得以见证。

何心隐（1517—1579），原名梁汝元，字夫山，江西永丰人。师从泰州学派大家颜钧（字山农）。性褊狭，喜张扬，易招众人之怒。曾因"贻书以讥之（县令）"被"下狱"。后经友人相助得以解脱。不久他前往京师，与好友罗汝芳、耿定向等人交游。一日，何心隐、耿定向等人在一僧舍与在国子监任司业的张居正不期而遇。张居正少年成名，以才学名冠天下。何心隐恃才自傲的老毛病又犯了。他内心不服张居正的名声，因而轻率地问道："公居太学，知太学道乎？"张居正岂是谁都能随便挑衅的？他虽然不知道什么"太学道"，但他以自己的气势压制住何心隐："目摄之曰：'尔意时时欲飞，却飞不起也。'"一下子击中了何心隐的心病。张居正走后，"心隐嗒然若丧"。

逗留京城期间，何心隐与一帮在京方技杂流过往丛密，其中有个叫蓝道行的道士，颇得嘉靖帝的信赖。适逢嘉靖皇帝崇信道术，以"青词"与上帝沟通。严嵩即因擅写"青词"而受宠专权。相传，该道士在事先探知严嵩将会有事上奏的情况下，提前"乩神降语：今日当有一奸臣言事"。由此破除了嘉靖皇帝对严嵩的宠信，终于扳倒了严嵩。但蓝道行不久事败，下狱致死。何心隐亦受牵连，改"梁汝元"为"何心隐"，连夜逃出京师，以躲避严嵩余党的仇杀。

张居正高居相位后，为整肃文人讲学成风、宗派林立、各种思潮杂乱纷然的不堪局面，奏请万历帝禁毁书院、禁止讲学。这对于以"讲学"谋生的何心隐来说不啻是灭顶之灾。

何心隐到底是否死于张居正之手似乎是一笔糊涂账，因为杖杀他的是湖广巡抚王之垣，然而心隐临死前对王之垣说："公安敢杀我？亦安能杀我？杀我者，张居正也。"有研究者考证，"杀何心隐的实情，不必出于张居正的意旨，而为媚张居正的人所发纵指示的"。其实，便是认定张居正为祸首也不算冤枉他，他在《请申旧章饬学政以振兴人才疏》中说："不许别创书院，群聚徒党，及号召他方游食无行之徒，空谭废业。"而何心隐是为了讲学办学耗尽家财也不惜的，他办的宗族学校也许是古代中国最成功的"乡村教育"。他自大地认为张居正是冲着他来的。他把禁止讲学和他当年与张居正的冲突联系起来，四处宣扬：他当年就说过"此人必当国，当国必杀我"。不说则已，一说立马惹火上身，多少想巴结张居正的人借此追杀何心隐，正好献媚于张居正。张居正自是容不得他，至于动手，那当然不必亲自出马。清人金埴《不下带编》卷一有云："况他人耶？一分权势，一分造孽，非必自造也，代之者众矣！"这的确堪称警语，真谓"心念一动，即是行了"。

何心隐终于在万历七年（1579）被捕入狱，同年死于湖北武昌狱中。"乃卓吾之所以恨先生者。何心隐之狱。唯先生与江陵（张居正）厚善，且主杀何心隐之李义河，又先生之讲学友也。斯时救之，固不难。先生不敢沾手。恐以此犯江陵不说学之忌。"黄宗羲在《明儒学案》里的这段评论，认为李贽因何心隐之死而怨恨耿定向则纯属臆测。但李贽在《答邓明府》的信中却明确指出：杀何心隐的不是张居正。并不是因为张居正不敢杀，是因为张居正不屑杀。何心隐口口声声说杀他之人必是张居正，不过是为提高自己的声誉而已。杀何心隐的是那些阿谀逢迎张居正的人。从李贽留下来的文字中看不出他因为何心隐之死而怨恨耿定向的痕迹。而恰恰是耿定向在何心隐之死一案的前前后后的种种表现，让人觉得与李贽的道德标准大相径庭。倘若李贽真的知道耿定向在此案中的种种行径，怕此事真的要成为他与耿定向分裂的主要原因了。所以，黄宗羲的观点更多的还是从耿定向的行为中推测出来的。况且，何心隐死于万历七年，李贽万历九年（1581）才从云南辞官来到黄安耿家。那时，如果他真的知道耿定向的行为，他还会去耿家吗？

有好事者，以天台与卓吾之对立，引为话柄，呼传四方。这一论战不知不觉历时近二十载。直到万历二十三年（1595）李贽赴黄安重见耿天台。

李贽回忆说："余是以不避老、不畏寒，直走黄安会耿天台于山中。天台闻余至，亦遂喜之若狂。志同道合，岂偶然耶？"这一年，卓吾六十九岁，天台七十二岁。两位年届古稀的老人在经历人生风风雨雨之后能言归于好，确是一大幸事。李在记述这件事的《耿楚倥先生传》中除了怀念耿定理外，多处讲到他与耿定向的感情。他一再说："吾女吾婿，天台先生亦一以己女己婿视之矣。""嗟嗟！吾敢一日而忘天台之恩乎？"至此，李贽认为他与耿定向和好的原因是："今幸天诱我衷，使余舍去'未发之中'，而天台亦顿忘'人伦之至'。乃知学问之道，两相舍则两相从，两相守则两相病，势固然也。两舍则两相忘，两忘则浑然一体，无复事矣。"两年后，天台就撒手人寰；再过七年，卓吾竟也自刎于诏狱中。幸好他们在人生道路的末端尚能捐弃前嫌、重归于好，没有将遗憾带到另一个世界，在现世之中解决了当世的恩怨。两个伟大的人做出了伟大的行径。他们对得起自己，对得起自己的朋友乃至"论敌"。

回首耿李的人生交往，在二人入土为安后的数百年之后，仍然令人唏嘘。南京的一次偶遇造成了一辈子难舍的朋友、难解的敌人。经十几年的相互攻讦后又能重归于好，岂天意乎？耿天台在不自觉中搭建了一个李贽展示自己的反传统、倡自由、讲正义而标赤心、嘉孺子而哀妇人的千古难得的哲学思想的平台。如果没有他与耿天台往返批驳的信件，我们不可能看到那些批驳孔孟、反对理学的檄文！耿定向由此成了李卓吾历史舞台中的一个不可或缺的背景。李卓吾的伟大的光环照射着那段充满生机也充满变数的历史，也将耿定向笼罩在这光环之下，他的善良、他的虚伪、他的猥琐，在这光环下毕现。毫不夸张地说，耿定向一边成就着李贽，一边也造就了若干年后的李贽之死。

不得不承认：耿定向与李贽不但做不到和而不同，又各自做不到规避与容忍，一时各种私见袒露于光天化日，进而被时代推到了擂台之上。但是，无论是耿定向还是李贽，真正的对手，都是他们自己。

二 流寓麻城

维摩庵虽然也是友朋捐助兴建，但李贽是这里的主人，尤其放纵自己。面对各种"宣淫败俗"的非议，李贽毫不以为然："谓人有男女，则可，谓见有男女，岂可乎？谓见有长短，则可，谓男子之见尽长，女子之见尽短，又岂可乎？"他就与一个寡妇互来互往，不时亲自上门为她布道，她也常常专门拜访，听李贽开悟。如此，好不合拍！

出走黄安的李贽，在原"窝友"周思久、周思敬的帮助下，入驻麻城维摩庵。麻城于李贽并不陌生，居黄安时即随柳塘于此游走。曾亲临龙潭湖，见佳山秀水，美不胜收，当即挥毫，成诗一首：

初到石湖

皎皎空中石，结茅俯青溪。

鱼游新月下，人在小桥西。

入室呼尊酒，逢春信马蹄。

因依如可就，筇竹正堪携。

李贽视友人胜似家人，这些友朋待李贽也绝对有情有义。李贽有福有难的最佳倾诉对象不是黄宜人而是焦弱侯。落足麻城，马上书信一封，诉说近况："今年三月复至此中……所幸菩萨不至终穷，有柳塘老以名德众望为东道主，其佳婿曾中野舍大屋以居我，友山兄又以智慧禅定为弟教导之师，真可谓法施、食施、檀越施兼得其便者矣。"

在黄安，是靠耿家提供柴米食宿，居麻城，又赖周家的全力操办而得以立足。但借住在柳塘女婿家毕竟不是长远之计，后在曾承庵的倡议下，由周友山出钱，在麻城北门买下两家民居，又添盖楼屋，改造成维摩庵。落成之日，周柳塘特作诗：

李卓吾居士维摩庵新楼落成值元宵与邓东里诸公谯集

居士楼仅一楹，坐客常满，中社妓，居士常以佛法导之，故引维摩借座及化天女无尽灯事。

层楼北郭绕长河，寒入清宵放踏歌。

座借国王常满客，灯传天女不嫌魔。

梅残积雪香犹在，柳受东风气渐和。

我亦移居仙子宅，与君相望日相过。

万历十四年（1586）的元宵佳节，李贽乔迁维摩庵。这里要说说诗中关涉的一位重要人物——邓东里，字震卿，号东里，嘉靖己未（1559）进士，官礼科给事中、河南道监察御史。因直言敢谏，朝廷甚重之。后以言事忤旨，出守顺德，旋转浙江观察使。年未六旬告归，依始祖邓泰祖基营"近圣居"、筑"百可园"自娱，日与骚人墨士啸咏其中。当是时，为麻城文坛盟主。

同居麻城，经周氏兄弟的引荐，李贽与邓东里多有往来。数年后，湖广佥事史旌贤兼任湖北分巡道，去黄安途经麻城，扬言李贽怪论"有伤风化"，当"以法治之"，麻城恶李贽者乘机掀风起浪。邓东里力挺李贽，将风波化了。李贽也曾在朋友圈中就此事谢过邓东里。"再为我谢东里公肯念我，为我辨释。生非木石，岂能忘恩哉！"（《续焚书》卷一《与城老》）

落定维摩庵上，李贽是心存感激的。说句老实话，出走黄安，形同逃难，前路茫茫。麻城朋友收留、欢迎，方方面面替其打点，李贽也再次安居乐业。"人今以某为麻城人，虽某亦自以为麻城人也。"（《焚书》增补一《答何克斋尚书》）如此心安，李贽本拟静坐读书，不料天台等人不断飞信责难，李贽遂奋起反击，且一发而不可收拾。

其实，五十九岁的李贽诀别黄安，意味着要重新寻找安身立命之所，妻女回得泉州，自己是绝无归家之念想的，投靠友朋是其唯一的活路。奔谁而去呢？第一个当是焦竑。但转念一想，不宜。彼时焦竑"又当处穷之日，未必能为地主，是以未决"。此外，自己与焦竑的恩师耿定向决裂，转投其爱徒，焦竑在知己与恩师之间实左右为难，这一念头很快就被否决了。此时，"窝友"周家兄弟热情大方地诚邀李贽于麻城安营扎寨，李贽也就顺势落脚。

终算安顿下来。初来乍到，麻城大小官员为尽地主之谊，先后前来探望，各路友朋也陆续相邀出游。一年很快过去。万历十四年（1586），李贽六十岁。耳顺之年于李贽也是生命中的一道坎儿。前面与耿定向伤肝动气一番，自己又搬迁流寓，迎来送往，身子骨很快有了反应。"我丙戌之春，脾病载余，几成老废，百计调理，药转无效。"鉴于脾病，原拟与周思久周游江南并于南京晤面罗汝芳一事也不得不搁置。

晚年流落，老来无伴原本是孤独的，好在李贽身边总是幸运地围拢有若干信赖之友。刚入此地，故友邓石阳之子邓应祈恰好新任麻城县令，成了自己的父母官。邓石阳是自己在河南辉县任上的故交，遥想当年自己家难连连，不得不回家奔丧，无奈家眷只得暂寄辉县时，竟遭天灾，饿殍遍野，二女、小女活活饿死。身在辉县居官的邓石阳获悉悲情后，倾力襄助，妻子与大女方得以保命。活命之恩李贽没齿难忘。

新上任的邓应祈（号鼎石）很快获悉已风靡天下的父亲故交李贽寄居在自己的一亩三分地上，随即递上礼帖问候并邀至县衙一聚。李贽在回帖中自称"流寓客子"，此四字着实表达了自己当时的处境和心境：

> 故我于邓鼎石初履县时，虽身不敢到县庭，然彼以礼帖来，我可无名帖答之乎？是以书名帖不敢曰侍生，侍生则太尊己；不敢曰治生，治生则自受缚。寻思四字回答之，曰"流寓客子"。
>
> （《豫约·感慨平生》）

李贽与邓石阳父子皆友善，交往中也时有对学术思想的商榷。后人常引用李贽的两段话，一曰"吃饭穿衣，即是人伦物理"；一曰"如好货好色，……是真迩言"，前者出于《答邓石阳》，后者出于《答邓明府》，二段话都是李贽肯定人欲学说的著名表述，可见双方的交往关系密切。

次年，麻城发生灾荒，邓应祈也像他父亲当年周济李贽家属一样，给予李贽以物资帮助。邓家两辈人对李贽不仅礼遇有加，在物质上也是慷慨救助。

相比寓居黄安天窝，李贽是客人，而如今流寓麻城，他脱离了耿定向的"老板之碗"，维摩庵虽然也是友朋捐助兴建，但他是这里的主人，他更不属谁管了，他尤其放纵自己了。其中被耿定向一再拿捏，也为世人所诟病，成为大众娱乐消费的对象，也甚或上升到道德、国法层面，一度受到理学家、道德家的批判和谴责。那就是在维摩庵时的他居然与一个寡妇互帮互助，互相倾慕，寡妇向李贽提供物资，李贽欣然接受这份供养。李贽向寡妇提供思想，寡妇欣喜地当作开了天眼。但是，这种关系真是给国人下了一剂猛药，令人唏嘘。面对各种"宣淫败俗"的非议，李贽毫不以为然："谓人有男女，则可，谓见有男女，岂可乎？谓见有长短，则可，谓男子之见尽长，女子之见尽短，又岂可乎？"他与这个寡妇互来互往，不时亲自上门为她布道，她也常常专门拜访，听李贽开悟。如此，好不合拍！

李贽的私人生活受到攻击，和他有家不归，孤身一人很有关系。李贽早年生有四男三女，各种灾祸后，仅大女存活。后来，生活安定，李贽官职也日渐高升，黄宜人遂苦劝他纳妾生子，熟料李贽不但不为之，反而极尽鄙视"不孝有三，无后为大"的说教，认为自己多占一名女子，天下就多一条光棍。当然，这位斗士并非禁欲主义者。相反，他认为纵情享乐是人的天性，什么"女人是祸水""万恶淫为首"，什么"饿死事小，失节事大"，等等，全是戕害人的鬼话。他赞扬卓文君的私奔，认为商纣、夫差亡国与女人无关。李贽曾在家人的规劝下从兄弟那里过继过一个儿子，但这个儿子后来不幸溺水死了，悲痛之余，他竟然规劝自己的儿媳早日改嫁。当然，这是后话。

维摩庵上，李贽过着半僧半俗的生活，这一住很快已是三年。万历十六年（1588）春，李贽在《答焦漪园》一信中，将自己这几年修禅、读书、著述情况向好友做了一番交代，并将新著《李氏藏书》初稿抄录一份送呈焦竑审阅并请其为之作序：

　　承谕，《李氏藏书》，谨抄录一通，专人呈览。年来有书三种，惟此一种系千百年是非，人更八百，简帙亦繁，计不止二千叶矣。更有一种，专与朋辈往来谈佛乘者，名曰《李氏焚书》，大抵多因缘语、忿激语，不比寻常套语。恐览者或生怪撼，故名曰《焚书》，言其当焚而弃之也。见在者百有余纸，陆续则不可知，今姑未暇录上。又一种则因学士等不明题中大旨，乘便写数句贻之，积久成帙，名曰《李氏说书》，中间亦甚可观。如得数年未死，将《语》《孟》逐节发明，亦快人也。惟《藏书》宜闭秘之，而喜其论著稍可，亦欲与知音者一谈，是以呈去也。

　　……

　　今不敢谓此书诸传皆已妥当，但以其是非堪为前人出气而已，断断然不宜使俗士见之。望兄细阅一过，如以为无害，则题数句于前，发出编次本意可矣，不愿他人作半句文字于其间也。何也？今世想未有知卓吾子者也。然此亦惟兄斟酌行之。

　　弟既处远，势难遥度，但不至取怒于人，又不至污辱此书，即为爱我。中间差讹甚多，须细细一番乃可。若论著则不可改易，此吾精神心术所系，法家传爱之书，未易言也。

　　本欲与上人偕往，面承指教，闻白下荒甚，恐途次有警，稍待麦熟，或可买舟来矣。生平慕西湖佳胜，便于舟航，且去白下密迩。又今世俗子与一切假道学，共以异端目我，我谓不如遂为异端，免彼等以虚名加我，何如？夫我既已出家矣，特余此种种耳，又何惜此种种而不以成此名耶！或一会兄而往，或不及会，皆不可知，第早晚有人往白下报曰，"西湖上有一白须老而无发者"，必我也夫！必我也夫！从此未涅槃之日，皆以阅藏为事，不复以儒书为意也。……

关于《藏书》，除却此信中的一些说明外，李贽在《藏书世纪列传总目前论》中较为详细地自述成书缘由："人之是非，初无定质。人之是非人也，亦无定论。无定质则此是彼非并育而不相害，无定论则是此非彼亦并行而不相悖矣。"李贽一向主张："昨日之是而今日非矣，今日非而后日又是矣。"但是自汉唐以降，千百年来，人们却没有了自己的是非标准。原因是人们"咸以孔子之是非为是非，故未尝有是非耳"，即人人都有不同的是非标准。而且是非标准随着时间的推移而有所变化，并不是一成不变的。他编纂《藏书》的目的，一方面要"颠倒千万世之是非"，"以孔子之是非为不足据"。另一方面，"晚年多暇，欲一洗千古之谤"（《藏书德业儒臣前论》）。李贽自知此书难容于世，便自释道："藏书者何？言此书只可自怡，不可示人。故名曰《藏书》也。"李贽早在黄安时给焦弱侯的信中就写道："山中寂寞无侣，时时取史册批阅。……自古至今，多少冤屈，谁与辩雪？故读史时真如与千万人作对敌。今不敢谓此书诸传皆为妥当，但以其是非堪为当前人出气而已。"概括来说，成书目的就是要以自己的是非标准重新去评论历史人物。李贽按照自己的观点对上起春秋，落至元季约八百位历史人物加以分类，对一些类写了总论，对一些人物、事件和言论写了专论或简短评语。取材于正史之外，也兼采了一些实录、野史、笔记、传奇等。《藏书》的编纂基本可见出李贽的历史观。

身处麻城的李贽名声在外，麻城之内以及麻城籍贯的各路有声望者都会借助地缘优势与李贽接触与结识。梅国桢就是其中之一。

梅国桢（1542—1605），字克生，号衡湘。少雄杰自喜，善骑射，年稍长，即文韬武略，诗剑生平。万历十一年（1583）进士，任固安知县，迁任御史。进士及第之前，曾游学京城，获汤显祖、胡应麟、袁宗道等赏识，徐渭更是盛赞梅国桢"高韵雅致，双见互陈"。万历十六年（1588），河南道试御史梅国桢服丧归里，初识李贽，即志趣相投，后常有唱和，书信亦往来不断。梅曾协助李成梁赴宁夏作战、平定哱拜之乱，李贽即作《西征奏议后语》，大赞其才学智慧和高贵品质。李贽在麻城编纂成《藏书》，自然也送呈梅国桢一览。梅本来就十分推崇李贽，见如此闪亮之作，顺势书写序言一篇：

> 自古豪杰之士，其识趣议论，与世人定不相入……其磊块不平之气，不得已而笔之于书。书又不相入，而藏之名山以俟千百世之下。又安知千百世之人不犹今之人呼？豪杰之士，不宜于人也如此。余友李秃翁先生，豪杰之士也。

梅国桢直呼李贽为豪杰之士。后，梅国桢先后官至兵部右侍郎，总督宣府、大同、山西军务，李贽古稀之年北走山西等地，得到梅的极大照应。

梅姓在麻城亦是数一数二的大户人家，经与梅国桢相识相知，梅家老少都与李贽往来甚多，不少还结为至交。二弟梅国楼及其子梅之焕常奉李贽为座上宾。李贽在麻城遇到大小风波，梅家都出面尽力予以调停和化解。

在与梅家上下的交往中，居然还闹出一桩公案。事情是这样的，梅国桢的三女儿梅澹然由于受聘尚未过门，丈夫却意外夭亡，暂时孀居在家。婚姻有舛，遂"全贞空门"，寄居家庙修行，一同修行的，还有她的姑姑及妹妹等梅家几位女眷。卜居麻城的李贽，已是名满天下，崇拜者誉之为"教主"。连好佛的皇太后亦誉之为"活佛"。鉴于李贽与梅国桢的交情，梅家修行的女眷自然近水楼台，奉李贽为导师，其中尤以梅澹然才高学博，深得李贽青睐，二人诗书往来，神交无碍。《万历野获编》誉其为"有才色"。梅澹然也被李贽誉为"出世丈夫，虽是女身，然男子未易及之，今既学道，有端的知见"，并称她为"澹然师"。还作《题绣佛精舍》诗：

闻说澹然此日生，澹然此日却为僧。

僧宝世间犹时有，佛宝今看绣佛灯。

可笑成男月上女，大惊小怪称奇事。

陡然不见舍利佛，男身衰隐知谁是？

我劝世人莫浪猜，绣佛精舍是天台。

天欲散花愁汝着，龙女成佛今又来！

李贽借月上女与舍利佛的典故，把澹然比作月上女，以天女呈男相而不转女相，比拟澹然为女中丈夫。李贽对这个比他更有勇气冲破天网的女子双手合十而拜，呼为"观音"，并把二人之间往来的书信结集为《观音问》。有人温馨提示他"妇人见短，不堪学道"，李贽就写了一篇《答以女子学道为见短书》，盛赞梅澹然是"女子其身而男子其见"。

在梅澹然的影响下，梅家的其他女眷甚至组团频繁地向李贽求教。李贽时常门下往来众多女客，自然引人侧目。尤其是那些李贽的论敌，仿佛一下子发现了拿捏李贽的杀手锏，激动地不得了。于是捕风捉影，添油加醋，绘声绘色地大肆宣扬。李贽对这些舆论根本未予理睬，反而毫无顾忌地对澹然和她的妯娌大加称赞。他和她们往来通信，探讨学问，并在自己的著作中屡屡提及这几位女士。甚至理直气壮地辩解自己和她们的交往完全合于礼法，毫无"男女混杂"之嫌。遗憾的是，他又不伦不类地写下了"山居野处，鹿豕犹以为嬉，何况人乎"这些话。这反倒让极力为其辩解，说他"恶近妇人"的袁中道甚为难堪。不得不说，李贽有着强大的内心，这些攻击于其已习以为然，完全不足以使其产生不良情绪。可惜女弟子梅澹然的结局就有些不堪，史载"遭谤而死"，"圆寂年三十七"。人言可畏，岂可小觑。

三 落发自绝

楚狂接舆"躬耕以食"，佯狂不仕，作《凤兮歌》讽刺孔子并拒绝和孔子交谈。李白也曾写有"我本楚狂人，凤歌笑孔丘"传世。更接近的是春秋时的接舆因对当时社会不满，剪去头发，表示坚决不与统治者合作。由此可见，李贽落发为僧，一是为摆脱世俗人事，封建纲常伦理的约束，彻底有个自由之身；二是以异端示人，向世俗社会与道学家们挑战。

转眼间已是仲夏。李贽一日和柳塘散步，柳塘无意间聊出自己参加耿定向不久前回黄安为亡弟耿定理举行葬礼一事。李贽听闻，当即一愣，随即破口大骂耿定向小人做法，自己和他再有过节，定理下葬一事自己无论如何是要位列其中的啊！想到这里，泪眼婆娑，仰天长叹。李贽天真地认为自己作为耿定理的唯一知己，耿定向会别开学术之争而邀他参加。但他失望了，主人邀请了所有的人，唯独没有邀请他。耿定向这样做，显然是要把这个异端排除出他的朋友圈子之外。在人情往来上，李贽比之老道的耿定向显然幼稚了好多。他甚至以为之前自己与耿定向的书信论战导致的诸多不快，只要在耿定理的葬礼上，当面促膝交谈，很快即可化为玉帛。所以在写给周友山的信中才单纯地写道："楚侗回，虽不曾相会，然觉有动移处，所憾不得细细商榷一番。"

嗜友如命的李贽感到孤独了，他尤其为不能与知己做最后的告别而痛苦不已。但有了这次经历，他从此更为重视自己的独立不羁，变得更加特立独行。一个炎热的午后，李贽午睡起来，似乎还未完全清醒，嘴里喃喃道："你们这帮假道学不是攻击我为异端吗，好！好！好！老朽便让你们真正领略一下我为异端的真面目。老夫即为异端，就要做'异端之尤'。"就在这个夏日的午后，一个看起来十分怪异的行为发生了，趁着暑热，李贽一把剃光了自己的头发。

午后落发，岂一个清爽了得。他特意让人找来一面镜子，左观右照，不时用手来回自我抚摸着光秃秃的脑袋，甚是得意。"我李贽梦想着今生今世寻得知己，胜己之友，如今二者皆成现实，何其幸运！任你其他人如何叫嚣诋毁能奈我何？你们不是这也看我不惯，那也看我不对吗？那我就给你们看看更惊悚的我。"为了抒发一下落发后的舒爽心情，他还特意写下《薙发》诗四首以明志。其一云："空潭一老丑，薙发便为僧。愿度恒沙众，长明日月灯。"可是，他又偏"秃头带须"，不戒荤腥。他诙谐地说："今世俗子与一切假道学，都说我是异端，我干脆做个异端（剃发蓄须），免得空享虚名。"其四云："大定非关隐，魂清自可人。而今应度者，不是宰官身。"内心何其平静安宁。此后，他常被人呼为"秃翁"！

李贽落发一事传开后，爱他的，敬他的，恨他的都炸开了锅！来信来访询问原委，表达或敬仰或讨伐。李贽未予也懒于一一回应。一日，天晴气朗，他也十分清爽，心情极好！遂提笔回应纷繁而至的各路来信来访。

归结起来主要原因有三：一是借落发，消溽暑。李贽素有洁癖，麻城溽暑天气闷热难耐，"恶头痒，倦于梳栉"，虽不停沐浴，仍"蒸蒸出死人气，秽不可当。偶见侍者方剃落，使试除之，除而快焉"（汪可受《卓吾老子墓碑》）。这是弟子汪可受初见恩师李贽时，卓吾老子面对弟子的质疑给出的回应。李贽的挚友之一袁中道似乎对李贽所为有更多的了解，他在《李温陵传》中这样记录："（李贽）一日恶头痒，倦于梳栉，遂去其发，独存髭须。"自然原因固然是落发的直接导火索。

二是为了解除世俗羁绊。李贽认为已经按照儒家的伦理原则完成了对家庭应尽的一切义务，他的环境已经允许他抛却呆板、拘束的生活，得以寻求个性的自由发展。他在《与曾继泉》中说：

> 其所以落发者，则因家中闲杂人等时时望我归去，又时时不远千里来迫我，以俗事强我，故我剃发以示不归，俗事亦决然不肯与理也。又此间无见识人多以异端目我，故我遂为异端以成彼竖子之名。兼此数者，陡然去发，非其心也。实则以年纪老大，不多时居人世故耳。

李贽自己虽然如此，但闻知友人曾继泉要落发出家，马上去信劝阻：

> 闻公欲薙发，此甚不可……有妻妾田宅，则无故割弃，非但不仁，亦甚不义也……我当初学道，非但有妻室，亦且

为宰官，奔走四方，往来数万里，但觉学问日日得力耳。后因寓楚，欲亲就良师友，而贱眷苦不肯留，故令小婿、小女送之归。然有亲女、外甥等朝夕伏持，居官俸余又以尽数交与，只留我一身在外，则我黄宜人虽然回归，我实不用牵挂，以故我得安心寓此。……如公壮年，正好生子，正好做人，正好向上。……何必落发出家，然后学道乎？我非落发出家始学道也。千万记取！

知此，我们对李贽的落发出家不再有所牵挂，应有更明确的理解，此举非名利，非妻妾田宅，非仁义所牵，全然为个心中那个所谓"道"！

虽然李贽在《薙发》其三写有"为儒已半世，食禄又多年。欲证无生忍，尽抛妻子缘"。但在发妻黄宜人过世所作"缘余贪佛去，别汝在天涯"诗中可看出其为落发伤害家人而内疚不已。

三是为了摆脱地方官的牵制。依明制，退休官员称为"乡官"，仍具官员身份，要受辖地节制。地方官可以邀请他协助处理有关事务，也可邀请他参与重要典礼。这种权利和义务，在别人或许引以为荣，而在李贽则是精神上的压力。他说："弃官回家，即属本府本县公祖父母管矣。来而迎，去而送；出分金，摆酒席；出轴金，贺寿旦。一毫不谨，失其欢心，则祸患立至。"在《豫约·感慨平生》中又说："故兼书四字（即'流寓客子'），而后作客之意与不属管束之情畅然明白，然终不如落发出家为愈。盖落发则虽麻城本地之人亦自不受父母（指地方官）管束，况别省之人哉！"

此外，李贽进一步向外界申明自己之所以如此为之的原因：

嗟乎！平居无事，只解打恭作揖，终日匡坐，同于泥塑，以为杂念不起，便是真实大圣大贤人矣。……盖因国家专用此等辈，故临时无人可用。又弃置此等辈有才有胆有识之者而不录，又从而弥缝禁锢之……然后落发，又岂容易哉！……世不我知，时不我容……吾谓当此时，正好学出世法，直与诸佛诸祖同游戏也。

（《焚书》卷四《因记往事》）

人世弃我，我即弃人世，何其洒脱！

"既如此，在本乡可以落发，又何必麻城？"至于缘何选择此时此地落发。李贽解释道：

嘻！我在此落发，犹必设尽计校，而后刀得临头。邓鼎石见我落发，泣涕甚哀，又述其母之言曰："尔若说我乍闻之整一日不吃饭，饭来亦不下咽，李老伯决定留发也。且汝若能劝得李老伯蓄发，我便说尔是个真孝子，是个第一好官。"呜呼！余之落发，岂容易哉！余唯以不肯受人管束之故，然后落发，又岂容易哉！写至此，我自酸鼻，尔等切勿以落发为好事，而轻易受人布施也！

（《豫约·感慨平生》）

或许李贽无形中沾染了楚地自古出狂人的风气。楚狂接舆"躬耕以食"，佯狂不仕，作《凤兮歌》讽刺孔子并拒绝和孔子交谈。李白也曾写有"我本楚狂人，凤歌笑孔丘"传世。更接近的是春秋时的接舆因对当时社会不满，剪去头发，表示坚决不与统治者合作。今日的李贽与其同出一辙，真可谓跨越时空的知音。

由此可见，李贽落发为僧，一是为摆脱世俗人事，封建纲常伦理的约束，彻底有个自由之身；二是以异端示人，向世俗社会与道学家们挑战。

面对太多的世俗羁绊，李贽总是感觉有无形的绳索不时束缚着自己。一方面超然时俗，但另一方面又以世俗解释伦理，认定"穿衣吃饭即是人伦物理"，而这只是他的若干主张或主张与行为互相矛盾的其中之一。再有，如他对妇女守寡和卓文君私奔加以称颂的矛盾；他斥责王莽、张角与原谅五代冯道的前后矛盾；以及他行止的不一贯和前后矛盾，过分偏激，这既可看成是时代的局限也是他个人的局限。

就此，李贽曾有过反思，在《焚书·答周二鲁》中，有关涉落发一事。

　　老子曰："挫其锐，解其纷，和其光，同其尘。""处众人之所恶，则几于道矣。"卜在黄安时，终日杜门，不能与众同尘；到麻城，然后游戏三昧，出入于花街柳市之间，始能与众同尘矣，而又未能和光也。何也？以与中丞犹有辩学诸书也。自今思之，辩有何益！祗见纷纷不解，彼此锋锐益甚，光芒愈炽，非但无益而反涉于矜骄，自蹈于宋儒攻新法之故辙而不自知矣。岂非以不知为己，不知自适，故不能和光，而务欲以自炫其光之故与！静言思之，实为可耻。故决意去发，欲以入山之深，免与世人争长较短。盖未能对面忘情，其势不得不复为闭户独处之计耳，虽生死大事不必如此，但自愧劳扰一生，年已六十二，风前之烛，曾无几时，祝自此以往，皆未死之年，待死之身，便宜岁月日时也乎！若又不知自适，更待何时乃得自适也耶？且游戏玩耍者，众人之所同，而儒者之所恶；若落发毁貌，则非但儒生恶之，虽众人亦恶之矣。和光之道，莫甚于此，仆又何惜此几茎毛而不处于众人之所恶耶？非敢自谓庶几于道，特以居卑处辱，居退处下，居虚处独，水之为物，本自至善，人特不能似之耳。仆是以勉强为此举动，盖老而无用，尤相宜也。

"士贵为己，务自适"，落发可以说是李贽实现"自我"的标榜之举。落发静心后，李贽愈发潜心修禅著述了。需要申明一点的是，李贽虽然落发，但绝非是真的僧侣，他从未正式皈受具足戒，只是居住在佛寺的一个修行者，但却以僧众的师父面目示人，也接受众僧执弟子礼。

说来也实在是吊诡。"落发为僧"的李贽却十分在意自己儒家学者的身份。他的第一部著作《初潭集》编纂出版。《初潭集·自序》中李贽开宗明义说："《初潭》者何？言初落发龙潭时即纂此，故曰《初潭》也。"接着特别申明自己的儒家立场："夫卓吾子之落发也有故，故虽落发为僧，而实儒也。是以首纂儒书焉，首纂儒书而复以德行冠其首。然则善读儒书而善言德行者，实莫过于卓吾子也。"继而指出："余既自幼习孔氏之学矣，是故亦以其学纂书焉。"全然一个自相冲突的思想者！

这一年《藏书》初稿也待刊印，《焚书》《说书》也在编撰中。与此同时，李贽还对许多小说、戏剧如《水浒传》《西厢记》《琵琶记》等进行了批点，并给予极高的评价，认为这些小说和戏剧可以称得上是"天下之至文"。周晖《金陵琐事》载曰："（李贽）常云：宇宙内有五大部文章：汉有司马子长《史记》，唐有杜子美集，宋有苏子瞻集，元有施耐庵《水浒传》，明有李献吉集。"李贽敢于突破成见，第一次将《水浒传》

视为一部真正的文学作品来与文学史上不同时代、不同体裁的代表作如《史记》、杜诗等历代文学名著相提并论，等量齐观，为通俗文学大声鼓吹，大大提升了小说戏剧在文学史上的地位，这是难能可贵的。李贽还首开评点白话小说之先河。鉴于其声名，不少书坊甚或在刻印小说时假托"李卓吾先生批评"之名，如现存题为"李卓吾先生批评"的《水浒传》两个版本：一是万历三十八年（1610）容与堂刻本《李卓吾先生批评忠义水浒传》一百回本。学术界认为此本为叶昼伪托；一是袁无涯刊刻，题李卓评的《李卓吾评忠义水浒全传》一百二十回本，此本自称是李贽门人杨定见序，但学界尚有怀疑，姑且认定是李贽的评本。李贽重视小说、戏曲，对具体作品进行评论。他在《复焦弱侯》一信中又写道："闻有《水浒传》，无念欲之，幸寄与之，虽非原本也可。"又在《与焦弱侯》信中谈道："古今至人遗书抄写批点得甚多，惜不能尽寄去请教兄……《水浒传》批点得甚快活人，《西厢》《琵琶》涂抹改窜得更妙。""千难万难舍不肯遽死者，亦只为不忍此数种书耳。"袁中道曾于万历二十年（1592）夏至武昌时，彼时的李贽"正命僧常志抄写此书（《水浒传》），逐字批点"，更是"每见龙湖称说《水浒》诸人为豪杰"。由此可见，李贽十分喜爱《水浒传》，也的确评点过《水浒传》。需要注意的是，异端自居的李贽却在《忠义水浒传序》中，将《水浒传》的主题思想概括为"忠义"两字，把一百单八位"啸聚水浒之强人"都称之为"皆大力大贤有忠有义之人"，尤其称颂"宋公明者身居水浒之中，心在朝廷之上，一意招安，专图报国，卒至于犯大难，成大功，服毒自缢，同死而不辞，则忠义之烈也"！他还认为上自皇帝，下至文武大臣，都"不可不读"《水浒传》，引导大家要遵循《水浒传》中所阐发的忠义思想，堂而皇之地把《水浒传》当作一部封建统治阶级的施政教材，这也令文坛为之瞠目。谁曾料想一个在官场沉潜二十余年的他，弃官而去，居然又有如此想法，实在费解。这明显地再一次暴露了李贽的矛盾。他赞美水浒英雄，看重的是他们"一意招安"的"大忠大义"。他高度评价《水浒传》，归根到底是为了维护明王朝的统治。他无论如何异端，终是没有真正跳出封建统治阶级的立场。

李贽落发原因众多，其中之一是他自我标榜的"故我遂为异端以成彼竖子之名"，进而"发愤求精进"，这带给他著述的丰硕成果，于其内心也是满足的。

当此时，不解者居多，如祝世禄闻之，来信问询："几茎老发，留之不碍菩提，落之不长菩提。"意在表达这又何必呢？而当友人曾继泉意欲落发出家时，李贽闻讯随即去信劝阻："闻公欲薙发，此甚不可。……有妻妾田宅，则无故割弃，非但不仁，亦甚不义也。……何必落发出家，然后学道乎？我非落发出家始学道也。千万记取！"如此，难道李贽落发非名利，非妻妾田宅，非仁义所牵，全然为个心中的"道"？有待各位解读。

薙发意味着摒弃一切俗念，决意斗争到底。这一点他的论敌，也是最懂李贽的人之一耿定向无疑是了然于心的。所以在复其弟耿定力信中直言李贽落发"发愤求精进"。"……卓吾薙发便可置之度外耶？此中士绅闻卓吾薙发，或束名教，骇而异之者，或钦佛教，喜而乐闻之者。即兄援古宰官出家之陈迹为解，似亦未得卓吾心髓也。……此老心雄，其薙发也原是发愤求精进耳。……佛降而禅，圣降而儒，道斯歧矣。"这完全可以理解为：削发是为脱俗，留须则为警示。

李贽原本是无畏的，但好友周思久觉得这样纠缠下去，对李贽极为不利，若将梅国桢也卷入其中就尤其不好。这一年的秋天，在周思久的陪护下，李贽穿着旧而洁的衲衣，行囊里满载着线装书，两位老人顺着山间羊肠小道向阎家河龙潭湖一步步走来。群儒的谩骂，群丑的围攻都被甩在了路上。结束了三年的维摩庵生活，李贽新迁麻城阎家河镇北部的龙潭湖（今龙湖）芝佛院。这一年是万历十六年（1588）。

龙潭湖渐远城市，环境幽美，五年后的万历二十一年（1593），袁宗道、袁宏道、袁中道三兄弟到此拜访，在湖上向李贽问学。袁宗道曾写《龙湖》以记其美景：

> 龙湖，一云龙潭，去麻城三十里。万山瀑流，雷奔而下，与溪中石骨相触，水力不胜石，激而为潭，潭深十余丈，望之深青，如有龙眠。而土之附石者，因而夤缘得存，突兀一拳，中央峙立。青树红阁，隐见其上，亦奇观也。潭右为李宏甫精舍，佛殿始落成，倚山临水，每一纵目，则光黄诸山，森然屏列，不知几万重。

那"突兀一拳，中央峙立"的，就是钓鱼台。多么美妙而又令人神往的地方！李贽就在这里全身心地投入参禅、读书和著述中去。柳塘如此安排，无非尽朋友情谊，让李贽于此胜地免受是非之累，一面静养修心，一面潜心著述。

芝佛院原名芝佛寺，在湖之北岸，因建寺时挖基脚挖出三枝形状像佛像的灵芝而得名；龙湖寺在南岸，与芝佛寺隔湖相望。李贽到龙潭湖后，即住在芝佛寺，并在寺中收徒讲学。又因读书讲学之故，遂称芝佛寺为芝佛院。芝佛院不是正式意义上的寺庙，更准确地说该是周柳塘家族的私人佛堂，但规模却颇为宏大，院中有正殿、左右厢房、和尚的寝室和来访者的客房。芝佛院分上院和下院，上院是李贽及僧徒住处，下院是讲学的地方。这里的方丈无念和尚也是李贽的朋友。

当年李贽在天窝时，获柳塘之邀，曾来龙湖一游，遂结识无念和尚。芝佛寺本是一地方小寺，因香火不甚旺盛，庙内和尚们的生计几难维继。只因李贽的到来，香火渐旺。当然，除了香客外，为数不少的是李贽的追随者和支持者。最鼎盛时期，僧侣达四十余人。芝佛院迎纳了李贽，李贽也发动自己的人脉，不时写信给朋友，要求得到"半俸"的援助，或者以"三品之禄，助我一年"，向外界捐募，应者颇多。当然，这些人本意也非募捐寺庙，根本是为了周济李贽。虽然李贽过去没有经历过多么富裕的生活，但在创建佛院之后，却未曾出现过穷困迹象。

住进龙潭湖芝佛院，李贽感受着不尽的追随者、指责者给自己带来的种种快感和拖累，好在这也是他所乐见的，故而也十分享受。此期间，许多具有新思想的著名学者来到湖上对李贽膜拜有加。他们拜的不是寺里的大佛，而是拜寺里可"坐圣门第二席""剃发蓄须"的怪僧李贽。天下英才在这里聚集，晚明萌发的新思想在这里交汇。

需要说明的是：遣送妻女返归泉州后，家族中人虽对李贽辞官弃家甚为失望，但无论如何他也算是林李家族中出人头地、有头有脸的人物。李贽可以对不起小家大族，而家族长老总念其一人寄居在外，一来恐无人照顾，生活不便。二来除大女外，其他子女相继早逝，续上香火乃为要事，于是在其六十一岁这年，也恰是李贽寓居湖北麻城维摩庵时，族中长老议定并征得黄宜人同意，将其弟之子贵儿过继给李贽做后嗣。贵儿一家遂来到李贽身边服侍日常生活，以尽人子孝道。

这维摩庵周边湖泊池塘众多，夏日炎热，贵儿难耐酷热于午后到潭中洗澡消暑，结果不幸溺水身亡。贵儿的离去着实让李贽痛彻心扉。想来先前四个子女不幸早夭，但当时只是中年，感触尚没有这般凄凉。是夜，他醒来睡下，睡下醒来。身披单衣，点燃油灯，双手颤巍巍中成《哭贵儿》诗三首对天发问：吾儿何罪之有，要如此待之？

其一

水深能杀人，胡为浴于此？

欲眠眠不得，念子于兹死！

其二

不饮又不醉，子今有何罪？

疾呼遂不应，痛恨此潭水！

其三

骨肉归故里，童仆皆我弃。

汝我如形影，今朝唯我矣！

屋漏偏逢连阴雨，还未从贵儿过世的悲痛中缓过来，一纸家书从东南飞来，老妻黄宜人病故了！李贽啊！你注定是一个孤独者。

四

遣妻弃世

万历十六年（1588），这一年，李贽六十二岁，黄宜人五十六岁。一者在湖北龙湖，一者在泉州晋江，龙湖晋江一别，仅一年江湖相望难忘，终以生死成悯。这一年，李贽断发明志，黄宜人黯然而逝；这一次，李贽的"屐齿之折"绝难"矫情镇之"。

话说黄宜人与李贽别过后，女婿庄纯甫一路将岳母和妻小照顾得甚是稳妥。回到泉州已近晚秋。阔别多年的黄宜人老来归乡，分外亲热，族人也热情招呼，收拾妥当祖宅，安顿下来，心情也格外舒畅。次日，即携带女儿女婿祭祖，先去李家祖坟，再上黄族祖坟，在母亲的坟前，黄宜人情绪失控了，哭诉自己当年无法回来照顾年迈失明的老母。这事她多少是有些怨恨李贽的。

　　归家生活日渐安稳，李贽的致仕官俸足够自己在泉州体面地养老，心情也甚好。但日子一长，总是觉得李贽一人漂泊在外，隔段时间就让庄纯甫给李贽书信一封，一方面报告家事，另一方面劝他及早回到泉州全家团聚。刚开始，李贽还偶尔回信让他们安心度日，勿念自己，并坚持不拟归去，灭绝他们的妄想。当听说李贽剃发后，黄宜人彻底绝望了，她太了解丈夫了，由他吧！也不再书信逼迫他了，免他心生不悦。

　　这年来，李贽与耿定向的论战也传回了泉州黄氏耳里，好在有贵儿陪伴，黄宜人也算放心。不料，贵儿却意外身亡，牵挂不下的黄宜人不得不让庄纯甫入楚陪伴李贽一段时间。这一来已近半年。一日，庄纯甫与李贽正在闲聊，下人跟跄着呈上一封泉州来的急信。李贽让庄纯甫打开看看是什么，如此慌张。庄连忙打开，一看是讣告，两人还猜想这是家族中哪位长辈故去了。仔细一看，他俩呆住了，揉了揉眼定睛再看，傻眼了，居然是黄宜人过世。李贽木在原地，竟一时没有反应。李贽实在接受不了这个活生生的现实，他多想发泄和释放自己的悲恸情绪，可是自己仿佛固化了，整个身体冰冷冰冷的。庄纯甫早已泣不成声，哭罢！赶紧回屋收拾行李，毫无疑问他得尽快赶回泉州。

　　当晚，李贽彻夜未寐，回想黄宜人十五岁嫁入李家，追随自己南北奔波，晚年因思念故乡，偕女儿李恭懿、女婿庄纯甫返回泉州安度。这才分别一年，陪伴了自己大半辈子的贤妻说走就走……

　　犹记嘉靖四十二年（1563），那一年，自己三十七岁，黄宜人三十一岁。祖父去世，北京国子监任上的自己不得不赶回泉州奔丧守制。因银钱不多，便想将黄宜人安置于曾任教谕的河南辉县，让她带着三个女儿买田耕作自食，待其丁忧毕，再来会合。黄宜人说："此非不是，但吾母老，孀居守我，我今幸在此，犹朝夕泣忆我，双眼盲矣。若见我不归，必死。"黄宜人语未终，泪下如雨。自己正色不顾，宜人亦知终不能迕也，收泪改容谢曰：“好，好！第见吾母，道寻常无恙，莫太愁忆，他日自见吾也。勉行襄事。我不归，亦不敢怨。”黄宜人遂了自己的心愿，谁料想当年辉县时值大旱，歉收大半，二女三女相继因病饥死去。当获知新任县官邓石阳与自己是故交时，本可前去通告请求抚恤。但黄宜人却对邻里说：“妇人无外事，不可。且彼若有旧，又何待请邪？”三年后，与黄宜人会合。“是夕也，吾与室人秉烛相对，真如梦寐矣。乃知妇人势逼情真。吾故矫情镇之，到此方觉‘屐齿之折’也！”

犹记万历十五年（1587），这一年，才刚过去一年之久，自己六十一岁，黄宜人五十五岁。自己在《与耿司寇告别》中提到，“贱眷思归，不得不遣；仆则行游四方，效古人之求友”。自己与黄宜人的又一次生离，亦或是一次生生的永诀。披衣起床，点亮油灯，李贽一气呵成写下《哭黄宜人》诗六首以悼。

其一

结发为夫妇，恩情两不牵。
今朝闻汝死，不觉情凄然！

其二

不为恩情牵，含凄为汝贤。
反目未曾有，齐眉四十年。

其三

中表皆称孝，舅姑慰汝劳。
出朋日夜往，龟手事香醪。

其四

慈心能割有，约己善持家。
缘余贪佛去，别汝在天涯。

其五

近水观鱼戏，春山独鸟啼。

贫交犹不弃，何况糟糠妻！

其六

冀缺与梁鸿，何人可比踪？

丈夫志四海，恨汝不能从！

如此贤妻李贽是满意的，如今想起黄宜人，除了满腹内疚，还是内疚。其实在友情与亲情之间，李贽将过多的精力倾注于前者，当然，李贽无论在官场抑或后半生的生计都得到友情的极大回报，可以说，没有友朋之财助、情助、智助也就不可能有现在的他；而在家族亲情中，他将夫妻关系是放在首位的。只是遗憾自己志在四海的宏愿，黄氏终究还是不能真正理解和懂得。

关于夫妻之道，其实在他刚刚印成的《初潭集》中有专门阐释。观此书纲目，疑窦略开。李贽曰："施内则有夫妇，有父子，有昆弟，施外则有朋友，有君臣。孰能阙一而可乎？"这番省悟，原本在儒家宗旨之中，说"五伦"之要。《初潭集》正以此"五伦"编目，成夫妇、父子、兄弟、师友、君臣三十卷。

《中庸》中曾引用孔子的话说："君臣也、父子也、夫妇也、昆弟也、朋友之交也。五者，天下之达道也。"孟子明确说："父子有亲，君臣有义，夫妇有别，长幼有叙，朋友有信。"君、父之伦，为儒家所倡之首要，而李贽论序，则以"夫妇"之伦首当其冲。在《初潭集序》中，李贽明确阐释道："今且以夫妇言之，举夫妇一端，又且以许允阮新妇一人言之。观其欲责许允之好色，而先诘以'士有百行'之一言，顿使允夫反情易向，来相敬重，则言语可少哉？……史赞其与允书，极为凄怆，则政事、文学又何如也？一妇人之身，未尝不备此三者，何况人士！"他化用《世说新语·贤媛》中故典，以妇人之德行反摄士人，一反时学动辄义理、格物之浮高，倡以夫妇之伦的微实大义。

李贽又强调说："言夫妇则五常可知，岂有舍五常而别有言语、政事、文学乎？此非臆说也，孔氏之说也。"夫妇之伦实在是成了儒者必尊、必修、必行、必证之大伦了，这与晚明之际的性灵高标、禅欲无忌的世风、学风判若隔世，而又与李贽遣妻返乡，独禅独潭的怪诞之举似乎无法自圆？殊不知，这正是老子奥义，抑或是其以身家性命证儒家圣道的殉道大义吧。

李贽或许预知此书初衷必不为世人所明悟，在《初潭集又叙》中叹谓："呜呼！何代无人，特恨无识人者！何世希音，特恨无赏音者！……然则李氏《初潭》，虽志喜也，实志叹也。"一叹之后，李贽又叙《夫妇篇总论》，"夫妇，人之始也。有夫妇然后有父子，有父子然后有兄弟，有兄弟然后有上下。夫妇正，然后万事万物无不出于正矣。夫妇之为物始也如此。极而言之，天地，一夫妇也，是故有天地然后有万物"。开篇数语，将夫妇大伦之奥义推绎至诸君眼目之前，不睹岂非目有疾乎？

反观李贽与黄宜人的夫妇大伦，还是可以探知李贽对黄宜人之情、之爱、之敬、之谊实是经年弥深。据《诰封宜人黄氏墓表》载，黄宜人十五岁即嫁给李贽，之后育有四男三女，随李贽宦游河南、南京、北京、云南、湖北诸地，奔波流徙，虽有怨恼而无不从。李贽虽严厉而无惜赞之语，而于嘉靖四十五年（1566）的三年重会，李贽自谓，"回首天涯，不胜万里妻孥之想"；又叹那时境况，"秉烛相对，真如梦寐矣"。这些叹谓，出自万历五年（1577）赴滇任姚安知府途中，十一年之后仍做如此喟叹，其情笃意切之态，实掏肝剜肺之语。

万历十六年（1588），这一年，李贽六十二岁，黄宜人五十六岁。

一者在湖北龙湖，一者在泉州晋江，龙湖晋江一别，仅一年江湖相望难忘，终以生死成恸。这一年，李贽断发明志，黄宜人黯然而逝；这一次，李贽的"屡齿之折"绝难"矫情镇之"。

次日，李贽将两封信交给庄纯甫，一封是安顿他如何操办丧事，一封让他转交族中长辈，陈述自己业已落发，半僧半俗，无法亲自归去为妻子安排后事，请协助女婿妥善安葬贤妻。再亲书"明诰封宜人李卓吾妻黄氏墓"碑名，特别让庄纯甫提请时任福建学政的耿家老三耿定力为其妻撰写墓表。

当月，李贽闭门谢客。数次默念："今日知汝死，汝今真佛子。""缘余贪佛去，别汝在天涯。"在黄宜人名下李贽绝无在士大夫面前那种不可一世之气，而更像一个失去老伴的老者的无奈忏悔。

庄纯甫体面地安葬了岳母。出殡当日，哭到几近昏厥，岳父嘱托只做单圹，这显然是向乡亲们预示他已持客死他乡之心，誓死不归之念了。哎，可怜岳母一生追随岳丈，临了也未能守住丈夫那颗不归之心，九泉之下还得忍受一个人的孤独，自己与岳母相伴多年，黄宜人视其为己出，如今撒手人寰，直哭到寸断肝肠。

庄纯甫的家庭是晋江青阳的名族。伯父庄用宾是嘉靖己丑年（1529）进士，官太仆寺少卿。父庄用晦曾带兵攻打倭寇，为抢救父亲的遗体而牺牲，被呼为"一门忠孝"。黄宜人、李贽对女婿完全当儿子看待，所以，李贽也完全放心将黄宜人的后事全权交给庄纯甫经办。

庄纯甫将岳母的墓址选在晋江紫帽山南麓张园村的一片荔枝林中，墓碑上款题"卓吾老子书"，中间大字"明诰封宜人李卓吾妻黄氏墓"，下款"万历戊子婿庄纯甫立"。旁再立石碑一方，楚黄耿定力撰，晋江庄园祯书，晋江庄履丰篆"诰封宜人黄氏墓表"。墓表称：

先仲子庸及予咸兄事卓吾，而于宜人从家人礼，以嫂呼也。……生五岁丧其父黄公朝，事母林，有至性。……年十五，归卓吾。……卓吾壮岁学道，求友四方，每有会意，欣然卜居，忘其为闽人。初居百泉，已居秣陵，晚而居楚，宜人从焉。……贤哉宜人，妇道备矣，而卓吾尝曰："是妇也，惠则惠矣，未知道也。"盖宜人举四子不育，仅一女适庄生凰文，蒸尝之事不能遣诸怀，虽从夫君寓四方，时时念在首丘，而卓吾则达乎此矣。夫生而志四方，图不朽，丈夫事也。黄宜人之惠，妇道备矣！……万历丁亥岁，宜人率其女若婿自楚归，而卓吾尚留楚。宜人念其夫在远方，郁郁不怿。越戊子闰六月初三日卒于家……

耿定力为李卓吾的朋友，刚好时任福建的学政。庄国祯为嘉靖壬戌进士官至侍郎。庄履丰为万历丁丑进士，官修撰，他俩都是青阳人，是其婿庄纯甫的族人，和李有亲戚之谊。

墓地距青阳不上十里，庄纯甫选址此地也是便于日后就近祭扫。

追随李贽近乎一生都漂泊在外的黄宜人终于静卧乡土。

且说李贽和黄氏先后育有四男三女，但仅存一女，故黄氏常因"蒸尝（祭祀，指传宗接代）之事不能遣诸怀"。且见黄氏唠叨，便安慰道："有好女子便立家，何必男儿？""人亦何必不女，人之父亦何必以女女之乎？若但好名，将安用之？"袁中道《李温陵传》中也说李贽"虽无子，不置妾婢"。

李贽孤身在外，不务俗世，可李族在泉州一带随着家族成员中不断有为官为宦者，一向甚为重视宗族观念的居家长者们正在筹划如何为李赘续上香火一事。也鉴于自己没有子嗣为妻操办后世，唯一的女婿庄纯甫一直扮演着儿子的角色。

庄纯甫自结婚后，大都跟随在李贽的身边，一起宦游各地。李贽完全把他当作自己的儿子看待，黄宜人亦视其为己出，与一家人都感情深厚。

转眼又是一年，新春，李贽写了一封《与庄纯甫》的长信，实则是一篇对亡妻的悼念之文。信札中叹惋这四十年夫妇恩情，喋喋不休之语态，宛如行将就木者的喃喃自语。

  ……相聚四十余年，情境甚熟，亦犹作客并州既多时，自同故乡，难遽离割也。夫妇之际，恩情尤甚，非但枕席之私，兼以辛勤拮据，有内助之益。若平日有如宾之敬，齐眉之诚，孝友忠信，损己利人，胜似今世称学道者，徒有名而无实，则临别犹难割舍也。何也？情爱之中兼有妇行妇功妇言妇德，更令人思念耳，尔岳母黄宜人是矣。独有讲学一事不信人言，稍稍可憾，余则皆今人所未有也。我虽铁石作肝，能不慨然！况临老各天，不及永诀耶！已矣，已矣！自闻讣后，无一夜不入梦，但俱不知是死。岂真到此乎？抑吾念之，魂自相招也？想他平生谨慎，必不轻履僧堂。然僧堂一到亦有何妨。要之皆未脱洒耳。既单有魂灵，何男何女，何远何近，何拘何碍！若犹如旧日拘碍不通，则终无出头之期矣。即此魂灵犹在，便知此身不死，自然无所拘碍，而更自作拘碍，可乎？即此无拘无碍，便是西方净土，极乐世界，更无别有西方世界也。纯甫可以此书焚告尔岳母之灵，俾知此意。勿贪托生之乐，一处胎中，便有隔阴之昏；勿贪人天之供，一生天上，便受供养，顿忘却前生自由自在夙念，报尽业现，还来六趣，无有穷时矣。……尔岳母平日为人如此，决生天上无疑。须记吾语，莫忘却，虽在天上，时时不忘记取，等我寿终之时，一来迎接，则转转相依，可以无错矣。或暂寄念佛场中，尤妙。或见我平生交游，我平日所敬爱者，与相归依，以待我至亦可。幸勿贪受胎，再托生也。……

当中感念、遗憾、愧疚、悲恸之情杂然。对女婿庄纯甫，则一再庄重嘱托，如何如何告慰亡灵："纯甫千万焚香化纸钱，苦读三五遍，对灵叮嘱，明白诵说，则宜人自能知之。"新春的李贽是孤单的，但他不想黄宜人像自己一样孤单，他知道黄宜人一向喜欢热闹，故而再三安顿庄纯甫怎样告慰亡灵。用心苦也！

五

焦竑状元

现在，李贽要蓄发出山，来得京城，这地方不比天高皇帝远，既能造狂人，也能容狂人的楚地。李贽又好为异端，不说明哲保身吧，恩师的面子总还是要给的。迫于无奈，焦竑也只能如此为之。"对不住了，兄弟，希望你能体谅我，懂我！"

焦竑心中默念道。

隔空难舍离别情，从此思卿梦中遇。亡妻之念随着时间的推移渐趋淡去。修禅著书，会见友人之暇，李贽时有孤寂感。当此时，他便写信给焦竑絮叨一番。"近居龙湖，渐远城市，比旧更觉寂寞。"（《又与从吾孝廉》）不知是出于无聊，还是他本心如此。某日竟然将孔子像悬挂在芝佛院后佛堂上，并作《题孔子像于芝佛院》：

> 人皆以孔子为大圣，吾亦以为大圣；皆以老、佛为异端，吾亦以为异端。人人非真知大圣与异端也，以所闻于父师之教者熟也；父师非真知大圣与异端也，以所闻于儒先之教者熟也；儒先亦非真知大圣与异端也，以孔子有是言也。……
>
> 儒先臆度而言之，父师沿袭而诵之，小子蒙聋而听之。万口一词，不可破也；千年一律，不自知也。……

大意为：人们都认为孔子是大圣人，我也认为孔子是大圣人；人们都认为老子、佛教是异端邪说，我也认为老子、佛教是异端邪说。人们不是真正知道大圣人与异端邪说的区别，是从父亲和老师的教导中熟知的；父亲和老师不是真正知道大圣人与异端区别，是从儒学先辈的教导中熟知的；儒学先辈也不是真正知道大圣人与异端区别，是孔子说过这样的话语。

儒学先辈们根据自己的主观臆断猜测讲授孔子的著作，上千百年来同一个格律，自己还不知道。我是什么人竟敢说有批判发现的眼光？也是跟随众人罢了。既然跟随众人而把孔子当作大圣人，也就跟随着众人而敬奉大圣人。所以说我也是跟随众人在芝佛院事奉孔子。

回想李贽在《初谭集》自序中就落发一事刻意强调自己的儒家身份，我们就自然对他在佛堂悬挂孔子像理解了。

当然，李贽的任何不合世俗的做法很快就会被千里之外对其极为敏感的耿定向所捕捉，自然这又成了攻击他的凭据之一。这在前文二人的论战中已有陈述。

龙湖胜地，又有柳塘家族的保护和关照，李贽于此安居"乐业"实在是再好不过。他曾有《初居湖上》：

虽无妻与子，尚有未死身。

祝发当搔首，迁居为买邻。

再作《石潭即事四绝》，其一云：

岂为偷闲坐钓台，采真端为不凡才。

神仙自古难逢世，且向关门望气来。

如此看来，李贽对龙湖是满意的，感受也是惬意的。迁居湖上，李贽未曾忘却他修禅著述的初衷，故而"闭门下键，日以读书为事"。

但李贽天生就是一个难耐寂寞的人，每逢无所事事，不想事事时，他就会捣鼓出一些令世人大跌眼镜的事情来。此外，他不仅乐见慕名前来拜见者，更喜欢外出造访胜己之友。不过，无论是接访还是出访，他又对有意礼遇自己者的选择极为挑剔。

龙湖来访者中为其所乐见的先是故友潘见泉之子潘廷谟和詹轸光，李贽获知晚辈造访，甚喜。视二人为小友，并挽留于湖上逗留月余，读书饮酒放歌，极为酣畅。另一位重要的访客是在李贽暮年一直陪伴左右的弟子汪可受。汪可受（1559—1620），一名汪静峰，字以虚，号以峰。湖北黄梅人。万历八年（1580）进士，初任浙江金华令，旋升礼部主事，后历任员外郎、江西吉安知府、山西提学副使、大同巡抚、兵部侍郎等职。万历十七年（1589），汪可受初见李贽于龙湖。多少年后，汪可受还清晰地记得初次见面时的情形："余以岁己丑（万历十七年）初见老子于龙湖，时麻城二三友人俱在。老子秃头带须而出，一举手便就席。……余曰：'如先生者发去须存，犹是剥落不尽。'老子曰：'吾宁有意剃落耶！去夏头热，吾手搔白发，中蒸蒸出死人气，秽不可当。偶见侍者方剃落，使试除之，除而快焉，遂以为常。'复以手拂须曰：'此物不得，故得存耳。'众皆大笑而别。"（《李温陵外纪》卷一）这是汪可受亲聆李贽阐述其落发留须之原因，似乎纯然出于适应天气和生理舒适之需，偶尔为之，快而遂常。当然，或许李贽对几个造访的后生晚辈之好奇也只能这么应对一下。

这分明是一位落发者宣告自己的入世精神。

相反，时任南京户部侍郎的旧友顾养谦闻听李贽在麻城受到攻击，进而落发，困居龙湖，就函邀李贽到镇江焦山栖隐，结果李贽回信婉拒。

> 无念归自京师，持顾冲庵书。余不见顾十年余矣，闻欲攀我于焦山之上。余不喜焦山，喜顾君为焦山主也。虽然，傥得从顾君游，即四方南北可耳，何必焦山？必焦山，则焦山重；若从顾君，则不复知有山，况焦山特江边一髻者哉！可不必也。
>
> 余有友在四方，无几人也。老而无朋，终日读书，非老人事，今惟有等死耳。既不肯死于妻妾之手，又不肯死于假道学之手，则将死何手乎？顾君当知我矣，何必焦山之之也耶？
>
> 《书常顺手卷呈顾冲庵》

其实，此时李贽是有访友之兴的，不过这次拟定的对象是焦竑。鉴于自己属争议人物，身份特殊，所以很多时间他委托无念先行为自己探知意向出访地并与访友商洽相关事宜。这次无念去了北京直奔新科状元焦竑住所。结果意外地带回顾养谦的邀请函。

那此时的焦竑在干什么呢？

　　这一年，大明帝国的车轮转到了万历十七年（1589）。一艘小船沿河北上。船头，一位年届半百的书生面带焦虑之色迎风站立。他，就是焦竑。已是知天命之年的焦竑，内心考取功名的希望之火仍然燃烧着。按说到了这个年龄段的人命运基本定型，很难再有多少雄心壮志了。可焦竑偏不信这个邪，他仍然要在考取功名的这条艰辛之路上执着地走下去。于是再次毅然决然赶赴北京，去冲击世人心目中神圣的状元桂冠。这是他第四次进京赶考了。

　　这次又将是怎样的命运？不去想它。今次赶考，他依旧选择水路，本是早早买舟北上，却不想中途偶遇意外，耽误了行程，不免让他有些心急。事情是这样的：这天，仆人告诉他，清晨开船时，他在船头捡到了一只宝镯。原来，头天夜里，泊船之处有一近水楼台，清早开船的时候，楼上泼下一盆水来，一只宝镯随水泼到船头，滚到了仆人的脚下。仆人捡起镯子，正当他犹豫不决的时候，船开了。于是，他索性把镯子揣入怀中。船行出很远了，仆人觉得心里不踏实，把事情的经过告诉了焦竑。焦竑一听，又急又气。想当年，父亲焦文杰受人仰慕，有一叫吴密的造访者呈百金以敬，万般推辞不得，无奈只好暂时收下。不久，听闻吴密突然暴毙，父亲匆忙赶赴其家不仅将百金悉数奉还，还帮助料理后事，并设法多方资助其后人成人成才。想到此，他不假思索马上重新搭船沿途返回，寻找失主。当他们主仆二人找到失主时，主人正在严厉拷打丫环。镯子找到了，丫环得救了，然而，这么来回一折腾，等到他们重新买舟北上，考期已迫近。抱着一线希望，焦竑主仆二人日夜兼程，继续北上。他知道，他不能放弃，二十五年的苦读，他需要一个机会，证明自己。

　　两岸杨柳飘絮，木舟踏浪前行。焦竑心事重重，脑中不自觉地回放自己自十六岁以来的读书生涯。

先是十六岁在南京考中秀才，三年后，参加乡试结果落第。便到天界寺、报恩寺埋头苦读。二十二岁娶朱鼎的三女为妻，朱氏为支持自己读书，不惜卖掉嫁妆。嘉靖四十一年（1562）冬，耿定向督学南京，赏识自己年少有才收为弟子。经恩师点拨，学问精进。两年后的嘉靖四十三年（1564），二十五岁乡试中举。次年，二十六岁的自己可谓风华正茂，对前途充满了美丽的梦想。可惜一冲落第，给年轻的自己兜头一盆冷水。好在结识了仰慕已久的学者耿定理、邹守益、孙德涵，与其几番相互深入的学术探讨，让他颇有茅塞顿开之感，很快就从跌倒中爬了起来。来日方长，自己还输得起。

隆庆二年（1568），经过三年的苦读和精心准备，二十九岁的他再次踏上进京的赶考之路。这次，他再备而来，可惜再次名落孙山。苦闷至极的他，前往恩师耿定向家一住就是几月，从大雪纷飞的冬天住到了次年春暖花开的时节。临别，师徒二人登上天台山，对着山上变幻莫测的缥缈景色，他挥笔写下了《留别天台耿先生》诗：

千崖落木动微寒，匹马西来岁欲残。

西海风流今下榻，一尊烟雨夜凭栏。

时危自觉知心贵，身在翻悲会面难。

一望归舟肠尽结，横江波浪正漫漫。

壮志未酬的一腔情怀得以释怀。

隆庆四年（1570）秋，焦竑三十一岁，与孙德涵同舟北上第三次进京赶考，已过而立，深知此时也经不起折腾，输不起了。为此，做了最周密的考试计划，特意在去年的秋天，就与好友孙德涵提前来到京城，心无旁骛地备考。但是，这一次，状元的桂冠又一次和他擦"头"而过，返归南京，欲哭无泪。幸与年长自己十三岁的李贽互相倾慕，结为知己。

隆庆六年（1572），耿定向路过金陵，与李贽、焦竑等商讨学问，朝夕促膝。是年冬，因母病故，丁忧家居。万历二年（1574）春，耿定向奉命册封鲁府，返回时路过维扬。焦竑约王襞到真州迎接。三人相与商切学问，连住数日。是年冬，朱氏病故，留下二子二女。次年，再娶武举赵琦次女为继室。赵氏孝敬公爹，关怀孩子，支持自己安心读书。万历九年（1581），李贽解官于云南姚安知府，到湖北黄安定居，自己赠诗道：

> 夜郎三载见班春，又向黄州学隐沦。
>
> 说法终怜长者子，随缘一见宰官身。
>
> 门非陈孟时投辖，乡接康成不买邻。
>
> 苦欲移家难自遂，何时同作灌园人。

同年与李贽晤面黄安，之后随着耿定理的故去，自己夹在挚友李贽与恩师天台的论战之间，左右为难，遂多以书信交流。想到这里，转向西南楚地方向，想着此时龙湖之畔的他是否安好！哎！与这一别又是八年啊。

今天，焦竑第四次进京会考，心中默算，距离第一次会考整整二十四个年头过去了。二十四年沧海桑田何其漫长。这期间，与许多著名学者结为良师益友、莫逆之交，如耿定向、李贽等。二十余年的累积，在学界也已获得极高声誉。只是无论斗转星移，自己考取状元的志向是矢志不移的。今天，自己又来了……

船公的一声哨响，焦竑方回过神来，再一看，船已就岸。

主仆二人登岸疾行，直奔城门，甫一入城便获悉大考当日，贡院莫名其妙燃起一场大火，使得考期不得不推迟。焦竑激动到身体不由颤抖，上苍终于没有放弃他。要知道，三年一届的会考机会，对于年届五十岁的焦竑来说，何其珍贵！有道是"少壮工夫老始成"，"德高当报"，二十四年的漫长期待，累计三次落第的打击与磨难，久经考验的老考生焦竑，这次确实厚积薄发了，三场会试，再经殿试，万历帝御笔钦点为一甲头名，大明开科二百多年以来的第七十二位状元诞生了。与其同榜士子还有陶望龄、祝世禄、马经纶、董其昌、冯从吾，后来皆成为名垂千古的一代名士。皇榜未放，京城里"考场不失火，哪来状元焦"的童谣既已传播开来。高中状元的焦竑，旋即出任翰林院修撰。就此焦状元"巨儒宿学，北面人宗"的崇高学术地位和社会声望无人能撼。

焦竑高中状元郎的消息是无念带回的。实在是振奋人心啊，李贽高兴到不知所以了。楼上楼下来回走动，想象着焦竑用大半生追求的状元梦终于变为现实，他不忘让下人速速将这一讯息给龙湖上的其他好友报喜。待得心情平静下来，方才与无念细细打听此番入京的各种人事状况。未等无念开口，又插口道："怎么样，弱侯让我什么时候赴京？也不能太着急，我得抓紧蓄发。待到全部蓄起，也得两三月方可啊！"无念先是一愣，忙说："先生你说什么，你要蓄发？""对啊，我怎么能秃头赴京去见弱侯呢？"只见无念顿了又顿，缓缓地说："弱侯新近登科，身心俱不得闲啊！"

"什么，这是弱侯自己说的吗？"无念点了点头。此刻李贽的心情是复杂的。这一"身心俱不得闲"令他失落又失望，一心出游的热情被浇了一盆冰水。

无念看李贽甚是灰心，就说道，不过顾养谦将调任南京，他倒是让自己带了一封信来，他想邀请李贽到他老家焦山栖隐。李贽挥了挥手说："还是罢了！罢了！"

出于礼节，李贽第二日还是给顾养谦回信一封予以婉拒。同时另书一封投寄状元郎。这封《复焦弱侯》是继《答耿司寇》外，又一封千言书。李贽写道：

> 无念回，甚悉近况。我之所以立计就兄者，以我年老，恐不能待也。既兄官身，日夜无闲空，则虽欲早晚不离左右请教，安能得？官身不妨，我能蓄发屈己相从，纵日间不闲，独无长夜乎？但闻兄身心俱不得闲，则我决不可往也无疑也。

这李贽实在是个难以捉摸的人，他为了与世俗作对可以落发。他也可以为了北上寻见知己而蓄发出山。可是焦竑以"身心俱不得闲"直截了当地打消了他的念头。李贽话题一转却对盛情邀请他的顾养谦一番讥讽。"至于冲庵，方履南京任，当用才之时，值大用之人，南北中外尚未知税驾之处，而约我于焦山，尤为大谬。舍稳便，就跋涉，株守空山，为侍郎守院，则亦安用李卓老为哉？"李贽接着写道：

> 弟尝谓世间有三等作怪人，致使世间不得太平，皆由于两头照管。第一等，怕居官束缚，而心中又舍不得官。既苦其外，又苦其内。此其人颇高，而其心最苦，直至舍了官方得自在，弟等是也。又有一等，本为富贵，而外矫词以为不愿，实欲托此以为荣身之梯，又兼采道德仁义之事以自盖。此其人身心俱劳，无足言者。独有一等，怕作官便舍官，喜讲学便讲学，不喜讲学便不肯讲学。此一等人，心身俱泰，

手足轻安，既无两头照顾之患，又无掩盖表扬之丑，故可称也。赵文肃先生云："我这个嘴，张子这个脸，也做了阁老，始信万事有前定。只得心闲一日，便是便宜一日。"世间功名富贵，与夫道德性命，何曾束缚人，人自束缚耳。

想来李贽与焦竑志趣相投，相交莫逆。他们切磋学问，共论人生，思想上互有影响，这在晚明儒学史上演出了一段动人的佳话。李贽极力推许弱侯，称之为"千古人"，引为知己，并说自己的许多学问是从他那儿学来的，曾自谓：

> 宏甫之学，虽无所授，其得之弱侯者，亦甚有力。
>
> ……
>
> 世之愿交侯者众矣，其为文章欲以立言者则师弱侯，为制科以资进取，显功名不世之业者则师弱侯……世之为不朽故以交于侯者，非一宏甫也，然惟宏甫为深知侯，故弱侯亦自以宏甫为知己。

焦竑也十分推尊卓吾，对卓吾之学最为信服，尝称许其为圣人。时或有人不同意他对李贽的如此盛赞，焦竑则必为之辩护，如据朱国祯《涌潼小品》记："焦弱侯推尊卓吾，无所不至。谈及，余每不应。弱侯一日问曰：'兄有所不足耶？即未必是圣人，可肩一狂字，坐圣门第二席！'"从这里不仅可以看出焦、李二人确实互相引为知己，而且也可想见他们相互间的思想交流和影响均很深刻。此外，焦竑不仅自己称许李贽，信服其学，而且还逢人即推扬卓吾其人其学。如他向前来就学的袁宗道（伯修）大力推介李贽。伯修与其弟宏道（中郎）、中道（小修）

即因之而知卓吾，其后又数度至龙湖向卓吾问学，并一见倾心，对卓吾敬服不已。"三袁"在李贽思想的深刻影响下，形成自己的文学思想并创公安派，推动起著名的文学革新运动。这与焦竑亦有重大关系。当然这也是后话。

就信中"三等人"之说，说给新科状元不知李贽意欲何为？字里行间酸溜溜味道已甚为浓郁。然而更让状元郎心凉的话后还在后面。他接着写道：

> 只此一书耳，终身之交在此，半路绝交亦在此，莫以状元恐吓人也。世间友朋如我者绝无矣。……弟今年六十三矣，病又多，在世日少矣，故所言者皆直致不委曲。虽若倚恃年老无赖，然于相知之前，亦安用委曲为也！若说相知而又须委曲，则不得谓之相知矣。然则弟终无一相知乎？以今观之，当终吾身无一相知也。

还不"解渴"的李贽再作《不患人之不己知患不知人》泄愤。

李贽忍受过贫穷，忍受过家庭、家族、官场之累，缘何知己成为新科状元身心俱疲之际却发出这样的断交绝交之通牒呢？这又何必？何苦呢？想当初焦竑有"中原一顾盼，千秋成相知"。李贽亦有"不诣而已，诣则必耳，乃为冥契也"的惺惺相惜，为何在焦竑一生追求的新科状元甫一落实，要断交绝交呢？

想来想去，只能用伤了李贽的颜面来做解释。弃官十余年，自己都是到处受人邀请，到处有人拜望，当然到处也受到指摘甚或诋毁，但这些都使得李贽习惯了成为焦点和中心人物。焦竑于自己实在太重要了。十年前自己辞官云南，就有去南京投奔焦竑之愿，只是鉴于当时焦竑功名未就，家业负累自身难保，无奈放弃转投黄安耿定理。如今已达官显贵，自己渴望能够与知己相依终老，不料却触了个冰心冷脸。于是在去信中就有了一连串的质疑与质问，言语不免尖酸刻薄。

这最懂李贽的焦竑缘何如此呢？其中有何玄机？反复思忖，盖根本还是在与耿李论战！

这自从李贽入得麻城，耿李二人之间由学术论战上升到人身攻击，各自使出浑身解数，甚至拉帮结派，形同水火，势不两立。这自然使夹于其间的焦竑陷于两难之地：一个是对自己有知遇之恩的学术引路人恩师，一个是一生的挚友和知己。一方面弱侯敬重老师，但与耿氏思想颇多不合，且更不赞成保守势力对李贽的恶意诋毁、围攻以至迫害，故而绝不可能站在天台立场上参与打压卓吾；另一方面，弱侯既视卓吾至少"坐圣门第二席"，并与之心心相印，思想上有许多共通之处，则其在耿李论争中主观上自然会对卓吾有所偏袒，对卓吾的境遇有所同情，但他又并不很认同卓吾激昂，有时甚至偏激的态度，况且与之对垒的毕竟是其恩师，故而他也不可能为挚友而与自己的学术引路人反目。如此两难，使得焦竑在耿李论战中只能表面上采取一种中立的立场，尽可能地做到不偏不倚。论战双方事实上对此都予以同情与理解。

现在，李贽要蓄发出山，来得京城，这地方不比天高皇帝远，既能造狂人，也能容狂人的楚地。李贽又好为异端，不说明哲保身吧，恩师的面子总还是要给的。迫于无奈，焦竑也只能如此为之。"对不住了，兄弟，希望你能体谅我，懂我！"焦竑心中默念道。岂料，百艰不摧的李贽，被兄弟的一句"身心俱不得闲"的婉拒伤到了，于是才有了如上的激愤言辞。

六 《焚书》不焚

《焚书》是一部难得的奇书，它从哲学、历史、文艺理论等诸多方面，发出了与正统儒家思想迥异之声，其影响是不可估量的。这部万历十八年（1590）李贽六十四岁以前所写书信、杂著、史论、诗歌等文字的合集，极具批判和反传统意识，主要反映了李贽佛儒杂糅、出世入世并重的哲学思想，是他思想形成自我之见的开端。

李贽骚动了许久的澎湃之心不得不平息下来。京城去不得，焦山自然是绝不能去的。干脆继续坚守芝佛院，静下心来的李贽埋头修订《焚书》，并于年内在麻城刊印出版。全书意在指斥道学家们是一群道貌岸然的假道学，戏称"阳为道学，阴为富贵，被服儒雅，行若狗彘"。对儒家和程朱理学的大胆批判所表现的反传统、反权威、反教条精神，启迪与鼓舞了当时及后来的进步学者。全书内容分为"书答""论说""随感""序引""传略"五个部分，共六卷。

书中主要观点有：孔子没有让别人学他，可是学孔子的人一定要丢弃自己的观点，否定自己的能力，顽固地把孔子当作学习的榜样。倡导童心，就是真心。儿童之心，天真无邪，是人来到世间最原始的情感。如果一个人丧失了童心，便也丧失了真心；丧失了真心，就不成其为真人。人的情感虚假了，就完全丧失了纯真的本性。此外，还有嘲谑孔子的，称"虽孔夫子亦庸众人类也"，对孔孟之学大加鞭挞；有对女性给予深切的同情；有对统治者鱼肉百姓的行为予以无情地揭露。

字字饱含激愤，篇篇触及热点，在社会上产生了极大的影响，被权贵阶层视为洪水猛兽。李贽也深知其见解为世所不容，早晚必将付之一炬，故名之曰《焚书》。果不其然，明清两代多遭禁毁，但却屡焚屡刻，广为流传。

"焚书"在中国历史上是一个非常有趣的文化现象。最有影响的莫过于秦始皇的"焚书坑儒"。其实，焚书并非秦始皇首创，相关史书记载有名的"焚书"就有四次。第一次是《韩非子·和氏》所记：公元前三五九年，秦孝公任用商鞅实行变法。"商君教秦孝公燔《诗》《书》而明法令"，商鞅即成为历史上第一个提出焚书的人。好在其主张并没有认真执行，因而对古代文化并没有什么实质性破坏。

秦始皇统一六国后，丞相李斯针对一些儒生游士引证《诗》《书》和百家语，以古非今。为杜绝诸生"不师今而学古，以非当世，惑乱黔首""入则心非，出则巷议"的现象，提出"焚书"的建议。秦始皇接受李斯的建议于公元前二一三年，下令除《秦纪》、医药、卜筮、种树等书之外，其他如《诗》《书》和百家语等限期交官府烧毁，令大量文化典籍化为灰烬。

第三次焚书发生是南朝梁元帝萧绎时。公元五五四年，西魏派常山公于谨、大将军杨忠率军五万南下攻梁，很快攻破江陵乃至使其亡国。梁元帝命舍人高善宝把所藏十四万卷图书聚集在一起烧掉，并感叹"读书破万卷，犹有今日，故焚之"。清乾隆皇帝即位后，历时十载，编纂《四库全书》，对于保存中国的古代文化典籍起了重要作用。但是他曾两次提出：对古籍该"毁弃"的应予毁弃，该"删改"的应予删改。据统计，在编书的十年中，仅浙江省就毁书二十四次，被毁书籍多达五百三十八种，一万三千八百六十二部之多；江西巡抚海成，仅在乾隆四十一年（1776）就搜缴焚书八千多部。整个乾隆时期，共焚毁各种图书七十一万卷之多。乾隆朝焚书才是中国封建社会规模最大的焚书事件。

比及上述焚书，李贽自名的"焚书"肯定不会形成如此影响，那种效果。但胆敢如此命名也确是需要一番胆识的。万历十八年（1590），这一年李贽六十四岁。他在《焚书》自序中具体阐述了书名的缘起。

自有书四种：一曰《藏书》，上下数千年是非，未易肉眼视也，故欲藏之，言当藏于山中以待后世子云也。一曰《焚书》，则答知己书问，所言颇切近世学者膏肓，既中其痼疾，则必欲杀我矣，故欲焚之，言当焚而弃之，不可留也。《焚书》之后又有别录，名为《老苦》，虽同是《焚书》，而另为卷目，则欲焚者焚此矣。……故再《焚书》亦刻，再《藏书》中一二论著亦刻，焚者不复焚，藏者不复藏矣，或曰："诚如是，不宜复名《焚书》也，不几于名之不可言，言之不顾行乎？"噫噫！余安能知，子又安能知。夫欲焚者，谓其逆人之耳也；欲刻者，谓其入人之心也。逆耳者必杀，是可惧也。然余年

六十四矣，倘一入人之心，则知我者或庶几乎！余幸其庶几

也，故刻之。

　　卓吾老子题湖上之聚佛楼

李贽自知此书必遭非议，故在自序中就坦言："所言颇切近世学者

膏肓，既中其痼疾，则必欲杀我矣，故欲焚之，言当焚而弃之……欲焚

者，谓其逆人之耳也。"

真乃狂士之梦也！

焦竑为该书作序曰：

　　李宏甫自集其与夷游书札，并答问论议诸文，而名曰《焚

书》，自谓其书可焚也。宏甫快口直肠，目空一世，愤激过

甚，不顾人有忤者；然犹虑人必忤，而托言于焚，亦可悲矣！

焦序中直言李贽"快口直肠，目空一世"的性格特征，对其"托言

于焚"深表悲叹！

李贽在《答焦漪园》中又自言："《焚书》，大抵多因缘语，忿激语，

不比寻常套语。"在谈及书名时，则称："所言颇切近世学者膏肓。既中

其痼疾，则必欲杀我矣，故欲焚之，言当焚而弃之，不可留也。"

首先，《焚书》中李贽若干主要观点得以体现，首要的是"六经皆

史"。《焚书》卷五《经史相为表里》中明确提出"六经皆史"这一论断：

　　经史一物也，史而不经，则为秽史矣，何以垂戒鉴乎？

经而不史，则为说白话矣，何以彰事实乎？故《春秋》一经，

春秋一时之史也。《诗经》《书经》，二帝三王以来之史也。而

《易经》则又示人以经之所自出，史之所以来，为道屡迁，变易匪常，不可以一定执也。故谓"六经皆史可也"。

李贽之前，王阳明既有"五经亦史"；潘南山有"五经皆史"；王世贞有"六经史之言理者"之说。诸说加以比较，李贽的"六经皆史"与阳明、南山、世贞三家的认识实则是相同的，区别在于他从经史相表里这一角度去论证，而不是从经史都包含相同的"道"、相同的"义"、相同的"理"这一角度去论证。李贽认为："史"的价值在于有"经"的支撑，"史"一旦失去了"经"的支撑，"则为秽史"，不能起到戒鉴作用；"经"的作用就在于有"史"的表现，"经"一旦失去了"史"的表现，"则为说白话"，不能起到彰显事实的作用。

李贽以此反对迷信盲从，主张自由理性地追求真理。为了破除蒙昧，他极力反对对圣人的偶像崇拜，还古代典籍以"六经皆史"的本来面目。事实上，李贽晚年自己却悠然享受着追随者、吹捧者的崇拜。

其次，即是著名的"不以孔子是非为是非"的论点。他反对神化孔子，认为孔子是人，别人也是人，不必凡事都求教于孔子，"若必待取给孔子，则千古以前无孔子，终不得为人乎？"因此不能把孔孟的学说作为衡量当下是非的标准。这不得不说和他十二岁所作《老农老圃论》有直接关联。那年，他将《论语·子路》中"樊迟问稼"和《论语·微子》中"子路遇荷蓧丈人"两段内容结合起来，批驳孔子把种田人看成"小人""下人"，直击儒家理论中将人分为等级的软肋，讽刺鄙视农业劳动的孔子，赞扬关心农事的樊迟。少年李贽大胆质疑孔子的言论，读罢此文的大人们，无不感叹"白斋公有子矣"。因为一篇点评圣人的小文章而出名，这是李贽始料未及的。少小有名的他不免沾沾自喜，他也第一次意识到圣人的言说多数确实应予以推崇，但也不一定一味地迷信先哲。李贽认为凡人与"圣人"之间并没有不可逾越的鸿沟，"人人皆可以为圣"，"圣人不曾高，众人不曾低"。因此，侯王与庶人同等，并无所谓"贵贱高下"的区别。李贽强调：如果没有孔子，人民照样按照自己的是非善恶标准生活，反倒因为孔子被神化，使人成为了"假人"。

最后，李贽在《焚书》里明确了自己的妇女观。他提倡男女平等，反对歧视妇女。有人对他说，妇女见识短，难以学道。他对曰，男子所谓见识长，只是因为他们生活范围广，妇女见识短，也只是因为她们的生活受到限制，并不存在男子之见必然长，女子所见必然短的事实。所以，他允许女子随自己听课。在麻城讲学时，有包括梅国桢之女梅澹然在内的众多女子前来听课，他与她们书信往来，探讨学问。他切实身体力行，惊世骇俗。

《焚书》中李贽特别强调尊重个性，主张"因其政，不易其俗；顺其性，不拂其能"。对压制个性者，不论是权势还是世俗舆论，不仅置之不顾，而且大批痛批。在《答耿司寇》一文中，他嘲笑说：喜好做官，爱好富贵，有妻子朋友，我都和你一样。凭什么因为你官做得比我大，就只许你讲你的一套，却不容我讲自己的一套？莫非学问是随官职而长的吗？果然如此，当年孔、孟早该闭嘴了！在《又答耿中丞》一文中，他又鼓励有独立思考能力的人应坚持己见，不阿世，不随俗。"阿世之语，市井之谈耳，何足复道之哉！"面对诸子百家之说，李贽本人情切物理，敢破敢立，表现了一个前卫思想者的应有的担当和胆识。

《焚书》的另一核心是李贽所倡导的迥异于古代许多思想家的"道"的问题。他所谓的"道"不在天上，只在人间，是人自身的道。在《答邓明府》中他说，"百姓日用"之"迩言"就是道，"如好货，如好色，如勤学，如进取"。在《答邓石阳》中一言蔽之："穿衣吃饭，即是人伦物理。除却穿衣吃饭，无论物矣。世间种种，皆衣与饭类耳。故举衣与饭，而世间种种自然在其中。非衣饭之外，更有所谓种种绝与百姓不相同者也。"无论大贤大圣，还是市井小民，人皆如此。

明中叶，随着城市工商业的发展，富裕市民阶层不断壮大，社会上开始流行肯定人的物欲、情欲与重视功利的新思潮。李贽在《焚书》中，肯定"人皆有私"，反对儒家所谓"君子喻以义，小人喻以利"的非功利思想和朱熹所谓"存天理，灭人欲"的禁欲主义观念。李贽"人皆自私"的伦理观是建立在是否"合乎民情之所欲"的基础上的，他说："不必矫情，不必违性，不必昧心，不必抑志。直心而动，是为真佛。"

《焚书》中还收录了李贽若干关于文论的作品。诸如《童心说》《忠义水浒传序》等。尤其"童心说"最具代表性。李贽认为："天下之至文，未有不出于童心焉者"，"童心者，真心也"。

总之，《焚书》是一部难得的奇书，它从哲学、历史、文艺理论等诸多方面，发出了与正统儒家思想迥异之声，其影响是不可估量的。

这部万历十八年（1590）李贽六十四岁以前所写书信、杂著、史论、诗歌等文字的合集，极具批判和反传统意识，主要反映了李贽佛儒杂糅、出世入世并重的哲学思想，是他思想形成自我之见的开端。而最终促成这本合集刊刻的一个重要原因是他与耿定向公开论战的这一著名公案，或曰正是耿李论战直接促成《焚书》的问世。

李贽在《焚书》中公开了他写给耿定向的很多封信，假道学们的本来面目赤裸呈现。耿定向众弟子为维护其师尊严，撰文申辩，门生蔡毅中著《焚书辨》攻击李贽。好与人辩人斗的李贽，其乐无穷，声誉再涨。《焚书》卷五中李贽说：

古今人情一也，古今天下事势亦一也。某也从少至老，

原情论势，不见有一人同者。故余每每惊讶，以为天何生我
不祥如此乎？夫人性不甚相远，而余独不同，非不祥而何？
余初仕时，亲见南倭北虏之乱矣；最后入滇，又熟闻土官、
猺、僮之变矣。大概读书食禄之人意见皆同，以余所见质之，
不以为狂，则以为可杀也。

在"读书食禄"的传统士大夫眼中，李贽如此，不是疯子，便是
敌人。被排挤出圈子之外的他，除了做一个叛逆者外，也实在是别无选
择。于是，他干脆故意声明："今世俗子与假道学，共以异端目我，我
谓不如遂为异端，免彼等以虚名加我。"

李贽甚至还把道学家与强盗做比较。其时有一横行浙江、福建沿海
三十年的大盗林道乾，才识过人、胆色超群，朝廷对他束手无策，与之
相比，李贽认为道学者皆是废物。

平居无事，只能打恭作揖，终日匡坐，同于泥塑，以为
杂念不起，便是真实大圣人大圣贤人矣。其稍学奸诈者，又
挽入良知讲席，以阴博高官。一旦有警，则面面相觑，绝无
人色，甚至互相推诿，以为能明哲。

（《因记往事》）

李贽对英雄无用武之地反做贼的现实极为不满，感叹说"驱之为
盗也"！

而此书的出版将他们的过激言论公之于众，这让威望极高的耿定向
极为难堪，因此二人的矛盾也就公开化了。这不仅激怒了耿定向本人，
更惹怒了他的那些故旧门生。告病归里的耿定向立即写了《求儆书》，

并鼓励门徒礼部右侍郎蔡毅中（号弘甫）作序即刻刊印予以还击"以告同志"。耿定向一方面指责李贽使"后学承风步影，毒流万世之下"，另一方面把他和李贽的论战形容为"为天下人争所以异于禽兽者几杀界限耳"。接着蔡弘甫抛出《焚书辨》，对李贽进行诽谤和诬隐。他们不仅口诛笔伐，还利用手中权力或可控资源，对李贽直接施暴迫害。

这也直接导致李贽后来无奈告别楚地，北上燕赵！

李贽于此不以为怪，更不以为然。他在《焚书》卷五中写道："古今人情一也，古今天下事势亦一也。……大概读书食禄之人意见皆同，以余所见质之，不以为狂，则以为可杀也。"在世俗社会"读书食禄"之人的眼中，李贽不是疯子，便是敌人。李贽别无选择地做一个叛逆者，于是声明"今世俗子与假道学，共以异端目我，我谓不如遂为异端，免彼等以虚名加我"。

由昔日的友人一变而为不共戴天的仇敌，这是令双方都伤心、寒心的。然而，为了各自的思想和所谓真理，他们什么也顾不得了，大有赴汤蹈火，在所不辞之气概。但正如梅国桢所言，不料争辩的结果，反倒增加李贽的声誉，令民间士人欢欣鼓舞。按朱国祯《涌幢小品》的说法是"为人所推，举国趋之若狂……今日士风猖狂，实开于此。全不读'四书'本经，而李氏《藏书》《焚书》，人夹一册，以为奇货"。真谓"喜其书，乐梓之"，一时间，市面上李贽的各种书稿不下数百种，甚有托名伪作混杂其间，李贽声名也于此时鹊起。

鉴于李贽的言论沉重地打击了统治者所御用的道学家的权威，卫道者们恼羞成怒，更是直截了当地扯下了以耿定向为首的道学家们的假面具，进而群起围攻，不择手段对李贽疯狂地进行迫害，造谣、诽谤、恐吓，无所不用其极。文斗并武攻，要把他驱逐出境，递解回籍。

两家门徒标榜角立。……髡首日游巷陌，人人骇异，谤
声四起。郡守与兵宪谓其左道惑众，捕持之急，乃去衡州，
过武昌。

（《泉州府·志文苑·李贽传》）

离开衡州，到达武昌的李贽，再次被耿的无耻徒子徒孙轰赶。钱谦益对此曾予以专门记录：

其掊击道学，抉摘情伪，与耿天台往复书，累累万言。
胥天下之为伪学者，莫不胆张心动，恶其害己。于是咸以为
妖为幻，噪而逐之。

（《列朝诗集·闰集》卷三）

李贽树敌众多，但也从来不缺朋友。每遇灾祸，总有新朋旧友及时出手援救。入得武昌，李贽即结识于此任职的刘东星。刘东星（1538—1601），字子明，号晋川，今山西沁水人。隆庆二年（1568）进士。当此时，迁湖广左布政使，武昌遇难的李贽得到刘东星的保护和照顾。正因如此，才有了袁中道笔下李贽醉游郢中的神奇描述。"柞林叟（指李贽），不知何许人，遍游天下，至于郢中（公安），常提一篮，醉游市上，语多癫狂。庚寅（1590）春，止于村落野庙。伯修时以予告寓家，入村共访之，扣之，大奇人，再访之，遂不知所在。"（袁中道《珂雪斋集·柞林纪谭》）遗憾的是，此次出行，"三袁"与李贽谈不上正式晤面，但毕竟也算是有过一面之缘。不知所在的李贽原来是重回了龙湖。重返龙潭，更觉此地风景幽美，有着一股灵动的气韵，不仅适合隐居，更能激发创作灵感，而此时弟子杨定见，僧常中、常通正在芝佛院佛殿之后修

建塔屋，拟为其日后藏骨之用，作为李贽安息长眠与永恒的归宿之地。李贽也就欣然接受了。

此番归来，李贽更有坚守龙湖之志，前后算来近乎十余年。也恰如其所想，龙湖给了他灵气、灵性，第一部著作《初潭记》于万历十六年（1588）编纂后，《焚书》《说书》《因果录》《史纲评要》《读升庵集》《孙武子十三篇》及《藏书》的主要章节先后相继问世，还批点了《水浒传》《西厢记》《琵琶记》等小说戏剧著作。概而言之，李贽一生中的主要著述，大多是在龙潭完成的。

七 游会『三袁』

　　李贽对袁氏三兄弟的评论是：宗道稳实，宏道、中道英特，都不愧为天下名士。更褒宏道为胆识过人，迥绝于世，是真英灵男子汉。能将自己学说的精体张大其帜的担任者非宏道莫属。别离际，袁宏道作《别龙湖诗》八首，李贽亦以八首《答诗》相赠。二人诗中皆充满了极深挚的情谊和极其感人的离愁别绪。

　　郧中一面之缘后，公安"三袁"（袁宗道、袁宏道、袁中道）即一直寻找合适的机会希望可以前往龙湖拜见李贽。公安"三袁"何许人也？大哥袁宗道（1560—1600），表字伯修，万历十四年（1586）会魁，曾任翰林院编修，后升至东宫讲官。二弟袁宏道（1568—1610），表字中郎，万历二十年（1592）进士，曾任江苏吴县知县、顺天府教授。小弟袁中道（1570—1623），表字小修，万历四十四年（1616）进士，曾任徽州府学教授。因为他们都是湖北公安县人，史称公安"三袁"。

转眼又是一年新春，节后不久，二弟袁宏道即来得麻城龙湖之上拜访李贽，而且，一住就是三月有余，相交契合，相谈甚欢。

要说李贽与公安"三袁"的结识交往，还得从引荐人焦竑与"三袁"的关系说起。话说焦竑为万历己丑进士第一，虽比袁家老大宗道晚一科，却共事于翰林院；他又比袁家老二宏道早一科，并担任袁宏道及第的万历壬辰科的考官，遂与袁宏道有师生之谊。袁氏兄弟在文坛素有声誉，但面对职掌文坛多年的前后七子的复古说一向反感，反而对以异端自居的李贽言论颇为认同，他们也早就获悉焦竑与李贽乃为莫逆，遂不时请焦竑代为引荐以结识李贽。就焦竑与李贽及其与伯修、中郎的交情，由他来担任李贽与"三袁"之间的介绍人，自然也是最合宜不过了。尤其这一年，"身心俱不得闲"的焦竑婉拒了拟来京投奔自己的李贽，一来深感愧疚，二来李贽落发后在麻城屡有是非，焦竑恐其寂寞，遂也十分愿意请袁家兄弟前往麻城，顺带为自己捎去问候。

于是，"万历十七年（1589），宏道兄宗道在京，以奉命册封楚府归里，临行，焦竑嘱往见李贽，曰：'亭州（麻城）有卓吾先生在焉，试一往讯之，其有以开予也夫'"（《袁宏道集笺校》卷一《得李宏甫先生书》笺）！然而奇怪的是袁宗道在此后的数年间根本未曾去过麻城，更没有拜访李贽。反倒是二弟中郎甚为积极，于万历十九年（1591）在李贽重返龙湖后的新春即捷足先登。三弟袁中道对此次相会，在《妙高山法寺碑》中有如下记载：

> 时闻龙湖李子冥会教外之旨，走西陵质之。李子大相契合，赠以诗，中有云："诵君金屑句，执鞭亦忻慕。早得从君

言，不当有老苦。"盖龙湖以老年无朋，作书曰《老苦》故也。仍为之序以传。留三月余，殷殷不舍，送之武昌而别。

（袁中道《珂雪斋集·吏部验封司郎中中郎先生行状》）

初见李贽，宏道即说，焦师弱侯甚为挂念独居龙湖的卓吾老子，恐尔孤寂，特让大哥宗道归家时代其前来探访，只是大哥难脱官身，忙于杂务，自己就先行前来拜望先生。李贽甚喜，遂待宏道更为亲近。龙湖之上流连三月后，二人商定出走武昌。

这年五月，他们先游黄鹤楼，再览洪山寺。这又回到了前文所述的李贽武昌竟遭驱逐一事。事后，李贽在《与周友山书》中忆道："不肖株守黄、麻一十二年矣，近日方得一览黄鹤之胜，尚未眺晴川、游九峰也，即蒙忧世者有左道惑众之逐。"不过李贽心中明镜似的，他确信这是天台先生的门生所为，不过他却暗自高兴，这何尝不是为自己大肆广告啊！"侗老（耿定向）原是长者，但未免偏听。故一切饮食耿氏之门者，不欲侗老与我如初，犹朝夕在武昌倡为无根言语，本欲甚我之过，而不知反以彰我之名。"（《焚书·与杨定见》）

道学家们指责李贽"左道惑众"，进行人身攻击与迫害。二人无奈疾走洪山寺。当此时，正以湖广左布政使在这里任职的刘东星慕李贽之名主动到洪山寺拜访。

闻有李卓吾先生者，弃官与家，隐于龙湖。……稍远，予虽欲与之会而不得。又闻有讥之者，予亦且信且疑之，然私心终以去官为难，去家尤难，必自有道存焉，欲会之心未始置也。会公安袁生（袁宏道），今吴令者，与之偕游黄鹤矶，而栖托于二十里外之洪山寺，予就而往见焉，然后知其果有

道者。虽弃发，盖有为也。……嗣后或迎养别院，或偃息宦
邸，朝夕谈吐，始恨相识之晚云。……

（刘东星《书道古录首》）

识见一致、意气相投，相恨识晚，以"活佛再现者"迎回武昌，馆
舍之。有了刘东星的推崇和保护，"楚省士翕然争拜门墙"。刘还不时邀
请李贽入衙接谈，每当此时，必遣人迎接，以防谤者。

就在这一年，即万历十九年（1591）的闰三月，民间组织白莲教频
密的活动引起朝廷的高度关注，礼部就此，直接题奏"异端之害，惟佛
为甚。缘此辈有白莲、明宗、白云诸教，易以惑世生乱"，故应严加禁
止。其实早在万历十五年（1587），就有大臣上书皇帝，建议科考中严
格以孔孟儒学为准，严禁士子在科场中牵合佛氏话头，这正是出于对阳
明心学援佛入儒以及阳明后学扰乱儒释门庭，已经造成或将会造成的严
重社会后果的深切忧虑，于是活跃在学术界的某些先达，也开始了对阳
明一派学人援佛入儒的批判。

李贽的论敌借此更是兴风作浪，他本人倒是毫不畏惧，但是一众友
人不免为他担心一番，好在有刘东星的关照和保护，李贽在汉阳尚安稳
出行。可惜，刚落稳脚的李贽又获悉刘东星即将升都察院右佥都御史巡
抚保定，心中一阵难过和不安，一面感念刘东星的关照，一面有不知当
归何所之感。顿觉凄惨和可怜，"尊翁兹转，甚当，但恐檀越远去，外
护无依，不肖当为武昌鱼，任人脍炙矣"（《续焚书·与刘肖川》）。

当此困顿际，宏道又接家书，不得不与李贽于此别过。临行前，宏
道说大哥宗道听说焦师年后奉官差将来汉阳，届时亲自到湖上探望故友
的讯息。李贽闻之，喜出望外，早已把先前写给焦竑的绝交书抛之脑
后。当即再书《寄焦弱侯》，托宏道转交焦竑。信中说："明春兄可奉差

来也，只是汉阳尚未有怜我者，苟刘公别转以去，则江上早晚风波又未可知，恐未可取必于此专候兄来矣。……弟意在汉阳候兄为多。"他憧憬着与焦竑年后相会的美好。

风云际会中李贽滞留汉阳，很大原因是等待奉差南来的焦竑，只是弱侯自从位居京官，着实身不由己，约定的日期一该再改。终于在秋日的一天，焦竑作为副使伴世子恭枑赴梁袭封亲王，册封礼后至楚访李贽。彼时，中郎事竑为师，有《送焦弱侯老师使梁，因之楚访李宏甫先生》云："丹书早发凤凰楼，杨柳青阴满陌头。征马晚嘶梁苑月，孤帆晴指洞庭秋。莲开白社来陶令，瓜熟青门谒故侯。自笑两家为弟子，空于湖海望仙舟。"只是这次会晤因着焦竑公差在身，来也匆匆，去也匆匆，二人叙旧倾诉罢，即已到了上路之时。

会过焦竑后的李贽在汉阳遨游数日后，就匆匆返回武昌，不料，刘东星已去任，未能见上一面。刘的突然离任，让李贽甚为失落。"晋老初别，尚未觉别，别后真不堪矣。"（《焚书·与周友山》）独居武昌的李贽寂寞难耐，只好提笔向远在京城的焦竑诉苦：

> 弟今又居武昌矣。江汉之上，独自遨游，道之难行，已可知也。归欤之叹，岂得已耶！然老人无归，以朋友为归，不知今者当归何所欤？汉阳城中尚有论说到此者，若武昌则往来绝迹！而况谭学！写至此，一字一泪，不知当向何人道，当与何人读，想当照旧薙发归山去矣！
>
> （《焚书·与焦漪园》）

李贽是越老越笃信友情，一旦缺失，仿若顽童般悲戚。但愈是如此，李贽越是绝假纯真。旁人视薙发、留发乃惊天大事，于其而言好似少年耍酷般随性。

　　就在李贽犹豫不决是否该返回麻城时，袁家老三中道突然到访。话说去年老二宏道与李贽"接头"后，甚为欢愉，但焦竑推介的老大宗道依然未寻得机会与李贽晤面。乘着李贽依旧驻足武昌，一年后的万历二十年（1592），老三中道再次先行与李贽会面。可惜到访的袁中道不幸病倒，后雇舟回公安。袁中道走后，李贽不幸染上痢疾，且甚为严重。"弟今秋苦痢，一疾几废矣。"《焚书·寄京友书》。这一年的秋日，终于，袁氏三兄弟齐赴武昌探望李贽，尤其大哥宗道实现了焦竑之托，了却了一桩夙愿。兄弟三人与李贽大相契合，昼夜促膝而谈，了无倦困之意。至此，公安"三袁"与李贽结下深厚情谊。

　　次年，即万历二十一年（1593），三月和十月，袁中道又两次造访李贽，极为惬意。曾作《别李龙潭》诗云：

　　　　湖上暂徘徊，明从此地回。

　　　　今年君不死，十月我还来。

　　　　娱老书成蠹，绝交径有苔。

　　　　忘机君已久，鸥鸟莫相猜。

又作《大别山怀李龙湖兼呈王子》诗曰：

　　　　去年六月访李生，抱病僵卧武昌城。

　　　　……

　　　　今年三月复东游，访李再过古亭州。[①]

---

① 指麻城。

> 龙潭十月同笑傲，虎溪千古失风流。

依诗所言，袁中道十月会面李贽是在麻城龙湖之上，也即说明，这年的秋天李贽从武昌返归麻城。

此后，公安"三袁"与李贽往来频密，思想感情都愈发契合。万历二十二年（1594），"三袁"偕同王以明、龚散木等人"再至龙湖，晤李子"。这次造访，一面诗文酬唱，一面探讨学理。所涉内容极为广博，诸如圣凡差异；学问、学道与功业之关系；《六经》《庄子》《水浒传》的意义；荆轲、太史公、杜甫、何心隐、耿楚倥、赵大洲、邓豁渠、王龙溪、罗近溪等历史及当代文化名人的评价问题，几番交游与交流下来，李贽诙谐幽默的言语，耳目一新的思维，令"三袁"推崇备至。袁宗道自述每读李贽著作："目力倦而神不肯休"，"读他人文字觉懑懑，读翁片言只语辄精神百倍"（《白苏斋类集·书答·李卓吾》）。称赞曰："龙湖老子手如铁"，"胆气精神不可当"，"莫道世无赏音人，袁也宝之胜琼玖"（《白苏斋类集》）。袁宏道则尊李贽为唯一的知己和恩师，作《龙潭》诗云：

> 孤舟千里访瞿昙，踪迹深潜古石潭。
> 天下岂容知己二，百年真上洞山三。

赞《焚书》乃为"愁可以破颜，病可以健脾，昏可以醒眼，甚得力"（《袁中郎全集·李宏甫》）的佳作。袁中道则在诗文中多次称颂李贽，誉其著作为"剔肤见骨，迥绝理路。出为议论，皆为刀剑上事，狮子进乳，香象绝流，发咏孤高，少有酬其机者"（《珂雪斋集》）。兄弟三人在不同场合多次把李贽比为三教大圣人之一的老子，李贽声誉之高之大，

"三袁"的推崇之力功不可没。

这次龙潭十日之会，李贽对袁氏三兄弟的评论是：宗道稳实，宏道、中道英特，都不愧为天下名士。更褒宏道为胆识过人，迥绝于世，是真英灵男子汉，能将自己学说的精体张大其帜的担任者非宏道莫属。别离际，袁宏道作《别龙湖诗》八首，李贽亦以八首《答诗》相赠。二人诗中皆充满了极深挚的情谊和极其感人的离愁别绪。

八 童心之下

　　从李贽的"童心说"起，继之公安派的"性灵说"，继之汤显祖的"至情说"，再继以冯梦龙的"情教观"，直至张岱的理论与创作显示出与传统文学载道观念的渐趋背离，并在晚明文坛形成一股强大的文艺启蒙思潮。

　　"三袁"赞誉李贽的同时，亦主动接受其思想，在李贽的直接影响下，创立了一个与前后七子拟古主义针锋相对的新的文学流派，提出"世道既变，文亦因之"的文学发展观，主张"独抒性灵，不拘格套"，直抒胸臆，自然率真，不事雕琢，发前人之所未发的新的文学创作观，即为公安派。

　　追溯公安派的起源，必定要从李贽的"童心说"说起。而这一学说的提出乃源于耿、李关于"真机"问题的各自论述。还记得耿定理在世时，就大哥耿定向与李贽之间的差异与认知有过一个精到的比喻。耿定向若干年后在《与周柳塘》书中再次提及此事：

> 忆昔年（万历十年）卓吾寓兄湖上时，兄谓余重名教，卓吾识真机。亡弟（耿定理）诮兄曰："拆篱放犬！"意盖讶兄与余营道同术者而作是分别，未究余学所主，语若右卓吾云耳。尔兄昔不解，曾以语余，余哂而不答，盖冀兄之自解也。乃近书来，复曰余以继往开来为重，而卓吾以任真自得为趣，则亡弟此诮，兄到今未会矣。亡弟非讶兄轻余而轩卓吾也，盖慨兄之不识真也。夫孔孟之学，学求真耳，其教，教求真耳。舍此一"真"，何以继往？何以开来哉？近日学术，淆乱正原，以妄乱真！坏教毒世，无以绍前启后，不容己于呶呶者，亦其真机不容己也。如不识真而徒为圣贤护名教，妄希继往开来之美名，亦可羞己，不己与兄大隔藩篱耶？若卓吾果识真机，任其自得，余家兄弟自当终身北面之，亡弟安忍如此引喻，置之篱外哉？兹欲与兄一剖真机，虑兄以为声闻不省……吾儒之教，以仁为宗，正以其得不容己之真机也。彼以寂灭灭己为真，或以一切任情从欲为真，可无辨哉！

周柳塘作为耿、李共有的朋友，尤其李贽出走黄安后，在周柳塘的安排下寄寓麻城，耿定向实在不想作为还能在二人之间做些周旋工作的周柳塘对自己有更多的误解和误会，于是写信予以解释甚或辩解，当然，此信虽是写给柳塘，但不言而喻是针对李贽的。信中，耿定向直言周思久至今还"不识真"，对自己一向坚持孔孟之道正源以继往开来为己任的"学求真""教求真"的一片不容己"真机"视而不见，抽去了他学术中的"真"字，空给了他一个"以继往开来为重"的美名，他感到"可羞"，他责怪周思久至今还把"以任真自得为趣"的美誉赐给李贽。在他看来，李贽以妄乱真，坏教毒世，是"任情从欲"的。他要和周思久辩一辩究竟谁才是"真"。柳塘阅毕，随即转给李贽。

李贽见信，面对"以妄乱真，坏教毒世"的指责，岂能甘休，既然要辨"真"，就离不开一个"假"字，只有用"童心"这个人所共知的命题来谈，才能把"真"说清楚，于是李贽以焦竑《刻〈重校北西厢记〉序》末后"知者勿谓我尚有童心可也"一语为发端，作《童心说》。

　　龙洞山农叙《西厢》，末语云："知者勿谓我尚有童心可也。"夫童心者，真心也。若以童心为不可，是以真心为不可也。夫童心者，绝假纯真，最初一念之本心也。若失却童心，便失却真心；失却真心，便失却真人。人而非真，全不复有初矣。

　　童子者，人之初也；童心者，心之初也。夫心之初，曷可失也？然童心胡然而遽失也。盖方其始也，有闻见从耳目而入，而以为主于其内而童心失。其长也，有道理从闻见而入，而以为主于其内而童心失。其久也，道理闻见日以益多，则所知所觉日以益广，于是焉又知美名之可好也，而务欲以扬之而童心失。知不美之名之可丑也，而务欲以掩之而童心失。夫道理闻见，皆自多读书识义理而来也。古之圣人，曷尝不读书哉。然纵不读书，童心固自在也；纵多读书，亦以护此童心而使之勿失焉耳，非若学者反以多读书识义理而反障之也。夫学者既以多读书识义理障其童心矣，圣人又何用多著书立言以障学人为耶？童心既障，于是发而为言语，则言语不由衷；见而为政事，则政事无根柢；著而为文辞，则文辞不能达。非内含于章美也，非笃实生辉光也，欲求一句有德之言，卒不可得，所以者何？以童心既障，而以从外入者闻见道理为之心也。

夫既以闻见道理为心矣，则所言者皆闻见道理之言，非童心自出之言也，言虽工，于我何与？岂非以假人言假言，而事假事、文假文乎？盖其人既假，则无所不假矣。由是而以假言与假人言，则假人喜；以假事与假人道，则假人喜；以假文与假人谈，则假人喜。无所不假，则无所不喜。满场是假，矮人何辩也。然则虽有天下之至文，其湮灭于假人而不尽见于后世者，又岂少哉！何也？天下之至文，未有不出于童心焉者也。苟童心常存，则道理不行，闻见不立，无时不文，无人不文，无一样创制体格文字而非文者。诗何必古《选》，文何必先秦，降而为六朝，变而为近体，又变而为传奇，变而为院本，为杂剧，为《西厢曲》，为《水浒传》，为今之举子业，皆古今至文，不可得而时势先后论也．故吾因是而有感于童心者之自文也，更说甚么《六经》，更说甚么《语》《孟》乎！

夫《六经》《语》《孟》，非其史官过为褒崇之词，则其臣子极为赞美之语，又不然，则其迂阔门徒、懵懂弟子，记忆师说，有头无尾，得后遗前，随其所见，笔之于书。后学不察，便谓出自圣人之口也，决定目之为经矣，孰知其大半非圣人之言乎？纵出自圣人，要亦有为而发，不过因病发药，随时处方，以救此一等懵懂弟子，迂阔门徒云耳。医药假病，方难定执，是岂可遽以为万世之至论乎？然则《六经》《语》

《孟》，乃道学之口实，假人之渊薮也，断断乎其不可以语于
童心之言明矣。呜呼！吾又安得真正大圣人童心未曾失者而
与之一言文哉！

"夫童心者，真心也……绝假纯真，最初一念之本心也。若失却童
心，便失却真心；失却真心，便失却真人。"为回答耿定向恃真斥妄，
《童心说》围绕两个关键字"真""假"，正说反说，目的就是把一切失
去童心的假人、假事、假文、假道学的真面目揭露在世人面前，"童心
说"本意在于反驳耿定向的无端指责，却意外成为李贽手下一篇带有论
战性的阐明文学创作主张的理论文章。

《童心说》首言什么是"童心"，次言失却"童心"的四种情况，即
闻见、道理入主于心而童心失，为扬名、掩丑而童心失。次言读书的
目的在于护童心，学者不能以多读书识义理、圣人不能以多著书立言
来障蔽人们的童心。次言"童心"被障蔽的危害："童心既障，于是发
而为言语，则言语不由衷；见而为政事，则政事无根柢；著而为文辞，
则文辞不能达。"次言以闻见道理为心的恶果："夫既以闻见道理为心
矣……岂非以假人言假言，而事假事、文假文乎？盖其人既假，则无所
不假……满场是假……虽有天下之至文，其湮灭于假人而不尽见于后世
者"亦复不少。次言天下之至文皆出自童心，正面提出自己的文学主
张："天下之至文，未有不出于童心焉者也。苟童心常存，则道理不行，
闻见不立，无时不文，无人不文，无一样创制体格文字而非文者。诗何
必古《选》，文何必先秦。降而为六朝，变而为近体，又变为传奇，变
为院本，为杂剧，为《西厢曲》，为《水浒传》，为今之举子业，皆古今
至文，不可得而时势先后论也。故吾因是而有感于童心者之自文也。"
这又连带对泥古不化的复古思潮予以批判。

最后再针对道学家以孔孟之道为幌子，言行不一，食古不化，进而指出《六经》《语》《孟》，不是史官过为崇褒之词，就是臣子极为赞美之语，或是其迂阔门徒、懵懂弟子，记忆师说的"有头无尾，得后遗前"的记录，"大半非圣人之言"，或是圣人"因病发药，随时处方"的答对，不能认为是"万世之至论"。末了直斥假道学："然则《六经》《语》《孟》，乃道学之口实，假人之渊薮也，断断乎其不可以语于童心之言明矣。"这些话表明了李贽最深层、最终极的写作意图是对耿定向标榜的"学求真""教求真"的道统说以最痛快淋漓的揭露与鞭挞，剥下了他处处教人以义理障蔽人童心却自诩为以仁为宗的不容己真机的外衣。耿信恃真斥妄！李文明真揭假！针锋相对，虽不点名，却是给耿定向打了一记闷棍。

李贽说得很明白，如果以"多读书识义理"，而得来的"闻见道理"充斥内心，那么人就变成了"假人"，写出的文章也只能是"皆闻见道理之言，非童心自出之言"的"假文"。而统治阶级所鼓吹的"文以载道"，正是以"假人""言假言""事假事""文假文"的假文学，这种文艺只会"障其童心"，使人们成为"假人"一类奴隶。很明显，"童心说"的真谛，就是提倡绝假纯真地表现情感和表现生活，要求文学打上创作者的个人印迹，而具个性美，这实际上是李贽在人生哲学上张扬个性的思想在文学主张上的表现，是与泯灭个性的封建统治与传统思想相对立的。

由此出发，李贽还对当时被正统文人视为俗文学的戏曲、小说以极大重视。李贽认为，只要"童心常存"，则"无时不文，无人不文，无一样创制体格文字而非文者"。李贽这种重情、求真、尚俗的文学思想，无疑是对传统的宗经、宗圣、宗道的文学观念的疏离与对立，具有着强烈的启蒙精神。

作为晚明革新思潮的策源者，李贽的"童心说"也为晚明文坛树立了参照，成为晚明革新派作家的导师。"都将舌上青莲子，摘与公安袁六休"（汤显祖《读〈锦帆集〉怀卓老》），而最得李贽真传的人，非公安"三袁"莫属，袁宏道则拔得头筹。袁中道在《中郎先生行状》中曾这样描写李贽在文学上对袁宏道的影响：

> 先生既见龙湖，始知一向掇拾陈言，株守俗见，死于古人语下，一段精光不得披露。至是浩浩焉如鸿毛之遇顺风，巨鱼之纵大壑；能为心师，不师于心；能转古人，不为古转。发为语言，一一从胸襟流出，盖天盖地，如象截急流，雷开蛰户，浸浸其未有涯也。

小修这段文字生动形象地指出袁宏道"性灵说"等文学发展观以及在文学创作上受到李贽的深刻影响。李贽对袁宏道的影响，实际上也是对公安"三袁"的影响。袁宏道在《叙小修诗》一文中赞美小弟袁中道的诗："大都独抒性灵，不拘格套，非从自己胸臆流出，不肯下笔。有时情与境会，顷刻千言，如水东注，令人夺魄。"所以，其作品是"愁极则吟，故尝以贫病无聊之苦，发之于诗，每每若哭若骂，不胜其哀生失路之感。予读而悲之。大概情至之语，自能感人，是谓真诗，可传也。"在此文中，袁宏道还特别称赞"闾阎妇人孺子所唱《擘破玉》《打草竿》之类，犹是无闻无识真人所作，故多真声"，而且"任性而发，尚能通于人之喜怒哀乐嗜好情欲，是可喜也"。

袁宏道强调的"独抒性灵""愁极则吟""若哭若骂""任性而发"，无疑都是要表现真情实感，而特别提出《擘破玉》《打草竿》之类的民间文学是"无闻无识真人所作，故多真声"，不但表现出对俗文学的重视，也显示出反对"闻见道理"对文学创作的影响。袁中道也曾说过，诗文之作要"抒自性灵"，"性情之发，无所不吐"。他称赞其兄袁宏道的作品是"山情水性，花容石貌，微言玄旨，嘻语谑词，口能如心，笔又如口"。称赞在袁宏道影响下，"天下之慧人才士，始知心灵无涯，搜之愈出，相与各呈其奇，而互穷其变，然后人人有一段真面目溢露于楮墨之间"。如上林林总总，都显然与李贽的"童心说"瓜葛不断。

"三袁"才情文名本倾倒一世，却甘愿奉李贽为师，立雪门墙，接受其影响。但是，"三袁"作为横绝一时的才情人物对李贽思想的吸收绝非一味地来者不拒，他们自有他们的不同，这在日后袁中道所写《李温陵传》中有极为生动的论述。他说：

> 或问袁中道曰："公之于温陵也学之否？"予曰：虽好之，不学之也。其人不能学者有五，不愿学者有三。公为士居官，清节凛凛，而吾辈随来辄受，操同中人，一不能学也。公不入季女之室，不登冶童之床，而吾辈不断情欲，未绝嬖宠，二不能学也。公深入至道，见其大者，而吾辈株守文字，不得玄旨，三不能学也。公自少至老，惟知读书，而吾辈汩没尘缘，不亲韦编，四不能学也。公直气劲节，不为人屈，而吾辈胆力怯弱，随人俯仰，五不能学也。若好刚使气，快意恩仇，意所不可，动笔之书，不愿学者一矣。既已离仕而隐，即宜遁迹山林，而乃徘徊人世，祸逐名起，不愿学者二矣。急乘缓戒，细行不修，任情适口，鸾刀狼藉，不愿学者三矣。夫其所不能学者，将终身不能学；而其所不愿学者，断断乎其不学之矣。故曰虽好之，不学之也。

袁中道将自己,其实也是公安"三袁"与李贽的不同说得甚为通透。他们之间在思想认识、文学主张上既趋同一致,也差异鲜明。大致说来,李贽对传统束缚,有着强烈的反抗,行为更甚是激进,提倡"各从所好,各聘所长"自由地发展人们的自然之性。基于此,他倡导"童心说"时,就特别强调愤怒之情在文学书写中的作用。即将愤怒之情,"喷玉唾珠",形成文字,一方面满足了作者自己"发狂大叫,流涕恸哭,不能自止"的精神诉求,也能使见者闻者产生"切齿咬牙,欲杀欲割"的愤激之情。他认为愤怒也是一种发自本心的自然之情,所以对"不愤之所作"的《水浒传》十分钟情,特作《忠义水浒传序》曰:"古之贤圣,不愤则不作矣。不愤而作,譬如不寒而颤,不病而呻吟也,虽作何观乎?《水浒传》者,发愤之所作也。"如此,李贽自己的作品中就存在大量匕首投枪似的论说,尤其是在与耿定向的论战中。公安"三袁"则有所不同。他们对李贽"不能学者有五,不愿学者有三",归为一点,就是李贽在寻求自我解脱、个性自由的同时,对那种束缚自我、个性的社会及传统思想以"童心"之真进行猛激地抨击,企图突破、解除传统社会束缚自我、自由的"樊篱"。

公安"三袁"则不然,他们是通过耽于山水和物欲,以此实现自我解脱、个性自由。袁中道作系列《感怀诗》,其十云:

> 山村松树里,欲建三层楼。
> 上层以静息,焚香学薰修。
> 中层贮书籍,松风鸣飕飕。
> 右手持《净名》,左手持《庄周》。
> 下层贮妓乐,置酒启冶游。
> 四角散名香,中央发清讴。

闻歌心已醉，欲去辖先投。

　　隐匿山林，建楼静息，谈佛论道，醉酒吟诗，狎妓冶游，以自遣，以自适，以解脱，如此人生态度，公安"三袁"奉献出众多可观的山水游记。这与李贽那种愤世疾俗的人生态度和创作态度无疑是有些距离的，但不能因此说他们缺失了战斗气息，周作人曾说："明朝的名士的文艺诚然是多有隐遁的色彩，但根本却是反抗的。"公安"三袁"正是这样。鲁迅也说："中郎正是一个关心世道，佩服'方巾气'人物的人。"只是与李贽相比，公安"三袁"确有其隐遁、消极的一面。晚明一大批公安"三袁"似的文人群体的存在，才凸显出李贽振聋发聩、惊世骇欲的启蒙价值。公安"三袁"正是在李贽影响下，提出了"性灵说"等文学命题，并以寄情山水的自适与社会进行对抗。至此，从李贽的"童心说"起，继之公安派的"性灵说"，继之汤显祖的"至情说"，再继以冯梦龙的"情教观"，直至张岱的理论与创作显示出与传统文学载道观念的渐趋背离，并在晚明文坛形成一股强大的文艺启蒙思潮。

　　耿李论战在彼时传播媒介十分落后的情况下，却迅速地扩散了开来，并引起巨大反响。一来在于二人均属时代名人，且论战旷日持久，结果上至朝廷贵胄，下到贩夫走卒都对二人的争论耳熟能详，甚或形成派系站队申明立场，表达关注和支持。于是朝廷中，一部分官员誓死捍卫耿定向，另一部分官员则倾力为李贽辩护，水火不相容。时人管东溟说："好事者……以天台师与李卓吾之对立，引以为话柄，传唤四方。"还有部分人士持中立态度，周旋于二人之间。作为二人朋友的周思敬，就忙于在两派之间调停，以求息事宁人，但这种调停并不能解决两派思想路线的分歧。所以还有一部分人干脆如焦竑不闻不问，任凭内心如何澎湃，面上对二人之争不做任何评论和作为。

所以纵使身居要职，门生众多的耿天台似乎在这场论战中并没有占到任何便宜，因为朝中若干认识、不认识的李贽的高官发自内心地认同李贽的言论和行为，遂而愿意私下乃至公开保护李贽。他们中有总督，如原任云南洱海道佥事后来又任蓟辽总督的顾养谦，又如漕运总督刘东星；有巡抚，如大同巡抚梅国桢；有御史，如马经纶；有待郎，如周思敬，等等。

更神奇的是万历二十七年至二十八年间（1599—1600），朝廷中一帮李贽的追随者时常聚在一起形成一个声援团队，有楚中袁宗道、袁宏道，浣上吴本如，蜀地黄慎轩……浙中陶望龄等人。他们"旬月必有会"，以至"高明士夫，翕然从之"。李贽的思想在各等级各年龄段的官员中有着广泛的影响和共鸣。

李贽漫游楚地的这一年，整个国家说来还真是很不宁静的。先是宁夏兵变，西北边防吃紧，接着东海频现倭寇骚扰，随后日本又发动了侵朝战争。整个时政十分混乱。好在这一切都在可控中。

武昌已无刘东星，焦竑业已晤面，万历二十年（1592）春夏之交，一个和煦的日子，李贽重回麻城龙湖。回想在武昌的种种遭遇，以及接连不断地生病，明显感觉到身心疲惫，精力大不如前。又接澹然大师来信，遂挥笔复信道：

> ……日过一日，壮者老，少者壮，而老者又欲死矣。出来不觉就是四年，只是怕死在方上，侍者不敢弃我尸，必欲装棺材赴土中埋尔。今幸未死，然病苦亦渐多，当知去死亦不远，但得回湖上葬于塔屋，即是幸事，不须劝我，我自然来也。

（《焚书·复澹然大士》）

信刚寄出，梅澹然已落发为尼的消息随即传来，李贽内心甚是钦佩，遂立作《题绣佛精舍》：

闻说澹然此日生，澹然此日却为僧。
僧宝世间犹时有，佛宝今看绣佛灯。
可笑成男月上女，大惊小怪称奇事。
陡然不见舍利佛，男身复隐知谁是。
我劝世人莫浪猜，绣佛精舍是天台。
天欲散花愁汝著，龙女成佛今又来。

安居湖上的李贽继续着迎来送往，读书著述，乐在其中。

九

耿李再晤

这一日，惠风和畅，耿定向早早立足天台山下恭迎李贽。远远望见李贽蹒步而来，天台疾步迎去，故人相见，感慨万千，两人相抱大哭，相互叩首以谢昔日之不敬。那一夜，两位老人彻夜不眠，在经历了几十年的风雨，他们不再谈学术，只是捡拾昔日堆积的情谊。有道是：钟灵毓秀，一朝相识情永驻；云淡风轻，执手高台捋前嫌。这次黄安再晤，耿李二人皆本着"只叙旧情，不谈学问"的态度，因此欢恰数日方别。

万历二十一年（1593）秋，持续多年的耿李论战进入了休战期。双方交好者乘机不遗余力地想修复两位老人之间的故旧关系。衡州同知沈铁一日邀得天台说："李先生信禅，稍戾圣祖，顾天地间自有一种学问，逃墨归杨，归斯受焉，此圣贤作用也。"天台点头默也。秋阳和煦的午后，六十七岁的李贽回到了阔别已久的黄安，与七十岁的耿天台重叙旧情。

滔滔倒水河西岸，巍巍大别山南麓，有一巨峰突起，山形似台，环周皆石，峭立如削，势若接天，人称天台山。户部尚书耿定向辞官后于此建了"天台书院"作为自己的道场，在这里他写下了《黄安初乘》《耿子庸言》《天台文集》等多部著作，人称"天台先生"。李贽曾多次踏上黄安这片土地，也曾几次来到天台山，浪迹山水间，流连忘返，还曾写有《宿天台顶》诗：

缥缈高台起暮秋，壮心无奈忽同游。

水从霄汉分荆楚，山尽中原见豫州。

明月三更谁共醉，朔风初动不堪留。

朝来云雨千峰闭，恍惚仙人在上头。

李贽记得初次踏上这片土地是在十六年前的万历五年（1577），当时自己出任云南姚安知府，途经黄州，弃船登岸，与好友耿定理见面。彼时长兄耿定向也在黄安，三人聚首，备感欣慰。邀得同道中人共登天台，极目远眺，层峦叠嶂，满目清幽。松涛阵阵，似虎啸龙吟。把酒临风，即兴吟哦，好不惬意。此情此景竟让李贽一度萌生辞官归隐之意。在耿氏兄弟的诚心劝慰下，暂将女儿女婿留在黄安度日，自己才依依不舍地携妻赴云南上任。临行前，约定任期一满即辞官再来黄安聚首。

云南姚安知府五年期满，万历九年（1581），辞官的李贽携妻子经四川，取道峡，跋涉千里来到黄安。耿氏兄弟在县东十五里的五云山巅筑起书院，以供李贽著书讲学。他曾对小友袁中道说："得一二胜友，终日晤言以遣余日，即为至快，何必故乡也。"李贽对耿氏兄弟的厚遇极为欣慰。至此，李贽安居黄安批阅史册，潜心治学，著书授业。此间，李贽的学术思想与耿定理的情谊一起日臻完善。遗憾的是，与耿定向的思想分歧却愈来愈大，但因着耿定理在中间调和着，一切相安无事。

然而，美好的东西总是不会长久的，就在李贽寓居黄安的第四年的年头，年仅五十一岁的耿定理不幸辞世。李贽痛失知音，怅然若失。更可怕的是，定理去世后，与定向的不和公开化导致李贽无法再在黄安久居，只好遣送妻女回祖籍泉州颐养，自己则辗转来到麻城。这之后李贽的变化实在太大，书信论战、削发为僧种种异于常人的言行令人或折服钦佩，或起而攻击。

奋起还击的李贽陆续写出《答耿中丞》《又答耿中丞》《答耿中丞论谈》《与耿司寇告别》等文章，激情而又犀利地批判了耿定向的理学思想。这场论战虽然淹没了耿李之间昔日"开台把酒临风，天寓击节而歌"的纯洁友谊，但对李贽思想体系的构建、发展、完善不啻是一个有益的激发和推进。不经意间李贽构建起封建社会"异端思想"这个崭新的分支。一定意义上，耿氏兄弟成全了现在的李贽，没有耿氏兄弟，尤其是没有与耿定向的持久论战，就没有李贽学术思想的成熟。

行进在熟悉的黄安大地，李贽也回想着先前耿族待自己一家颇有情谊，只因学术异见，竟然闹成一出公案，如今年纪一把，有什么放不下的呢！想着，走着就来到了天台山下。

话说，辞官归居的耿定向，在风景秀丽的天台书院著述讲学，鉴于耿定向在政界和学界的崇高声望，四方学者竞相前来，一时间，台山上云集天了各方雅士，吟诗作画，挥毫泼墨，盛况空前。此时的他已无名利之累，心境也日趋平和，也能以宽容之心接纳各种思想。他对曾经闹得剑拔弩张的"耿李学术之争"也有了一种正确、客观的评价。他在内心期待着与李贽握手言和的那一天。

英雄相惜！耿李二人如约而至！

这一日，惠风和畅，耿定向早早立足天台山下恭迎李贽。远远望见李贽踱步而来，他疾步迎去，故人相见，感慨万千，两人相抱大哭，相互叩首以谢昔日之不敬。那一夜，两位老人彻夜不眠，在经历了几十年的风雨，他们不再谈学术，只是捡拾昔日堆积的情谊。有道是：钟灵毓秀，一朝相识情永驻；云淡风轻，执手高台摒前嫌。这次黄安再晤，耿李二人皆本着"只叙旧情，不谈学问"的态度，因此欢恰数日方别。

"挥手自兹去，萧萧班马鸣。"

"黯淡了刀光剑影，远去了鼓角争鸣，眼前飞扬着一个个鲜活的面容……"

过往的论辩，谁又赢了，谁又输过！

十

龙湖厄难

那些看李贽不惯者坐不住了，不惜动用政府资源，想着法子要折磨他，甚至想将他驱逐出荆楚大地。于是在万历二十四年（1596）发生了湖广按察司佥事史旌贤扬言要以"大坏风化"的罪名把李贽逐出麻城。

耿李黄安短暂晤面后，李贽再返龙湖。著书之余，开讲布道，随听者众。此时，一位日后一直陪伴李贽暮年的门生汪本钶来到龙湖从学李贽。汪本钶，字鼎甫，安徽新安人。据他日后回忆：

> 钶甲午年始见师于龙湖。钶少慕仙术，意师为神仙中人，及见师，乃知师非养生者。厥后师语钶曰："丈夫生于天地间，太上出世为真佛，其次不失为功名之士。若令当世无功，万

世无名，养此狗命在世何益？不如死矣。"留钶读书龙湖三月，日课举子业，夜谈《易》一卦，此时钶尚懵懵也。

沈铁《李卓吾传》记载：

载贽抵麻城，卜居龙湖寺中。鸠率好义者，大修佛殿，饰如来诸祖像。日著书谈道，听说者日益伙。间有室门女流，持斋念佛，亦受业焉。虽不躬往，订于某日某时受戒，先致篚帛；甫反，候宦女在家合掌拜，载贽在寺亦答受之。坐是喧阗郡邑。符卿周公弘禴曰："李先生学已入禅，行多诞，祸不旋踵矣！"

诚然，李贽所讲既冲破儒教的堤防，又不守释宗的绳检，其言论之新、之真、之奇致使各色人等杂集于此，就连一些持斋念佛的妇女也往来问法，李贽一律纳入课堂，甚至还将部分虔诚追随者收为弟子。公开招收女弟子一事再次成为卫道士们攻击他的把柄。新一轮的打击汹涌而来。书《与周友山》道出李贽坦然心态：

今年不死，明年不死，年年等死，等不出死，反等出祸。然祸来又不即来，等死又不即死，真令人叹尘世苦海之难逃也。可如何？但等死之人身心俱灭，筋骨已冷，虽未死，即同死人矣。若等祸者，志虑益精，德行益峻，磨之愈加而愈不可磷，涅之愈甚而愈不可淄也，是吾福也。

说来人类真是个奇怪的物种，见面惺惺相惜，抱头痛哭。刚刚分开，论战的硝烟再起。这边李贽热闹讲学，那边病榻之上的耿定向不忘著《学彖》，写《冯道论》，对"异学"和李贽进行猛烈攻击，如此敬业地反对一个人，这是需要多么大的动力啊！这封信就是在如此情形下写就的。信中除揭露外，也表达了李贽"磨之愈加而愈不可磷，涅之愈甚而愈不可淄"的战斗意志。

那些看他不惯者坐不住了，不惜动用政府资源，想着法子要折磨他，甚至想将他驱逐出荆楚大地。于是在万历二十四年（1596）发生了湖广按察司佥事史旌贤扬言要以"大坏风化"的罪名把李贽逐出麻城。

这史旌贤，何许人也，正是幕后大佬耿定向的门生，这一年的年初，新上任的他专程到黄安探望卧病在床的恩师，途径麻城，即对士大夫说："李卓吾去否？此人大坏风化，若不去，当以法治之。"面对强大的攻势，保护和支持者也大造声势，其中参与者不乏众多上层人物，这位道台方才不敢有所造次，但声势还是需要虚张一番的！李贽对恐吓置若罔闻，绝不离开麻城半步，看你奈之我何？

为了缓和紧张局势，耿定理的儿子耿克念一再来信，敦促李贽赶赴黄安以避风头。李贽连回两信予以婉拒，大意说：我本已决定要到黄安的，可转念一想，未免有瓜田李下之嫌，恐怕有人认为我是专门到黄安去求情的，所以还是决定不去了。你帮我向耿定力和耿定向转述我的意思，请他们不要责怪我就可以了。男子汉大丈夫活在世上，应当自己料理自己。我六七岁丧母，到如今已经七十岁了，始终独立度日、生活。虽然有时受到上天的保护，有时受到人们的保护，但都是不求自来的，假如要我去请求别人保护自己，即使是死也不愿这样做。通观从古到今的男子汉大丈夫都是这样，要不是因为不愿求人，我难道没有力量可以发家致富，难道没有钱财可以雇用仆人，而竟然孤单一人无依无靠，到了这种地步呢？从这里可以知道我是不恐惧死的了，可以知道我是不害怕别人的了，可以知道我是不投靠权势的了。因为人生总是只有一个死，没有两个死，只是世上人自己糊涂罢了。有名而死与无名而死哪一种好呢？前一封信已经详细告诉了你，正在容易引起嫌疑的时候，我是万不能到黄安的，我不得不这样做，即使违背了你的盛情邀请，请转告耿定力和耿定向，他们能谅解我，我就很感谢了。我认为史旌贤如果用法律来处理我是可以的，如果想要用恐吓把我赶出麻城是绝对不可以的。一个有罪的人，破坏法纪，扰乱治安，根据法律来查办，把他杀了是可以的，我假如要求饶恕，就不是我李卓吾了。假如用恐吓的手段让我到别处去，那就是让我这个坏法的人转移到别处去害人，这也太不讲人道了吧！别处的人和麻城的人有什么不一样，有什么可选择的呢？所以我可以被杀掉但不可以被赶走，我的头可以被割断而我的身体不可以被羞辱，这是确定不移的，这并不是很难明白的。

李贽在这两封信中，痛斥诽谤，揭穿阴谋，凛然声明："我可杀不可去，我头可断而我身不可辱。"一副"不畏死""不怕人""不靠势"的大无畏气概。

当此时，李贽曾书有《与马伯时》一信：

今唯有学佛是真学佛，做人是真做人便了，若犯死祸，我自出头当之，不敢避也。我此一等与世上人真不同，设有一点欺心罪过，愧死久矣，不待他人加一言也，况加以法耶！故我一生只是以法自律，复依律以治百姓，是自律最严者莫我若也。但自律虽严，而律百姓甚宽。今自律之严已七十载矣，环视大地众生，再无有一人能如我者矣，谁敢不以律处我而妄意逐我耶？朝廷之法：死有死律，军有军律，边远充军有边远充军律，口外为民有口外为民律。非军非民，只是递解回籍，则有递解回籍律；年老收赎则又有收赎律。我今只知恭奉朝廷法律也。要如律，我乃听。如律必须奏上请旨，虽有司道官，不请旨而敢自擅天子之权乎？

该信针对史旌贤意欲要借"朝廷之法"，将李贽"递解回籍"的威吓，给予有理有据的驳斥，言语之雄辩之犀利显示着李贽好斗、乐斗、善斗的决绝之心。

无奈的史旌贤又声称芝佛院的创建没有经过官方批准，理应拆毁。李贽答辩说，芝佛院的性质属于私人佛堂，其创建"又是十方尊贵大人布施俸金，盖以供佛，为国祈福者"。答辩既合情合理，再加上知名人士从中疏通，史旌贤没有再别生枝节。

而李贽则主动做了一次长途旅行，离开麻城前后约计四年。

下篇 漫游布道

一 走沁水　往大同

万历二十四年（1596）的早春二月，闻听传言的李贽先是愤慨，接着感叹人生，写下这长篇《豫约·感慨平生》自述平生。文中，李贽历数自己由于"平生不爱属人管"而与各处上司相抵触的遭遇，"受尽磨难，一生坎坷，将大地为墨，难尽写也"。还将自己的遭遇与官场政治串联起来，怒揭礼教与道学家的伪善，深情抒写了自己在艰苦处境下追求人生之道的不屈不挠的精神。

就在当权者史旌贤威胁意欲法办李贽时，闻讯的刘东星立遣子远道而来与李贽商量远走山西沁水。久居湖上的李贽原本也想出趟远门，散散心，会会友，讲讲学，论论道，著著书。但转念一想：当局欲驱我，我这一走，岂不遂愿，我李贽年近七旬，平生经历风浪何其之多，何惧这次事端。我辞官辞家，穷卧山谷，避地避世，孤孤单单，但我绝不避事惧祸，我宁受枉而死，也绝不侥幸苟活。若出境山西，不保我落下个畏惧潜逃之名，是以决未敢去。

李贽于是继续留在麻城，静候当局声称的所谓法办。

远去有避祸之嫌，近取黄安不仅无此顾虑，还有偏向虎山行之胆识。这年冬天，李贽应邀再到黄安与耿天台晤面。

"天台闻余至，亦遂喜之若狂"，李贽何其不是，都是古稀之人，有什么放不下的。两人释嫌和解，斗争了十余年的论战和平收尾了。两位老人终于释然了！

是啊！李贽舍会"未发之中"，而天台亦遂顿忘"人伦之至"。学问之道，两相舍则两相从，两相守则两相病。两舍则两忘，两忘则浑然一体。李贽有了如此之想，于是不避老，不畏寒，直走黄安会天台于山中。天台先生太了解李贽，今日，他能如此为之，实在是大度大量之举，乃至喜之若狂。

翌日，李贽携耿定理之子汝念祭扫了耿定理之墓，并作《耿楚倥先生传》，追忆交往始末，以表悼念之情。李贽此次特作有《宿天台顶》的著名诗篇，赞美了天台山的绮丽风光。诗云：

> 缥缈高台起暮秋，壮心无奈忽同游，
> 水从曹汉分荆楚，山尽中原见豫州。
> 明月三更谁共醉，朔风初动不堪留。
> 朝来云雨千峰闭，恍惚仙人在上头。

耿定向也作诗一首以慰故人。诗云：

解绶归来苦病侵，爱山时复强登临。

苍崖不改千年色，古松犹垂十亩阴。

风谷坐惊饥虎啸，霜林卧听晓猿吟。

旧游朋辈今何在，手把茱萸泪满襟。

此时两文坛巨擘，学界大佬又回归到了纯真的时代。在他们眼里，名利已是过眼烟云，只有积溢的情谊恒久不变。

耿李前嫌尽释，李贽再次以黄安为家，两位老人忆往昔，拉家常，心中没有了隔阻，敞亮话总是那么随心愉悦。这一住转眼就是来年之春。

黄安再好，李贽还有未尽的心愿，他还是要返归龙湖，著书论道。这一年的二月，七十岁的李贽从黄安回到麻城湖上之庐。

没有了往昔论战的精力之耗，心态实在平和，心静舒畅，龙湖春光一片，李贽读书著述乐在其中。这期间，他写出了《读孙武子十三篇》，并陆续撰写了若干论史之作，如《杨升庵集》《李白诗题词》《经史相为表里》等。

好山好水好清静，好读书的李贽还专作《读书乐并引》。前引中，李贽先是描述龙湖之上老而乐学之幸：

余盖有天幸焉。天幸生我目，虽古稀犹能视细书；天幸生我手，虽古稀犹能书细字。然此未为幸也。天幸生我性，平生不喜见俗人，故自壮至老，无有亲宾往来之扰，得以一意读书。天幸生我情，平生不爱近家人，故终老龙湖，幸免俯仰逼迫之苦，而又得以一意读书。然此亦未为幸也。天幸生我心眼，开卷便见人，便见其人终始之概。

然后总结了自己"读书论世"的经验。即以读书为战斗，以战斗为快乐。

> 夫读书论世，古多有之，或见皮面，或见体肤，或见血脉，或见筋骨，然至骨极矣。纵自谓能洞五脏，其实尚未刺骨也。此余之自谓得天幸者之一也。天幸生我大胆，凡昔人之所忻艳以为贤者，余多以为假，多以为迂腐不才而不切于用；其所鄙者、弃者、唾且骂者，余皆的以为可托国托家托身也。其是非大戾昔人如此，非大胆而何？此又余之自谓得天之幸者二也。有此二幸，是以老而乐学，故作《读书乐》以自乐焉。

这里李贽自信甚至自负的认为自己有识有胆，评世论史自然比一般人深刻，特别指出自己评价历史人物的是非标准大都违背了传统的是非标准。当然，由于自己异于常人的认识和评价，内心不免有知音难觅的孤寂情绪。《读书乐》诗曰：

> 天生龙湖，以待卓吾；天生卓吾，乃在龙湖。
> 龙湖卓吾，其乐何如？四时读书，不知其余。
> 读书伊何？会我者多。一与心会，自笑自歌。
> 歌吟不已，继以呼呵。恸哭呼呵，涕泗滂沱。
> 歌匪无因，书中有人；我观其人，实获我心。
> 哭匪无因，空潭无人；未见其人，实劳我心。
> 弃置莫读，束之高屋，怡性养神，辍歌送哭。
> 何必读书，然后为乐？乍闻此言，若悯不谷。

束书不观，吾何以欢？怡性养神，正在此间。

世界何窄，方册何宽！千圣万贤，与公何冤！

有身无家，有首无发，死者是身，朽者为骨。

此独不朽，愿与偕殁，倚啸丛中，声震林鹊。

歌哭相从，其乐无穷，寸阴可惜，曷敢从容！

　　诗成，李贽抄就了一份给袁宗道，袁随即作《书读书乐后》予回应，表达对卓吾老的钦佩之情。"龙湖老子手如铁，信手讦驳写不辍。纵横圆转轻古人，迁也无笔仪无舌。一语能寒泉下胆，片言堪肉夜台骨。……莫道世无赏音人，袁也宝之胜琼玖。"

　　就在李贽乐在其中的时候，麻城再次传出当局以"男女混杂"为由，意欲将李贽"递解回籍"以"正风化"的消息。原来，李贽公然招收女弟子为徒，尤其与澹然、澄然等书信往来谈佛论道，史旌贤便借机再兴风浪，放出风声，一方面恐吓李贽，另一方面也是暗自观察李贽的反应，再做出进一步的举动。

　　李贽向无隐忍之心，尤其对于敌对人物更是睚眦必报。听闻有人扬言为了"正风化"要把自己押送回原籍，几近出离愤怒，在《与周友山》信件中，李贽将一腔控诉倾倒出来。他说：老子我住在距离县城三十多里的龙湖，长年不曾接见一人，这些人可知道我一个老人完全靠募化斋饭以维持生计，整日读书以待死期的临近，对社会风化有何损害！他们这些"正风化"的人，才是真正大坏风化的人。我一出家人，走到哪里，兴致已尽自然离开，难道我的离开都是因为不合而已。现在我和他们针锋相对，若不离开，就是赖皮无耻。缘尽之时，我会选择自信离开，无需驱逐更不必押解。但是，我要是不愿意去，任凭什么恐吓也不能奈之我何。为什么呢？因为我已经老了，死期几近，不想再奔波，有什么理由要把我押送回原籍呢！我"心上无邪，身上无非，形上无垢，影上无尘""不愧""不怍""堂堂之阵，正正之旗"，所以他们施展的任何"杀""打""骂"的手段我都无所畏惧。我与澹然往来信件，无非谈佛论道，澹然、善因、明因都是超出常人的大丈夫。他们认为我这里男女混杂，这是想欺骗谁呢？人生在世，想脱离各种烦恼实在是艰难。我避居山野，与鹿猪都能相处相安，为什么与这些人就无法相处相安呢？黄安不容我，有麻城容我。武昌不容我，有麻城容我，如今麻城也不容我，我真就无地容我了。我之所学出世，也在于现世的环境太苦了，这些苦中苦，无法释然，我也只能求助佛法了。

盖因真的年老体弱，七十岁这一年总是疾病日侵。趁着身体尚能支撑，心情也还不错，李贽作《豫约·感慨平生》，总结自己一生的经历。

文中，李贽细致嘱咐后事，还不忘对一些女弟子多加褒奖。

……善因等人若听说我死了，必定派人来芝佛院探望。这些女子都是很聪明难得的人，就说善因吧，她一个人统管着数处家产，大小事物都料理得井井有条。凭着大儿媳妇的身份，抚养起几个小姑，还给她们合乎礼法地办了婚事。不仅小姑们没有闲言碎语，还很得她们的热心，如果不是善因性情温和，真心孝敬父母，友爱弟妹，怎能这样呢？我听说她的才力见识很不寻常，可善因则认为自己并没有什么特殊的地方。她经常到绣佛精舍，同妹妹澹然一起深心研讨佛理，非等有一天修炼得到正果才算达到目的。所以，我尤其真心敬重她。……

李贽接着郑重其事地澄清自己出家的初衷，即"一辈子不愿意受人管束"，所以，宁愿四处漂泊，而选择落发出家也是漂泊的方式之一。
且对自己后半生的身份有了一个明确的自我界定，即"流寓客子"：

> ……我出家实在是大有不得已的原因，并不是认为出家
> 是好事才出家，也不是觉得非出家才能研讨佛理，修炼得道
> 才出家。在家里就不能研讨佛理、修炼得道吗？但我为什么
> 一定要出家呢？因为我一辈子不愿意受人管束。人一出世，
> 就要受人管束了。小时不必说了，童年从师时也不必说了；长
> 大了进入县府学堂，就得受老师和提学道的长官的管束了；进
> 入仕途做了官，就又要受上级官员的管束；辞官回家，就又
> 要受家乡县、府官员的管束。迎来送往，送礼设宴，给官员
> 贺寿贺喜。稍有不慎，官员就不高兴，灾祸就马上降临到身
> 上了。这种种管束到死也不会终结，死后被埋入地下那就被
> 管得更苦了。因此，我宁可四处漂流，也不愿意回家。我访
> 朋友求知己的心愿虽然很急切，但料想普天下没有真正理解
> 我的人。只以不愿被人管这件事说，我辞了官，又不回老家，
> 这本是我的真心实意，只因为一般人难以相信，所以，我也
> 一向不肯对别人讲。然而，出家遨游，在所游之地仍然会受
> 当地府县官员的管束。所以当邓鼎石来任麻城知县时，我虽
> 然不敢轻易走进县衙，而邓鼎石给我发来请柬时，我哪里能
> 不回他以名片呢！但是，名片上不宜写"侍生"，写"侍生"
> 把自己抬高了；又不宜写"治生"，写"治生"又太受束缚。
> 思考再三，还是写"流寓客子"比较合适。古往今来时时有
> 流寓的人，看现在的地方志上，记述有名望的官吏之后一定
> 接着记载流寓在本地的名人。所谓"名宦"，指的是贤德的地

方官；所谓"流寓"，是指有贤德而隐居的知名人士。一个地方有好官吏，就必定有隐居的贤者，如果被列到地方志的"流寓"一类中去，那就和"名宦"一样地被称作贤者了。官吏必须有名望，地方志上才记载他，没有名望就不会被记载，所以称作"名宦"。至于"流寓"中被记载的人，不用问就知道一定是贤者，因此地方志上只写作"流寓"，世上没有不是才德出众却能流寓在外的。朱熹是婺源人，而最终流寓在福建延平；苏轼、苏辙兄弟都是四川眉州人，却一个葬在河南郏县，一个葬在河南许州。还不只这些，邵雍是河北范阳人，司马光是陕州夏县人，他们终身流寓洛阳，这同白居易本是山西太原人，而最后流寓洛阳是一样的了。谁也不会认为不是大圣大贤的人却能走到哪里，就在哪里安住呢？因此，地方志上列入流寓的人不用问就知道一定是贤者。我在名片上既写"流寓"，又写"客子"，岂不太累赘了吗？不然，因为离家到外地定居，不是在那里盖房住下，就是在那里种地谋生，要想不受地方官的管束那是不可能的。所以同时又称"客子"，人家便知我只是暂旅居在此，不是永远安家定居，就如同司马光和邵雍一类的人一样。离开或居住多长时间，都不知道，县令想以地方官身份监管，也是做不到的。既然地方官不能监管我，他们虽然尊贵，又哪里能管束得了我呢？所以，一同写下这"流寓客子"四字，我在此作客的意思和不属管束的意思就表达得清楚明白了，然而，还终不如落发出家更痛快的了。落了发即使是麻城本地人也可以不再受地方官的管束了，更何况我这个外省的人呢！有人说："既然如此，那你可以回家落发，又何必一定要在麻城落发呢？"唉！我在麻城落发，还是很费了一番思考的，而后才剃去了头发。……

然后，细致陈述了自己的辛酸过往以及如此选择的缘由，也算是对自己和公众做个交代和说明：

　　……我虽然不愿受人管束，可我遭遇的事故还是太多了。正是由于我不甘受人管束，所以一生不得志，受尽了磨难。真是把大地当墨，也难以写完。我任辉县教谕，就与县令、提学抵触；任北京太学博士，就与祭酒、司业抵触。如与国子监的祭酒秦鸣雷、陈以勤，国子监司业潘晟、吕调阳等抵触，像这样的事还很多很多。我转任礼部曹务时，就又与高仪尚书、殷士儋尚书、王希烈侍郎、万士和侍郎发生过矛盾冲突。高、殷二人都进了内阁，潘、陈、吕三人也都进了内阁。高仪以"多滥员"之名上书皇帝，淘汰了四十八名进士，打击排斥的人很多，我虽然冒犯过他，却单单得到了保全，所以高仪也算是杰出的了。最苦的是我，在南京任刑部员外郎时，却得不到尚书谢登之、大理寺卿董传策和汪宗伊的喜欢。谢登之不值一谈，汪宗伊和董传策都是正派人，本不应和我抵触。可是这两个人都急于建功扬名，品行并不比他人纯洁，却觉得自己的贤德超过别人十倍，我怎么和他们不发生冲突呢？又最苦的是碰到了尚书赵锦，他是个有名的道学家，谁知在道学方面越有名，我跟他冲突得就越厉害。最后，我任姚安知府期间，就又与巡抚王凝抵触，与守道骆问礼抵触。王凝本来就是个品格低下的人，不值得说了。骆问礼和我相互很了解，他被人称为很有才能，品行也好，学问渊博，而且实干，但是我终于免不了和他抵触，这是为什么呢？因为他对下属和老百姓过于苛刻严厉，因此，就不免发生了冲突。他起初认为我廉洁清贫，因而敬重我，末后反而觉得我无能而有意加害我。他只知自己，不顾别人，古往今来号称为"大贤君子"的，大都是这样。记得我曾苦苦地劝告骆问礼："云南地处边疆，少数民族杂居，法律很难全部执行。一天天地过日子，与当地军民共享安宁就可以了。在此地做官，没有家眷难以久居；从万里以外艰难地带家眷来，难免有一天又很狼狈地离开。你尤其不能不设身处地地为他们想一想。他们只要在某一方面有所作为，就算是好的了，怎么能样样求全！只要没人向你告发有事，你就装聋作哑，哪里用得着去细问。所谓廉洁谨慎，敢作敢为，这些品德只能用来要求自己，不能过严地要求别人。如果对别人过于苛责，那么自己的清正贤能也算不得美德了，何况所有的事情也只该如此对待呢！"唉唉！谁知我竟因此跟骆问礼发生了矛盾呢！虽然我和骆问礼有矛盾，若要我推荐人才时，还是首先推荐骆问礼。这就是我生平的大致情况。我上不能像历史上的东方朔那样在官中避世全身，以帝王为朋友，忍气吞声，把为官当儿戏，以滑稽调笑取得上司的欢心；再往上又不能像东汉时的胡广那样低声下气，中庸避害，又不能像南朝梁、陈时的江总那样献殷勤，也不能像五代十国时的冯道那样明哲保身。我贪图俸禄去做官，可又不能忍受耻辱，在官场这个艰险的境地能够免于伤害，也算是天幸了。我现在已经老了，想想处世的谋略，落发出家，也不是上策，这些你们哪里懂

得呢！……①

万历二十四年（1596）的早春二月，闻听传言的李贽先是愤慨，接着感叹人生，写下这长篇《豫约·感慨平生》自述平生。文中，李贽历数自己由于"平生不爱属人管"而与各处上司相抵触的遭遇，"受尽磨难，一生坎坷，将大地为墨，难尽写也"。还将自己的遭遇与官场政治串联起来，怒揭礼教与道学家的伪善，深情抒写了自己在艰苦处境下追求人生之道的不屈不挠的精神。"潦倒哀鸣"，"言之不顾"，"真情实意"，"心哀是真哀也"。文辞深切感人。

李贽十分看中自己书写的这篇长文，曾在《与周友山》中说："诸侍者恐我老而卒急即世，祸及之，因有《豫说戒约》数条，不觉遂至二十余叶。虽只豫为诸侍说约，而末遂并及余之平生，后人欲见李卓老者，即此可当年谱矣。"还曾在《与方切庵》中说："《豫约》真可读，读之便泪流，老子于此千百世不得磨灭矣。"

就在李贽感慨平生往事，感叹人生的时候，弟子汪本钶接得家书，敦促其赶回参加科考。临别，李贽拟就荐书一封《与潘雪松》让其随身带去。大意是夸赞汪本钶"会读书，又肯读书。……试中当自识拔，不劳公汇荐，但劳公先容也。鼎甫沈潜朴实，似一块玉，最好雕琢……毋以酸道学灌其耳、假道学群侣汩其未雕未琢之天也"。

望着远去的弟子，李贽猛然间觉得偌大的芝佛院只有湖面上自己的影子伴着自己，以前不愿亲人、家人陪伴，不愿官场随从，如今贴身弟子归去应举，留下孑然一身的自己，好在过年以来官府再未放出任何风声，自己也想伺机出游一趟。可是虽然朋友一圈，大家各自忙碌，自己

---

① 以上几段译文出自张建业译注《焚书·续焚书》，中华书局，2011 年版，第 325—346 页。另外，全文凡是出现引用译文的多出自此书，不一一做注。特此说明。

也不好前往叨扰。山间湖上的夏季实在是凉爽，好日子不知不觉间就过去了。

转眼就是秋来。一日，寂静的芝佛院上一位远来的年轻人求见，久未见人的李贽忙招呼侍者迎进佛堂，原来礼部右侍郎任上的刘东星此时丁父忧在山西上党，一直惦记着湖上的李贽，之前当局意欲驱逐李贽时，李贽为避免逃逸之嫌，婉拒了刘东星的邀请。现在，风声已过，刘家公子用相再次前来转达父亲盛邀李贽到刘家做客的诚意。这次李贽不顾七十高龄和路途遥遥，不假思索立马应答下来。

即日，李贽就在用相和几个弟子的随同下，轻装出发，奔赴山西刘东星的老家上党沁水。当入境河南辉县时，李贽不由得想起自己初入仕途，做辉县教谕时的情境。那时年方三十出头，是何等的意气风发啊，那时也是何其困顿啊！如今，独步人生的边缘！回想几十年间，儿子、父亲、祖父、女儿、挚友、妻子一一舍己而去。留下自己一个人独自战斗，不停地打扫战场。可自己天生就是一个想清静却清静不下来的人，于是就像一把扫帚，不停地进行清扫，让内心感觉清洁，但这一扫，难免荡起许多尘埃，呛着自己。可自己就是停不下来，愈是这样，愈发想扫荡得更加干净。于是练就了一身战斗的武艺，身上也沾满了浮荡的游尘。所以，他总是喜欢沐浴，也总闻不得不洁之身的靠近，所以，这个怪老头的怪癖总是令人侧目。

千里之外的山西着实比麻城清静，秋日的暖阳甚是和煦，刘东星知道李贽过惯了山林野逸生活，特将李贽在离城百余里的坪上村刘家安置下来，安排了下人服侍日常生活，更多的时间让李贽随心所欲地打发。坪上村自然没有龙湖的山水美景，但层峦的梯状景观也别有情致，而且比之麻城，这里的乡民相当淳朴，李贽十分喜欢。刘东星热情招呼李贽，李贽也给刘东星带来了新的活力与见解，白天，李贽手不释卷，不断著述。晚间，刘东星即来得住处，与李贽探讨哲学人生，研读经典古籍，儿子用相、侄子用健也前来旁听，并尊李贽为师。问答间，彼此学问精进。

用相、用健退而录其所闻最亲切者，时日既多，积而成帙。李贽见而叹曰："是录也，乃吾二人明灯道古之实录也，宜题其由曰《明灯道古录》。"李贽在《道古录引》中说："坪上去沁百里，村居不足数十家，颇岑寂。予喜其岑寂也，亦遂留。天寒夜永，语话遂长。或时予问而晋川答，或时晋川问而予答。"《明灯道古录》涉的范围很广，但以《大学》《中庸》为主。每章谈论一个问题，有的一文到底，有的有问有答，发问人以用健、用相为多，间有晋川、怀林（李贽的弟子）的问话或述说，而以李贽的回答为主。书成，刘东星作《书道古录首》为序，曰："从此山中，历秋至春，夜夜相对。犹子用健，复夜夜入室质问《学》《庸》大义。盖先生不喜纷杂，唯终日闭门读书，每见其不释手钞写，虽新学小生不能当其勤苦也。"四年后，李贽写信给焦竑，说自己"唯有朝夕读书，手不敢释卷，笔不敢停挥，自五十六岁以至今年七十四岁，日日如是而已。关门闭户，著书甚多，不暇接人，亦不暇去教人"。

就在李贽乐在坪上的清爽夏日，万里之遥的大李贽三岁的耿定向仙逝了。李贽闻讯，当即回房闭门，整日未出。一个老人失去了一位与其论战了十余年的诤友，内心真是五味杂陈。日后再也不会出现一位这样的高人能与自己抗衡。对着西南荆楚大地，李贽默默三叩首，一行热泪流过了干枯的脸颊。整整一周，李贽没有与大家问答学业。

转眼又是一秋，弟子汪本钶听说先生暂居山西上党，也远道赶来看望，并随在身边且问学且陪侍。坪上的生活是愉悦的，重阳日，众弟子陪侍李贽登上太行山巅，李贽即作《九日坪上》诗云：

如鸟飞飞到处栖，今年九日在山西。

太行正是登高处，无菊亦应有酒携。

　平常一日，汪本钶就佛学问题请教李贽，答曰："犹有数年不死，可再晤谈。"再问："先生末后一著如何？"再答："吾当蒙利益于不知我者，得荣死诏狱，可以成就此生。"汪本钶对老师的这一回答一时没有摸得着头脑，只当是随口一说。就在汪本钶还没有回过神的时候，李贽不无欣慰地大声喝道："那时名满天下，快活，快活！"汪本钶看着老师甚是得意，还有几分企盼似的诡异笑容，猛然间有种头皮发麻的感觉，就没有再续问下去。

　北国的冬天自然是冷的，但是在刘东星的资助下，诸生的围拢下，这个冬天依然是暖洋洋的。李贽特作《至日自讼谢主翁》云：

明朝七十一，今朝是七十。

……

宛然一书生，可笑亦可爱。

……

所幸我刘友，供馈不停手。

从者五七人，素饱为日久。

如此贤主人，何愁天数九！

　日子过得舒坦，那么它消逝得就很快。这年除夕，李贽一时兴起，作《除夕道场即事》诗云：

坪上相逢意气多，至人为我饭楼那。

烧灯炽炭红如日，旅夕何愁不易过！

看似漫长的冬日在惬意中不觉就过去了。忽一日，收得京中焦竑来信，本以为是邀他赴京相会的，展信才知麻城、黄安一带有人扬言"欲杀"李贽，经焦竑一再周旋和申辩方平息。焦竑感觉山西距离北京实在太近，李贽口无遮拦的言论一旦得罪了朝中要人，虽有刘东星保护，但京中势力实在太大，很难做到万无一失。还是归得麻城，天高路远，远离旋涡。李贽遂作《与焦弱侯》曰：

> 兄所见者向年之卓吾耳，不知今日之卓吾固天渊之悬也。兄所喜者亦向日之卓吾耳，不知向日之卓吾甚是卑弱，若果以向日之卓吾为可喜，则必以今日之卓吾为可悲矣。夫向之卓吾且如彼，今日之卓吾又何以卒能如此也，此其故可知矣。人但知古亭之人时时憎我，而不知实时时成我。古人比之美疢药石，弟今实亲领之矣。
>
> 闻有欲杀我者，得兄分剖乃止。此自感德，然弟则以为生在中国而不得中国半个知我之人，反不如出塞行行，死为胡地之白骨也。兄胡必劝我复反龙湖乎？龙湖未是我死所，有胜我之友，又真能知我者，乃我死所也。嗟嗟！以邓豁渠八十之老，尚能忍死于保定慵夫之手，而不肯一食赵大洲之禾。况卓吾子哉！与其不得朋友而死，则牢狱之死，战场之死，固甘如饴也。兄何必救我也？死犹闻侠骨之香，死犹有烈士之名，岂龙湖之死所可比耶！大抵不肯死于妻孥之手者，必其决志欲死于朋友之手者也，此情理之易见者也。唯世无朋友，是以虽易见而卒不见耳。我岂贪风水之人耶！我岂坐

枯禅，图寂灭，专一为守尸鬼之人耶！何必龙湖而后可死，认定龙湖以为冢舍也！

……若如今人，一日无官则弟子离矣，一日无财则弟子散矣，心悦诚服其谁乎？非无心悦诚服之人也，无可以使人心悦诚服之师也。若果有之，我愿为之死，莫劝我回龙湖也！

焦竑的规劝反倒让李贽情绪异常激动，做了措辞强烈的"莫劝我回龙湖也！"答复！在回信中坦然承认今日之自己与往昔有天壤之别。对于耿李论战，他亦能辩证地看待，论战虽使其出走黄安，流落麻城，却也因此成就了今日之自己。当下局势严峻，但自己毫不惧死，但求死得其所！主意已定，李贽继续逗留坪上。

万历二十五年（1597），李贽已步入七十一岁的行列。春节刚过，乍暖还寒。刘东星六十寿辰，李贽这一天十分高兴，与往来宾客痛饮一番，夜作《寿刘晋川六十序》。次日，梅国桢就迫不及待地邀请李贽往大同巡抚官邸做客。李贽困居龙湖多年，此趟远行，凡遇邀约，皆欣然前往，何况梅国桢这样的故交老友。梅国桢是万历二十一年（1593）被任命为大同巡抚的。他早有邀约李贽北上大同居住的打算，只是听闻李贽在麻城愈是遭遇围攻，愈不愿避躲，也就打消了这个念头。不想李贽在风声过后却来到了山西境内，那邀到大同是必须的，李贽本也打算在沁水居留一年半载，然后去寻梅国桢的，想法赶一块儿了，李贽不得不辞别刘东星，携一众弟子随即沿着纵贯山西中部的汾河谷地，一路北上。

沿途观赏着黄土高原的独特景色，凭吊着历史上留下的种种遗迹，心有所感，就发为诗篇。途经太原，作《晋阳怀古》，批判了赵襄子只知维护君臣之礼，而不管谁为解救国家危亡而立下功劳的错误行为。路过代州的雁门关，又作《过雁门》两首，表现出对延续了二百多年的西北边患得到安定的无限感慨。翻过雁门关，来到桑干河，再作《渡桑间》。翻过山岭，渡过桑间，终于在五月间到了大同。

一到大同，李贽就写下了《初至云中》："出门只觉音声别，不审身真到白登。"一切都感到新鲜，但最感新鲜的还是他从来不曾听过的山西腔，一听到这种响亮的语音，他就更加感觉到自己是到了西北黄土高原的云中了。李贽在大同的生活也是丰富惬意的，他除了和梅国桢谈禅论道，还不时出外游览。七月十五中元节他游览了乾楼，写下了《乾楼晚眺三首》。八月，他写了《客吟四首》，其四说："乘槎欲问天，只怕冲牛斗。乘槎欲浮海，又道蛟龙吼。"

大同期间，李贽重要的工作是修订了《藏书》世纪八卷、列传六十卷，并编著了《孙子参同》十三篇。《孙子参同》是李贽为《孙子》一书所作的评注。《孙子参同》引录了《孙子》十三篇，每篇下除专收曹操为《孙子》所作的注释外，还附录了《吴子》《六韬》《司马法》等兵书的有关论述，以供参考。同时，李贽还写了序言，加了评注，借以阐明自己的思想，表现了他对军事学说的重视，对腐儒轻视军事思想的批判。如在《序》中，李贽首先引用了张鏊的一段话，肯定了张鏊的一些可贵见解。张鏊认为"文事武备，士君子分内事也"，讲军事的《七书》和儒家的《六经》一样重要。张鏊还斥责那些窃取高位而又不懂军事、无能无才的腐儒，虽然骗得了尊宠高爵，优厚俸禄，但是一遇战事，他们就手脚发抖，拍大腿，摸胡子，瞻前顾后，惊慌失措。李贽对此甚为认同。在《孙子参同·序》中还进一步用人体的手脚为喻，论证文武互相结合，紧密不可分的关系。他说：

故予尝譬之人身然。夫人身有手有足，盖皆所以奉卫此身者也。故凡目之所欲视，耳之所欲听，舌之所欲尝，身之所欲安，非手足则无从而致也，故一身而非手足，则欲饮谁与持，欲食谁与供，欲衣谁与穿，欲远行谁与到？我欲尊吾身，谁与跪拜而致恭？我欲爱吾身，谁与奔走而趋事？是文用也，固此手与足也。一旦有外侮，或欲我跌也，度不能敌，则足自能走；度能敌，则足自能与之交。或欲我搏也，度不能敌，则自能举手以相蔽；度能敌，则自能反手而推击之；是武用也，此亦手与足也，非它物也。故平居无事，则手持而足行；有所缓急，则手抵而足踢。执匕箸者此手，而执棍棒者，亦此手也；执茶挑者此手，而执刀剑者亦此手也。伸之则为掌，可以恭敬而奉将；捏之则成拳，可以敌忾而御侮。虽手足亦不自知其孰为文用而孰为武用者。

在李贽看来，文和武就像人体的手和脚，都是人体所离不开的，身体需要的各种活动，靠手与脚来完成。平时手管拿东西，脚管走路，打起架来，则手打脚踢。吃饭、喝茶、拿筷匙、茶碗的是这双手，战斗时拿棍棒、刀剑的也是这双手，就是手和脚也分不清哪是文用，哪是武用。正是从这种文武不可分离的理论出发，李贽斥责那些只知"通经学道，四六成文"而又高叫"能文不能武"的"名儒"之辈，其实是一批"文武皆废""疾痹不仁"的麻痹症患者，是"不可齿于人数"的寄生虫。

李贽的军事思想得到梅国桢的首肯和赞誉，还专邀李贽登上大同东门城楼检阅部队，并为其《孙子参同》作序。梅在《序》中说："（李贽能）注所未尽，悉以其意明之，可谓集兵家之大成，得《孙子》之神解。"

斗转星移，秋来之季。李贽从沁水到大同，已约一年光景，山西行程也告一段落。回想这一年，古稀高龄的李贽读书著述还真是不少，尤其留下了《明灯道古录》《孙子参同》两部重要著作。此外，尚有为数不少的诗、文、书信。并对《藏书》进行了修订。梅国桢视《藏书》为珍宝，专门请人将《藏书》修订稿抄录一份，并针对俗儒们的非议和责难撰序盛赞："吾友李秃翁，豪杰之士也。"李贽也以梅国桢为知己而引以为豪，特作《乾楼晚眺》诗云："愿将北流水，弹与钟子期"，"欲归犹未可，此地有知音"。

大同期间，梅国桢对李贽"供养备至"，悉心照料。在大同寓居了一段时间后，李贽见梅国桢军务繁忙，提出离开大同别往。梅国桢诚恳地挽留，李贽总算在大同与他一起共度了中秋佳节。九月初，李贽怀着感激的心情，毅然东往北京西山。这次别离，竟成这对知音好友的诀别。

二　会西山　下金陵

　　这趟水路远航，恰值春夏之交，沿岸景色盎然，李焦二人观光聊叙，读书著述。好的心情，时光也是过得飞快，不觉中，从初春到初夏，离京已两月有余，期盼中的南京已近在眼前。南京这一人文荟萃之地，也是李贽接受王学登堂入室的地方。遥想当年自己尚在壮年，精力旺盛，如今已到暮年，行动迟缓，再次回归，不免思绪澎湃。

　　又是一年登高日，辞别梅国桢，李贽辗转到达阔别二十余年的帝都。翰林院任上的焦竑虽在北京已多年，但李贽总觉得他大器晚成，十分珍惜他的仕途，非要事一般也不打扰他。临行前，李贽先行给在京的耿定力去信，托其在西山僧舍为自己觅得住所。

弟因肖川促归，遂亦凄然。重念老丈向者之恩未报，今咫尺而不一见，非情也，约以是月同发，一面容颜乃别。从此东西南北，信步行去，所至填沟壑皆不悔矣。先此奉闻。倘得近西山静僻小小僧舍一寄信宿，则旅次有归，出入无虞，指引有使，是所望于执事者，想念故人必无爽也。费已豫备，不缺。

九月九的京城西郊漫山红叶，秋高气爽，好不舒坦，李贽住进了耿定力早已安排好的西山极乐寺。洗去浮尘，即听耿定力向其告知京中好友的新近动态。当听到翰林院任上的焦竑甚得皇帝的器重，内心真诚为焦竑感到值。原来，这年本已由翰林院按照资历敲定的北闱乡试正副主考官，临到考前万历帝突然钦定焦竑为副主考官，有了万历帝的撑腰，焦竑在翰林院的地位无人能撼。焦竑也果然不负万历帝的信任，就在这一年的乡试中，他拍案钩沉出被昏庸的考官们黜落出榜的徐光启，当众断定"此名世大儒无疑也"！拔擢为头名。

李贽换得新装偕同随身弟子即登上香山，遍野的红叶，在金光的照耀下，红黄夹杂，甚为炫目。尤其当耿定力告知袁中郎不日将来西山探望，心中甚喜。随即口占《九日至极乐寺闻袁中郎且至因喜而赋》诗一首：

世道由来未可孤，百年端的是吾徒。

时逢重九花应醉，人至论心病亦苏。

老桧深枝喧暮鹊，西风落日下庭梧。

黄金台上思千里，为报中郎速进途。

面对久别重逢的京师秋景和即将到来的袁中郎，李贽非常兴奋。

李贽倾心极乐寺，刘用相陪伴神游数日而还。当此时，汪本钶复来西山寻师，李贽一把年纪，身边总是希望有年轻人的陪伴，尤其是自己喜欢的弟子追随。汪本钶的一腔热诚，李贽甚为欣慰。只是自己行将就木，不得不为弟子的前途考虑，遂问汪本钶曰："子不远千里而来，欲求何事？若只教尔举业者，则我非举业师也。"汪本钶茫然无以应。此时出世之志，默自凛凛振起一番。

秋尽冬来，冬去春回，李贽在极乐寺迎来了新的一年。新年第一天，大雪纷飞，银装素裹。随性作《元日极乐寺大雨雪》：

> 万国衣冠共一新，婆娑独占上方春。
> 谁知向阙山呼日，正是飞花极乐辰。
> 寂寂僧归云际寺，溶溶月照陇头人。
> 年来鬓发随刀落，欲脱尘劳却惹尘。

这"欲脱尘劳却惹尘"的恼人现实，与"万国衣冠共一新"的新气象却是那么的遥远！

就在李贽和本钶师徒二人还沉浸在西山极乐寺的曼妙环境中之际，京中传出焦竑因在科考中拔擢本已落榜的徐光启，遭人弹劾，谪福宁州同知。李贽闻之，淡然一笑，默念道："弱侯又要困顿了啊！"随即捎信过去劝慰道："盖祸福常相倚伏，惟至人真见倚伏之机，故宁处忧而不肯处乐。"焦竑展信见字，眉宇间舒展了许多。

焦竑旋即回信相约来年开春沿京杭运河连舟南下，返归南京静心修养。美好的等待很快成为现实。这一年的三月，西山漫山杜鹃，李贽、本钶师徒畅游山野，好不尽兴。

转眼已到约期，李贽不得不离开快意的西山。再见焦竑，二人虽兴奋不已，但都太过熟悉彼此，一切都在不惊之中。舟中聊叙，时而饮酒时而茗茶，该说的不该说的都可以快意出口。舟上连日，焦竑嗜睡，李贽一人闲适，睡前示李贽予郭伯象《暌车志》，李贽读来很是入迷，一路上也居然选录中若干精品，汇为一编。

说来李贽离开官场，客寓各地，除去游走，偶尔接待访客外，多闭户独坐，少与世接，但唯读书尔。多数时间都用来读书写作了，业已形成一种习惯，舟行数日，同船数人皆困顿，摇摇晃晃中，睡去，醒来；醒来，睡去。李贽无甚倦意，携带的书读的差不多了，见众人皆睡，正是自己清醒清静时，于是在本钶的服侍下，不时展卷记录随行感触。数日后一本《老人行》竟然成书。《老人行叙》中回顾了半生流落和著述的生活：

> 老人之遁迹于龙湖也，亦多年矣，舍而北游，得无非计乎？何其愈老而愈不惮劳也？夫老人之本心，其大较可知也。大较余之初心，不是欲人成佛，便是欲人念佛耳，而人多不信，可如何！或信矣。而众魔复害之，使之卒不敢信，可如何！因而谤佛沸腾，忧患丛生，终岁闭户而终岁御寇有由也，余虽不欲卒老于行旧，又可得耶？

> 余是以足迹所至，仍复闭户独坐，不敢与世交接。既不与世接，则但有读书耳。故或讽诵以适意，而意有所拂则书之。或俯仰以致慨，而所慨勃勃则书之。故至坪上，则有《道古录》四十二章书；至云中，则有《孙子参同》十三篇书；至西山极乐僧舍，则有《净土诀》三卷书。随手辄书，随书辄梓，不能禁也。又有《坡公年谱》并《后录》三卷，陈正甫约

以七八月余到金陵来索。又有《藏书》《世纪》八卷，《列传》六十卷，在塞上日，余又再加修订，到极乐即付焦弱侯校阅，托为叙引以传矣。今幸偕弱侯联舟南迈，舟中无事，又喜朋盍，不复为闭户计矣，括囊底，复得遗草，汇为二册，而题曰《老人行》，不亦宜欤！

……

虽然，百世之下，倘有见是书而出涕者，坚其志无忧群魔，强其骨无惧患害，终始不惑，圣域立跻，如肇法师所谓"将头临白刃，一似斩春风"，吾夫子所谓"有杀身以成仁"者，则所著之书犹能感通于百世之下，未可知也。则此老行也，亦岂可遂谓之徒然也乎哉！

李贽习惯了奔波的人生，即使有挚友陪伴的旅途，也不忘借闲暇时光不停著述。当然，著述中不但可以窥见李贽勤奋的精神、对真理的执着追求，也可以感受到他对世俗的不屈抗争。

一路南行，待到得邳县境内，时任国子监祭酒的朱国祯闻讯李贽途径邳县，放下手中一切事务，终于于行舟中与卓吾晤得一面，详情不表。只是在他的《涌幢小品》中，对李贽予以这样的评论：

精悍人也，自有可取处。读其书，每至辩穷，辄曰：吾为上上人说法。呜呼，上上人矣，更容说法耶？此法一说，何所不至。……今日士风猖狂，实开于此。全不读《四书》本经，而李氏《藏书》《焚书》，人挟一册，以为奇货。坏人心，伤风化，天下之祸，未知所终也。李氏诸书，有主意人看他，尽足相发，开心胸；没主意人看他，定然流于小人无忌惮。

继续南下，经仪征时，与袁中道相会，同游天宁寺。一路过去，虽然尽量避免迎来送往，但是途经各地，总有一些故交旧友或登船拜访，或接到馆舍聊叙一番，一般的慕名投奔者都被李贽和焦竑以各种理由搪塞不见。

这趟水路远航，恰值春夏之交，沿岸景色盎然，李焦二人观光聊叙，读书著述。好的心情，时光也是过得飞快，不觉中，从初春到初夏，离京已两月有余，期盼中的南京已近在眼前。

李贽的思绪不由得回到了三四十年前自己初到南京时的情形。南京这一人文荟萃之地，也是自己接受王学登堂入室的地方。遥想当年自己尚在壮年，精力旺盛，如今已到暮年，行动迟缓，再次回归，不免思绪澎湃。就在李贽还在沉思之际，焦府早就派人来得码头迎接，一声长呼，惊醒过来，李贽与焦竑在几个随从和仆人的簇拥下，一行人说笑间已到庭院。这焦家处所居于城里的北门桥豆巷，自焦竑高中状元郎后，豆巷里人以其名显，故更名为"焦状元巷"。焦府内设园林，名曰澹园。

早已接到家书的焦府故旧，将焦竑、李贽的住宿安排得有条不紊。就此安顿下来，旅途的劳顿仅在一夜之后即恢复的神清气爽。

第二日，天刚放亮，仆人即来汇报李贽新居的工期进展。原来，在北京时，焦竑就已提前为李贽设想了来到南京的安置问题。他心知肚明，卓吾今日不再是当年入住焦府时那个初入道场的官府小吏。作为有争议的名人，到哪里，哪里就会有两个团体，一者是拥护推崇者，一者是想方设法驱逐甚或赶尽杀绝者。而焦府又处在闹市，李贽常居于此，定会成为敌对者眼中的沙子，李贽的安全问题不得不成为自己要担心的头等大事。与焦竑有同样顾虑的还有陶望龄，焦竑还未到宁，陶望龄的书信已先期到达南京，焦竑展信默读：

世上眼珠小，不能容人。况南京尤声利之场，中间大儒老学，崇正辟异，以世教自任者尤多，恐安放卓老不下，丈须善为之计。弟意牛头、摄山诸处，去城稍远，每处住几次，意厌倦时，辄易一处，无令山神野鬼，得知踪迹，则卓老自然得安，或不遂兴归思也。

有道是有心人所见略同。其实，早在南行之前，焦竑即书信先行，让府上人选在郊外环境清幽处，新建精舍专为李贽久居而用，一来避开事端，二来难得清静，可以与好友聊叙著述甚好。这样也免除了李贽寄人篱下的尴尬处境，也符合焦竑可与之长期共处的夙愿，更是免除了他有意返归麻城龙湖的危险之地。这样读罢信件，焦竑为自己与望龄的缜密想法自叹一番，如此甚好，焦竑心中也为自己如此打算安心了许多。

早餐之后，在仆人的带领下，焦李二人来得施工现场，这里有山有水，鸟鸣虫叫，颇有出得樊笼之感。整个院落施工已完成大半，主屋也封顶在即。二人驻足查看，李贽甚是满意，焦竑也便心安。

返归途中，焦李二人刻意折到定林庵。定林庵的住持原是二人的故交定林，只是先行离世已十余年。来得寺庙，丛林掩映，十年前定林初建此庵，周边环境清幽，院内树木还仅近人身之高，如今已长为蔽日遮云之木。定林故去后，焦竑安排家人捐助庙内诸僧，如今香火不断。二人祭拜定林一番后，返回府上。

话说焦李二位学界巨擘一时同回白下，慕名而来者，忌恨诽谤者都在择机来得府上，面见二人，实现各自心愿。这些都在预见中，所以，二人常在一大早便出门避客，或于定林庵或在永庆寺聊叙读书著述，会见他们愿意见面的各路人物。诚如陶望龄来信所言，二人择城内郊外数处幽僻地隐居，厌倦一处，便移居他处。李贽倒不是对任何非难之人惧怕，而是想先静静，前面从麻城一路北上，如今又一路南下，略有疲态。所以，在精舍落成前，为免更多不必要的骚扰，李贽在焦竑的安排下，入住永庆寺伽蓝殿。为显心志，李贽还专门书写了一副对联贴于殿门两侧：

少作书生，未见升堂入室；

老为庙祝，粗知扫地焚香。

一段时间后，又去城南牛首山暂居，后又移居栖霞山落脚。

辗转数载，修订数次，终于在万历二十七年（1599），《藏书》在南京刻印出版，一时"海内是非之口纷如"。"藏书"意为有干时议，必须藏之名山。李贽对这部书自视甚高，称之"万世治平之书，经筵当以进读，科场当以选士，非漫然也"，并且预言"千百世后"，此书必行。

果然狂士之梦也！

三 白下客 同宣道

就在杨起元死后第三年，万历三十年（1602）二月，李贽终于"法网难逃"，被万历帝以"敢倡乱道，惑世诬民"的罪名命令有司"严拿治罪"，同年三月中，他在狱中自杀身亡。

李贽是一个精力旺盛的人，蛰居一段时日后，他已不安于这种避世状态。于是，在南京城内高台上、院落中、厅堂内不时闪现李贽开讲的身影。如此，很快就吸引了南京地区的大批士人学子，在社会上刮起一阵旋风。

沈铁《李卓吾传》记述了当时的情形："载贽再往白门，而焦竑以翰林家居，寻访旧盟，南都士更靡然向之。登坛说法，倾动大江南北。"引起这样的轰动，最主要的原因当然是李贽本人学术观点的大胆新颖及其人格魅力的超凡独特，而杨起元、焦竑等志同道合者的鼎力相助，也是不可忽视的因素。

话说自阳明倡"致良知"学说后，其学风行天下。嘉隆期，随着阳明后学在传承中的不断发挥流衍，团派内部出现分化，其中王艮、罗汝芳一脉的"泰州后学"群体，尤为引人瞩目。黄宗羲在《明儒学案·泰州学案序》里感言："泰州之后，其人多能以赤手缚龙蛇，传至颜山农、何心隐一派，遂复非名教之所能羁络矣。"一股融合儒释、亦儒亦禅的思潮在晚明社会风靡一时，而"泰州后学"群体中的不少思想家，如何心隐、李贽、焦竑、陶望龄、杨起元等，则是这股被后人称为"狂禅思潮"的代表人物。时人称："唐宋以来，未有以天子并尊三教之宗，著为甲令者，而自我圣祖始。开国二百余年，亦未有以儒生阐圣祖之大，贯二氏于儒道中者，而自愚与杨少宰贞复子始矣。贞复盖圆之以圆宗，而愚兼方之以矩。"杨起元（1547—1599），字贞复，号复所。广东归善（今惠州）人，万历五年（1577）进士，人称"岭南夫子"。历任编修、国子监司业、国子监祭酒、南京礼部右侍郎、南京吏部右侍郎、礼部尚书事等职。

这次白下讲学李贽有个搭伴，此人就是时任南京吏部右侍郎的"岭南夫子"杨起元，追溯杨起元与李贽的交谊还得从罗汝芳的逝世说起。起元尊汝芳为师以理学著称，汝芳视起元为可传衣钵之人。万历十六年（1588），杨起元于福建主持乡试。也就是在这一年的八月，罗汝芳突染风寒，卧病在床，不日尽致病危，料见自己时日不多的罗汝芳遂对外甥黎允儒说："贞复典试在闽，吾欲与语，子试往讯之。"

彼时，完成乡试公务的杨起元已请假便道回惠州探亲。消息传来，即刻启程驰至盱江，方知恩师已于九月二日坐化。未能与老师见上这最后一面，杨起元"恸哭于位"撰文致祭。在场的罗氏亲属和众多弟子，一致要求杨起元为罗汝芳撰写墓志铭。杨起元认为兹事重大，"自愧疏浅不任"。众同门则坚持"子宜知师，子宜铭师"。杨起元推托不去，遂"率尔许之，亦率尔成之"，同时语大家曰："表章第地下之文，足具大概而已。若夫立传垂世，非知己名笔不可。"就在杨起元思忖之际，一个人物闪入脑际，此人便是罗汝芳的生前好友，在理学界影响颇著，时任南京都察院右副都御史可谓德尊位高的耿定向。此人对杨起元也很赏识，视其"若在门墙者，每每不惜指教"。为罗汝芳撰写墓志的合适人选莫过此公。

大约在十月中，处理完罗汝芳的丧事后，杨起元第一件要落实的事就是前往湖北黄安谒见耿定向，报告先师逝世的消息，并请他撰写墓志铭。在耿家，杨起元邂逅了另一位理学前辈湖北麻城人周思久。原来周思久是嘉靖三十二年（1553）与罗汝芳同科进士，又曾与罗汝芳一起游历讲学南中。他同时也是耿定向的老朋友。杨起元早闻其名，一见相倾，即礼尊周思久为师。

在周思久的引荐下，同年十一月，杨起元来得麻城，专程拜会了刚刚住进芝佛寺的李贽。杨起元对李贽虽"私淑有年"，然而真正面相对，这是头一次。用杨起元后来描述的话说，就是"湖上有彻夜之坐，浮光有三日之行，合食联床，长笑浪语"。近距离地观察，"一谈一笑，一指一顾，皆足以销镕顽钝"。他确信李贽学识非凡，名不虚传，宾主的相处颇为融洽，这次龙湖聚会，杨起元面请李贽为罗汝芳的逝世写了一篇《罗近溪先生告文》。《告文》中李贽对罗的道德文章和学术成就做了高度评价，称赞罗汝芳"有柳士师之宽和，而不见其不恭；有大雄氏之慈悲，而不闻其无当。同流合污，狂简斐然；良贾深藏，难识易见。居柔处下，非乡愿也；泛爱容众，真平等也。力而至，巧而中，是以难及；大而化，圣而神，夫谁则知"。

杨起元读后深为感动，说"读祭近老文，不觉泪下长叹。盖自以世不复有知我师者，奈何茫茫宇宙之中，又有先生在焉。然亦仅仅一先生已也。犹不失为知我者希也"。他引李贽为世上难觅的知音，字里行间充满了欣慰感激之情。

杨起元与李贽的思想学术交往之门至此开启。杨起元在写给李贽的信中诚恳表示："虽然，我近师逝矣，今之能教某者，莫如我柳师暨先生，于先生而不通问，又将谁问哉。继自今当罄所欲言以质于先生，愿先生之无弃也。"在他的心目中，罗汝芳之后，李贽与周思久一样，是值得他虚心请教的老师。而李贽为不负亡友之托，对杨起元的学术动态和理论著作，也给予足够的关注和揄扬。对晚明心学影响重大的杨李学术结盟，就这样开始了。

万历十七年（1589）三月，杨起元被任命为国子监司业。这就使他从繁杂琐细的史籍编纂工作中解脱出来，能用更多的时间精力去整理、总结、宣传罗汝芳的理论成果。自此之后，杨起元公开讲学阐扬师说的学术活动愈益频密，刊发行世的学术论文日渐增多。他以罗汝芳传衣弟子的身份走向晚明心学舞台的中心，逐步形成自己的理论特色和思想风格。不妨说，从万历十七年（1589）到二十七年（1599），是杨起元理学人生最为活跃和辉煌的十年。这十年中，常见李杨结伴前行的身影。万历十八年（1590），李贽《焚书》刻成，请周思久将《焚书》转寄杨起元。杨起元在写给周思久的信中特别谈道：

> 近读李氏《焚书》，益觉此老是真休歇汉，世上难觅此人。我老师能与之相朝夕，岂非大眼界大缘分哉。起独无缘得与善，知识相近，所幸一念之明，尚知向往。不然，只得少为足，求名而已耳，何足齿也。起闻之，大开眼人，一欷一唾，皆是神解；乃至所居，一茎一块，皆是丹头。今老师倘有所闻

于此老，愿不惜示。幸甚。幸甚。

对李贽备至敬慕之意。他羡慕周思久能与李贽比邻而居，朝夕相处，因自己与李贽"知识相近"却"无缘得与善"而深感遗憾，希望能通过周思久做媒介，更多更细地了解李贽的思想观点，急切之情，溢于言表。

杨起元还委托周思久把自己的论文转交李贽过目。李贽读后大喜过望，写信向友人大力推介。例如，他就曾写信对焦竑说：

> 此间近得柳老高徒杨门生《上寿》一书，弟甚喜后辈有人，可为斯文庆，亦可为朝廷异日庆，谨以书稿奉览，俾同喜也。其所著《大人不失赤子之心》等时文，及《几希》《不贰》与《志伊学颜》三论，既系刻本，则白下自当有之，若犹未有，可烦索取观之，便见其人也。实可喜！深可喜！斯文寥寥如此，安得不令人生难得之遭乎！此人学已入信位，从此精微圆妙不难矣。幸兄达弟相慕之怀，使其肯以片言教弟，则弟虽家居，当参访万倍矣，以参访未必遇其人也。

李贽孤高傲岸，对学术思想衡鉴甚严，从不轻许别人，而在这封信中却一反往常，前头刚说了"弟甚喜后辈有人，可为斯文庆，亦可为朝廷异日庆，谨以书稿奉览，俾同喜也"。后头意犹未尽，又连说："实可喜！深可喜！斯文寥寥如此，安得不令人生难得之遭乎！此人学已入信位，从此精微圆妙不难矣。"可以说是喜形于色，不吝赞辞，对罗汝芳后继有人深为喜慰。

李贽在写给焦竑的多封信中屡次提及杨起元，并给予极高评价。称其为"大作家"，高度认同罗汝芳选择杨起元作为接班人，并特别向焦竑推介，此人可为良侣："日以深造，近溪先生之望不孤，而兄等亦得良侣矣。"

李贽刊印《焚书》，将先前写与耿定向的七封信放了进去，这无形中把耿李二人的分歧，尤其是往来论争的若干细节公之于世，很快招致耿定向及其门人激烈的回应。这一年，耿定向以户部尚书致仕家居，"闻谤，作《求儆书》。蔡弘甫序梓之，以告同志。"急红了眼的耿定向还写信向周思久投诉李贽狎妓，一度使容留和资助李贽的周思久很是为难。无疑，耿李互相揭底，也难免会影响到周李关系，而一些原本关系不很牢靠的朋友开始疏远李贽，李贽面临日益沉重的社会压力。

当此时，在京为官的杨起元获悉李贽窘境，分别写信给李贽和周思敬，试图调停耿李关系。在《寄李卓吾》的信中说：

> 湖山佳偶，足下又丧之，真造化之畸人矣。生想人寓形天地间，若与遇而俱适，则千态万状，何可胜纪。惟不求其同，而求其适，乃所以为百虑而一致也。苟不求其适而求其同，则跃冶之金也。是故达理者无是非，契真者无同异。人之见于大同中而强见其异，于本异中而强见其同。大同中强见其异者，如百姓家谓做官人吃得一斗米饭。本异中强见其同者，如病人寒发时见人皆寒。发热时见人皆热也。此皆属见耳，理中所无也。子曰：攻乎异端，斯害也已。夫无故而见其异矣，又每从而攻之，则吾之见益坚，岂不为道之害哉。见去则无异，无异则道存，此殆孔子之意与。……

"攻乎异端。斯害也已"，杨起元引孔子语来规劝李贽，认为双方各执一端相互攻讦，根本上是解决不了分歧的，反倒使认识更偏执，也会导致学术群体的分化。如此为之，"岂不为道之害"？这基本反映了杨起元尊重和包容不同观点，以及亲和包容的理性态度，他主张要"不求其同，而求其适"，不宜"于大同中而强见其异，于本异中而强见其同"。就耿李论战这一具体问题，杨起元是站在整个学术圈的立场上顾及大局，以团结为主，尽量调和。

针对杨起元的善意，李贽写给焦竑的信里亮明了自己并不认同杨起元把自己比作"孔子之所许以为善人"的态度。一边自嘲："执迷不返，已非聪明颖悟之夫；性又狷介，不能会于无方之道，真虚生浪死之徒耳。而目我为原壤，则壤之不幸可知也。"一边又坦承："惟愿诸老不以老朽弃我，俱如耿老真切教我，则未死之年，待死之身，或见天日。"李贽祈望众友勿弃，显然他还是愿意与耿定向罢战和解的。对于杨起元的善意调解，也是积极回应并持赞赏态度的。

万历二十三年（1595）十二月二十三日，李贽奔赴黄安会见耿定向，二老握手言和，表示不再公开论争和相互攻讦。李贽此举显然是接受了杨起元、焦竑等同道友人的善意与规劝，放下个人恩怨，愿"为斯道计虑"。

说来也巧。就在这一年的六月，人在惠州的杨起元被任命为北京国子监祭酒。正在赴任的途中，忽获改任南京吏部右侍郎的新命。南京吏部任上不久，又转任南京礼部右侍郎。上任伊始，奉命前往凤阳主持皇陵竣工的祭告事宜。一路北上，杨起元沿途停歇之日，即安排聚众讲学，阐扬师说，闻风慕名而来者络绎不绝，一时场面轰动，声名远扬。

一路下来，讲稿积累不少，在门生、僚属敦请下，杨起元将会讲纪要，连同此前已刻之书信和笔记等合为《证学编》付梓印行，又集罗汝芳遗言，辑刻《仁孝训》行世。杨起元一鼓作气，偕同罗门众弟子，为先师建明德罗子祠堂，并亲作《明德罗子祠堂记》，私谥罗汝芳为"明德夫子"，定时祭祀。

如此，晚明白下理学舞台上杨起元闪亮登场，不遗余力地阐扬师说。杨起元以罗汝芳传衣弟子的身份操办了这一系列活动，引起不小的震动和反响，也随即招致与罗汝芳生前就有思想分歧和门派恩怨的官员学者们的强烈反应。《四库总目提要》记载："孚远之学虽出于唐枢，然史称其笃信良知，而恶夫援良知以入佛者，故与罗汝芳、杨起元、周汝登断断相争。"这"孚远"就是时任南京兵部左侍郎的许孚远。

所谓"与杨起元、周汝登断断相争"，杨起元《道院会记》记述，万历二十五年（1597）："岁在丁酉八月十有八日，敬庵许公祖与予会同志于神乐道院，时在位者十有余人，衣冠之士百有余人，布衣之士数十人，童蒙之士亦且十人，羽士下逮舆台，俱各围绕听说。诸有问者，随各酬答。"这场论争是万历年间发生在南京的一场思想大辩论。邹元标《贞复杨公传》如此描述："时倡道南中，有浙中敬庵许公。许昔守盱江，方格不与近溪先生合，遂不能无疑于公。众以两先生议矛盾，从中掎击之。"这次南京大辩论，场面颇为壮观，争论激烈尖锐，但杨许始终保持了一个大学者应有的风度，相互尊重。只是，各自门下弟子就没有那么克制了，相互攻讦时有发生。

杨起元颇有声势地阐扬师说，除了引发思想界的大辩论外，在当时南京仕宦阶层中，那些"崇正辟异，以世教自任"的"大儒老学"，将思想同盟发展为政治同盟，他们轮番出击，正在酝酿一股反对和势必要将杨起元等人驱除出南京的势力。面对来者不善的攻击与驱逐，杨起元、周汝登一方，毫不示弱，睚眦必报，这又直接导致许孚远去职南京。一场思想论战直接演变为带有人事倾轧的政治斗争。

几乎就在同期，在湖广大地上也发生着一场类似的但声势更大的思想争斗，就是天下人皆知的耿李论战。遗憾的是，争论一方的领袖耿定向不幸中场逝世，没有了耿定向的克制和约束，门人弟子们将事态推向几近失控的态势，辩论也早已超越学术批评，进而转向政治讨伐，直至人身迫害。

所以，当李贽再次返回麻城，拟在湖上养老时，地方官及当地缙绅放出风来："此人大坏风化，若不去，当以法治之。"直接发出驱逐令并付诸行动。先行闻得风声的友人匆忙安排李贽离开麻城，由此开启了北上燕赵的漫游生活。

山西上党刘东星家，大同巡抚梅国桢家，北京西山极乐寺，然后焦竑连舟南下南京。一年三迁，居无定所，但在白下安顿下来，李贽又满血复活，享受着讲学的亢奋和追随者的拥戴，包括攻击者的诋毁。

李杨搭伴南京讲学论道中，有件趣事也需交代。话说，杨李互相推崇，杨一度建议自己的学生佘永宁（字常吉）和吴世征（字得常）问学李贽。尊师嘱，二生果然求教李贽门下。事毕，佘永宁将问学经过和李贽的言行辑录为《永庆答问》，其中记曰：

> 万历戊戌仲夏，古歙佘永宁、吴世征同游白下，问学于杨复所先生。先生谓曰：温陵李卓老今之善知识也，现寓永庆寺中，曾相见否？对曰：久从书册想见，却未请见。曰：何不亟请见？一友从傍曰：闻其不肯与人说话。先生曰：就是不说话，见见也好。又一友曰：闻其常要骂人。先生曰：他岂轻易骂人，受得他骂的方好。征因问：师见卓老有何印证？先生曰：有甚么印证？征又问：师学与卓老同异。先生曰：有甚么同异？就是有不同处也莫管他。

事毕，焦竑为《永庆答问》作序言："此编皆秃翁寻常情状，被佘常吉、吴得常两人等闲拈出。"

这一段记述，清楚地表明了杨起元对李贽的理解和支持。杨起元当时的身份是南京礼部右侍郎摄礼部尚书事、罗汝芳的衣钵传人，在官方和学界都有着很高的地位和影响力，而李贽则是一个不受官府欢迎而被迫迁居无常的民间异端思想分子。在李贽处境如此困难的时候，杨起元无视官方取态、鄙夷世俗之论，亲自向前来问学的门人弟子推许李贽，这份道德境界和理论勇气是很难得的。只能说两人都是敢于"犯众难而开今"的思想家，所以才会惺惺相惜！

如此，历史定格在万历二十六年（1598）的夏天。李贽到达南京后不久，南京学坛就出现了杨李二人"狎主道盟"的局面。二人各展所长，互为补充，设席布道，思想学术界呈现出一派蓬勃气象。对此，焦竑记叙说：

> 当是时，温陵李长者与先生（杨起元）狎主道盟。然先生如和风甘雨，无人不亲；长者如绝壁巉岩，无罅可入。二老同得法于盱江，而其风尚迥绝如此。余以为：未知学者，不可不见先生，不如此则信向靡从。既知学者，不可不见长者，不如此则情尘不尽。天生此两人，激扬一大事于留都，非偶然也。

这一年李杨两人同主讲坛、"激扬留都"，风行一时，焦竑《题杨复所先生语录》记："岭南复所杨先生倡道金陵，问学者履常满户外，二三高足弟子有契于中，辄笔其语以传。"周以典作《文懿复所杨先生传》记："虽簿书日亲，然道执体要，了无烦剧之态，益讲学不辍，受业者得片言只字，咸曰'岭南杨夫子之书'。天下士家不藏先生书，识者以为未尝学。"彼时，士人学子对杨起元思想学说的痴迷可见大概。

而李贽本身自带光环，轰动效应比起杨起元更是有过之。万历年间人的散曲家沈瓒，在其《近事丛残》里则说李贽"好为惊世骇俗之论，务反宋儒道学之说……儒释从之者几千、万人。其学以解脱直截为宗，少年高旷豪举之士多乐慕之。后学如狂，不但儒教溃防，即释宗绳检，亦多所清弃"。

曾在万历年间任首辅的朱国祯在《涌幢小品》里曾这样评价李贽讲学："最能惑人，为人所推，举国趋之若狂。"

"惊世骇俗""后学如狂""儒教溃防""最能惑人""举国趋之"，这些夸张的词汇用来形容李贽讲学之况则毫不夸张。

一时留都士子学人如痴如狂地追捧李贽、杨起元，宣讲现场信者鼎沸。

就在杨李近乎"得意忘形"的讲学时，一场反戈运动正在悄无声息地酝酿和积蓄着。南京讲学使得李贽再次成为舆论的焦点。只是这次身在官场的杨起元、焦竑成了秋后算账的靶子。

卫道士者见推崇者声势如此，不免触目惊心。他们既不能放纵这一思潮在民间的横行与存在，更不能容忍杨起元这样"位列九卿"的"国之大臣"也为这股民间思潮推波助澜。因此，他们觉得杨起元比李贽更让他们恐惧和憎恨，一场新的倒杨行动正在积蓄力量。

果然，万历二十六年（1598）中，杨起元被召为北京吏部右侍郎兼翰林院侍读学士，同年十一月，正当杨起元动身北上赴任之时，母亲郭氏在南京病逝。杨起元扶柩回乡，遵制守孝。杨起元刚刚离开南京，南京四川道御史陈煃便上疏弹劾杨起元，直言："起元伪学欺人，异端贼世。"责问："李载贽仕知府而削发为僧，楚士夫所不齿者，何至拜为师父，尽弃其学而学焉，安所称择交而友。"

与李贽的密切关系，成为陈煃攻击杨起元的重要口实。次年二月，吏部大计，杨起元因此被列入重点审查对象，虽然最后还是被留用，但被审查已是一个相当明确的警告。显然身在官场的杨起元将面临更强大的政治压力。

只是反对势力还在酝酿进一步举动的时候，一年后的九月二十日，杨起元因病逝于惠州。令人欣慰的是"上哀悼辍朝，赐祭葬如礼"。

李贽闻此噩耗，即作《杨侍郎公起元传》痛悼昔日好友：

> 平生事亲孝，与弟友，厚宗族闾党。人有过，耳不欲闻，而惟就其所善奖成之。童仆有违，亦不加鞭扑，微以意谕戒之而已。一闻罗先生之学，铭心刻骨，无须臾忘。雕一小像，出必告，反必面，岁时约同志祭奠于所居，以为常。四方之士受学者履常满户外，公随机指授，人人跃然意满去。持论以明德亲民止至善为宗，而要归于孝弟慈，谓孩提不学不虑之良心，即圣人之不思不勉；耳目手足之生生即心，愚夫愚妇之知能即圣。气禀物欲皆明德之寄寓，共睹共闻即不睹不闻之本体。大抵皆本父师之言而推衍之。闻者始而疑，中而哗以辩，久之，群然服者，以公之言取成于心，非世儒矫强义袭半途而废者比也。

传记中，李贽对杨起元的道德文章和学术思想做了如此高的评价，这些评价也可见杨起元在李贽心中的地位和分量了。

就在杨起元死后第三年，万历三十年（1602）二月，李贽终于"法网难逃"，被万历帝以"敢倡乱道，惑世诬民"的罪名命令有司"严拿治罪"，同年三月中，他在狱中自杀身亡。

随着杨、李的先后离世，东林党人对所谓"王学末流"进行了思想清算，以罗汝芳、李贽、杨起元、焦竑等人为核心的泰州学派所掀起的"异端思潮"受到扼制，逐渐消退。存世的焦竑被加上"浮躁"的评语，降薪降职，被迫辞官归里。

直至满清贵族"代明而兴"，杨起元的学术思想仍然被视为"变乱先儒，流毒且及经义"，长期受到儒家卫道者的严厉批判和禁制，杨起元的主要著作都被《四库全书》列为禁毁书目，消失在历史的视野中。

四

会利泰　惺相惜

当李贽面对利玛窦时，他的两面性又显现出来。在西泰面前，他对周、孔之学是持维护态度的。于其自身，他是要冲决教条化了的道德樊篱，要以个体化的感性生命成为人的存在基础。可以说，李贽的思想本身正是要将裂变了的晚明思想，推到主体性高昂的极致，是与晚明后期在思想上厌弃王学、返归朱子的动向相反的。

大明王朝在经历了开国两百余年的大一统思想后，至正德、嘉靖、万历朝，乡土中国的大地上正悄然发生着历史性的变化，海上贸易日趋繁荣，商业城市不断兴起，商品经济蓬勃发展，市民阶层聚集壮大。伴随着扑面而来的商业浪潮，社会风气也在酝酿着一场"古风渐渺"的转型。社会上文风、民风都大异于前，甚至出现对尊称了几千年的"三代圣王""至圣先师"予以无情地嘲讽和调侃的普遍现象，"非名教所能羁络"的思想家、"每出名教外"的傲诞士风应时滋生。面对来势汹涌的强势变革，明政府一方面顺势而为，这客观上促成了"抑本厚末"局面的渐趋生成；另一方面，明王朝也执拗地予以变本加厉地管控！

终于，在万历年间发出了两个振聋发聩的声音。一位就是本土反礼教斗士第一人李贽，一位是西学东渐第一人意大利传教士利玛窦。赶巧的是两位奇人、超人还过往丛密，成为不错的朋友。在中西文化交流史上第一次发生了实质性的接触。李贽在《与友人书》中讲：

> 西泰（即利玛窦）大西域人也。到中国十万余里，初航海至南天竺，始知有佛，已走四万余里矣。及抵广州南海，然后知我大明国土先有尧、舜，后有周、孔。住南海肇庆几二十载，凡我国书籍无不读，请先辈与订音释，请明于《四书》性理者解其大义，又请明于《六经》疏义者通其解说，今尽能言我此间之言，作此间之文字，行此间之仪礼，是一极标致人也。中极玲珑，外极朴实，数十人群聚喧杂，雒对各得，傍不得以其间斗之使乱。我所见人未有其比，非过亢刚过谄，非露聪明则太闷闷瞆瞆者，皆让之矣。但不知到此何为，我已经三度相会，毕竟不知到此何干也。意其欲以所学易吾周、孔之学，则又太愚，恐非是尔。

> （《续焚书》卷一）

西泰是利玛窦在中国的号，鉴于利玛窦对中国文化的接受，即"能言我此间之言，作此间之文字，行此间之仪礼"。李贽评价其为一个"极标致"的人，可谓"夷之进于中国则中国之"。然而李贽笔锋一转，"意其欲以所学易吾周、孔之学，则又太愚"。如果利玛窦欲以西学取代儒学，则又太蠢了。非常清楚，李贽肯定利玛窦，是因为他一定程度上接受了儒家文化，也就是说李贽只接受中国化了的利玛窦；而李贽否定利玛窦，顾虑的就是利玛窦是否有"变夏为夷"之意。

我们还是先来回顾一下二人"三度相会"的历程。

话说这利玛窦（1552—1610），乃意大利籍天主教耶稣会神父、传教士、学者，万历十一年（1583）来华，为天主教在中国传教的先遣者。他于澳门登陆，先是在广东肇庆、韶州、南雄等地传播天主教教义，并学习中国语文、仪礼，钻研典籍。同时广交中国士绅名流，传播西方天文、数学、地理等科技知识的同时，一心北上进京传教。西学东渐的中西文化交流第一次高潮至此掀开！

《万历野获篇》载："万历间，意大利人利玛窦到华后，中土士人受其学者遍宇内，而金陵尤甚。盖天主之教，自是西方一种释氏所云旁门外道，亦自奇快动人。"来华十余年，孜孜不倦传播"上帝福音"。利玛窦与彼时本土那些意欲彻底否定传统的"异端"士人不同，而是采取迎合心态，既批判宋明理学的荒谬，又满足了国人对西方科技新知识的渴求，这样既获得了华人的尊重，又收揽了人心，人心既服，信仰必定随之。

万历二十三年（1595）、二十六年（1598）利玛窦曾两度北上，可惜都未能如愿。

万历二十三至二十八年（1595—1600），他大部分时间是在南京。

万历二十五年（1597），他正式被任命为耶稣会中国教区第一任会长，开始主持在中国内地的传教活动。

万历二十七年（1599），逗留南京的利玛窦与于此讲学的李贽第一次碰面了。

这一年的隆冬，阴冷的秦淮河畔，在官居大理寺卿的李汝祯府，佛教高僧雪浪大师等一帮文人与利玛窦围拢在火炉边，手捧热茶，讨论有关宇宙本体、造物主等基督之道的话题，说是讨论，其实是一场辩论。火炉周围圈成两圈，约有几十人。先是雪浪大师和一帮徒子徒孙向利玛窦挑战，后者应战，略显严肃。

后面是宴会阶段，在席间展开对人性问题的辩论，显得轻松愉悦。在这帮文人中夹杂着一位其貌不扬的长者，他一直默默端坐其间，不发一言，也无甚表情，此人正是李贽。

原来，这是李汝祯有意安排的一次李贽并焦竑与利玛窦的见面会。只是事前没有知会利玛窦。李贽也是久闻岭南来了一位西方的圣人，不想自己刚到白下就听说此人滞留于南京，还想着寻找机会晤上一面，不想很快就收到李汝祯的会意之请。只是焦李来得稍晚些，大家正在热火朝天地论辩着，所以在李汝祯有意介绍二人时，李贽微微示意他不用打断，和焦竑坐在外围一侧。只是一向好为论辩的李贽，此次从始至终未发一言。即使宴会之后，也未让李汝祯"公开"自己的身份。

而就在聚会后不几天，李贽主动寻得利玛窦的住所进行了专门拜访，被描述为"不惜纡尊枉驾先来拜访利公"，这也是一次纯粹意义上的个人专访。对于此事，利玛窦也在《札记》中写道："特别是那位儒家的叛道者（李贽）。当人们得知他拜访外国神父后，都惊异不止。"

一向孤高的李贽如此作为，完全在于他先前即从朋友们那里知道了这位远从十万余里外航海而来的目深鼻高的"大西域"人，更好奇于其不但能讲汉语，写汉字，读中文，行汉礼，且带有什么自鸣钟、地球仪、三棱镜等未曾见过的稀奇古怪的东西，还有妙不可言的各种西洋乐器。更神奇的是，此人经常说些怪论，譬如"天体若鸡子（蛋），天为青，地为黄，四方上下皆有世界，如上界与下界人足正相邻，盖下界者，如蝇虫倒行屋梁上也"。"说中国有孔子，震旦圣人也，然西狩获麟时已死矣，释迦牟尼亦葱岭圣人，然双树背痛时亦死矣，安得尚有佛？""天主"也就是"上帝"，才是万民万物的创造者和主宰。中国的经典《中庸》中就说过"郊社之礼，所以事上帝也"。此人甚重交道，常以金赠人，所入甚薄而日用优渥无窘状，可能有炼金丹方。其人无妻室儿女，乃童贞其身也……总之，各种神玄之说不绝于耳。

以致一向目空一世啸傲王侯，不肯轻易晋谒达官显宦的李贽，却满怀兴趣决定登门去拜访这位异域异人。李贽对中国的传统观念是持怀疑态度的，他乐于接受任何有价值的新鲜事物和观点。他早就对中国居"四海之内"、世界中央的说法提出过质疑。他早就猜测大地是在运动。王龙溪先生也说过"天体不动，非不动也，旋转不离垣，犹枢之阖辟不离臼，夫尝有所动也"。李贽对有侠骨义胆的人更有一种同气相求的好感。

当此时，李贽访求"胜己之友"的念头再次占据了上风。

利玛窦对李贽的名声早有耳闻，知道李贽七十多岁了，熟悉中国的事情，并且是一位著名的学者，在他所属的教派中有很多信徒，也知道他在南京讲学。只是利氏结交的多是朝廷在位重臣，以期引荐得以面见皇帝，或者便于自己在这片土地上安稳生根。反倒对李贽这种近乎游儒的狂怪之士着实没有多大兴趣结识，尤其还是个不受当局待见的异见人士。当然，这样的名士屈身来访，利玛窦既大感意外，又极为高兴。

可以想象的是一身儒士打扮的利玛窦与一个僧侣装束的李贽相见、相谈甚欢。李贽赞他凡中国书籍无不读，能明于《四书》性理大义，能解说《六经》疏义。李贽的随行者或为朋友或为弟子，这些人借机对许多新鲜事物和莫名的疑问请利玛窦解答，也不乏一些刻意刁难者，想出利玛窦的洋相。有人问自鸣钟的构造，有人问乐器的名称，有人问格利高里历法与中国历法的异同，有人问利玛窦张挂在堂的《舆地山海全图》，什么五洲四大洋、经纬度、赤道等等。有人问宗教问题，如天主和圣母……数十人群聚喧杂，利玛窦却应付自如。问者自是有备而来，利玛窦应答自如且不卑不亢，非常得体。

李贽后来记述道："我所见人未有其比，非过亢则过谄，非太露聪明则太闷闷聩聩者，皆让（逊）之矣。"进而赞誉为"一极标致人也。中极玲珑，外极朴实"。这么高的评价，出自李贽之口，他对利玛窦的印象还是极好的。

利玛窦也记录了会面情形：

> 在南京城里住着一位显贵的公民，他（焦竑）原来得过学位中的最高级别，中国人认为这本身就是很高的荣誉。后来，他被罢官免职，闲居在家，养尊处优，但人们还是非常尊敬他。这个人素有我们已经提过的中国三教的领袖的声誉，他在教中威信很高。他家里还住着一位有名的和尚，此人放弃官职，削发为僧，由一名儒生变成一名拜偶像的僧侣，这在中国有教养的人中间是很不寻常的事情。他七十岁了，熟悉中国的事情，并且是一位著名的学者，在他所属的教派中有很多的信徒。

（《利玛窦中国札记》）

事实上，此际的利玛窦来华已满十六年，完全没有了"西僧"的面目，几近是以"西儒"的形象参与晚明士林活动的，从李贽《与友人书》所记对利玛窦的评价，也多称利玛窦对儒家文化的接受，因此李贽理应视利玛窦为世俗性的学者。

表面上讲，在李贽眼中，利玛窦是一个"极标致人"，但从文中可看到，这个评价不是随意给的，而完全是基于两个原因。一个原因是利玛窦的人品与聪慧，但更要的是第二个原因，即利玛窦进入中国以后，对中国文化的接受。当然不管原因是什么，李贽肯定利玛窦总是一个事实。然而李贽笔锋转而指出，如果利玛窦欲以西学取代儒学，则又太愚了。这就非常清楚地将李贽对利玛窦的整个态度反映了出来：李贽肯定利玛窦，因为利玛窦接受了儒家文化；李贽否定利玛窦，因为利玛窦欲变夏为夷。显然，囿于类型分析的立场，李贽或不能归类而只能加以搁置，或只能将他的话语摘取需要的部分来加以讨论。而无论是哪种情况，都无疑是不妥的。

对于名士李贽，利玛窦是不敢怠慢的，甫一落座，利氏即将自己的著作《交友论》赠与李贽。前文已表，李贽前来拜访利玛窦，目的依然是求得胜己之友，这可以从其后来的《与友人书》中寻绎出来。

利玛窦素知李贽在社会名流中的知名度与争议性，对李贽的情趣与志向也早已耳闻，故而，对于李贽的造访，刻意早早备好了《交友论》以书相赠。果然，投其所好，正中下怀。

礼尚往来，他们第二次相会是在李贽的住处，是利玛窦前来答拜。这一次他们谈得很久，主要关于宗教问题。利玛窦是个忠于职守的传教士，三句话不离本行，总是把话题往宣传基督教义上引。传教士努力赢得博学的名声，不是为了虚荣，是为了赢得老大自居的中国人的尊敬。他们传播西方科学知识，也只是为了由好奇心引发人们对天主教的兴趣，都是传教的铺垫。这一点利玛窦心里很明确。李贽静静地听利玛窦介绍基督的诞生，讲灵魂的救赎，不置可否，就像他二十多年前初到南京时参加的讲会一样。在还没有考虑得比较成熟之前，他是不愿提出问题进行讨论和辩驳的。

他为利玛窦的布道热情所感动，礼貌地说："你们的天主教是好的。"并拿出两把折扇，在上面题了诗，赠给利玛窦做纪念。即《赠利西泰一首》：

逍遥下北溟，迤逦向南征。
刹利标名姓，仙山纪水程。
回头十万里，举目九重城。
观国之光未？中天日正明。

这种应酬诗照例意思不大，值得注意的是首尾两句。首句将利玛窦比作展翅的鲲鹏，这个传统的赞美性意象寄寓着李贽对这位夷人的衷心敬重。末尾则很像官方对外宣传的调调，有一种天朝上邦的优越感和"爱国主义"热情，不过这后一句也并不完全反映李贽的真情实感。后来在给友人的私信中他说"毕竟不知（利氏）到此何干"，若他到中国"以其所学易吾周、孔之学，则又太愚，恐非是尔"。李贽认为利西泰所拥有的那些知识比中国的周孔之学高明，交换是不合算的。

回过头来，再说李贽在《赠利西泰》一诗中，有"刹利标名姓，仙山纪水程"之语。很明显，在李贽眼中利玛窦主要的还是类似于僧与道这些化外者的形象。既如此，则利玛窦既有的与儒家思想相异的"所学"之宗教性质，便绝无可能逃过思想极为敏锐的李贽。只是，对于这种相异于儒家思想的新学说，李贽的态度是拒斥，他强调的是，利玛窦如果想以他既有的那种具有宗教性质的思想来取代儒学，那么实在是愚蠢的念头。

但李贽在拒斥利玛窦的同时依然接纳了他，无非是于李贽看来利玛窦已然是一个儒家化了的，以及"中极玲珑，外极朴实"的人。这个人虽足以引为同道，但无助于李贽思想的推进。事实上，李贽虽然不反对儒学，这从他对周孔之学的维护态度亦可看出，但是他要冲决教条化了的道德樊篱，要以个体化的感性生命成为人的存在基础。可以说，李贽的思想本身正是要将裂变了的晚明思想，推到主体性高昂的极致，是与晚明后期在思想上厌弃王学、返归朱子的动向相反的。而利玛窦引入的天主教思想本质，正如前文所述，乃是将全部存在的依据归之于超越万物的具有意志的天主，其思想的教条性与蒙昧性较暮气沉沉的明代程朱理学，有过之而无不及。

两次面见最为李贽看重的恰不是利氏的各种新见言论，而是得手的赠书《交友论》。李贽一生追求胜己知友，也获得极大的满足，从黄安耿氏、麻城周氏、梅族、山西刘氏，到通州马族，还有南京焦家，这些人在李贽的一生中所起到的作用和受到的影响远胜于自己的本家，更别说官场的同僚。所以，对于利玛窦在《交友论》中所说"友者，乃第二我也"这样一个如此新鲜的定义，与自己以友为命的追求实在是吻合。他当即命人把《交友论》誊录数份，并加上推崇之语，分发或邮寄友朋。焦竑读来，叹曰："其言甚奇，亦甚当。"

交朋识友人之常情，而通过哪些途径寻找到真正的好友呢？对此，李贽与利玛窦二人的想法与做法几近一致。千里访友是李贽求友、交友的一大门径。

李贽曾说："访友三千里，读书万仞山。"

他还曾说："天下唯知己最难，……（吾）遍游天下，以求胜我之友。胜我方能成我，此一喜也。胜我者必能知我，此二喜也。有此二喜，故不惮弃家入楚。"

为了亲近知己益友，李贽表明即使"脚力不前，路费难办"，也要启程会友。

他还自述："行游四方，……欲以证道，所谓三上洞山，九到投子是也。"交友难，得一知己益友尤难。师友所在，道业所系，无不求之如饥渴，趋之若不及。基于这样的认识，李贽访友地点之广布，相与论学的知己益友人数之博众，实堪为身处信息发达、交通便捷的现代人引为惕厉与师法之榜样。

反观利玛窦在华活动近三十年，其间结交的朋友遍及朝野官员和士人社群。据裴化行在《利玛窦神父传》所载，利氏对于下层百姓也是以诚相待，如在肇庆传教时，西江河水泛滥，许多难民到教堂躲避，利玛窦动员紧急救助，使这些黔黎对传教士产生了好感。与李贽同属阳明后学的冯应京，在为利玛窦的《交友论》作序时这样写道："西泰子（利玛窦）间关八万里，东游于中国，为交友也。其悟交道也深，故其相求也切。""求友心切""间关万里"，这同李贽一样有着为交友而不惮远游的生命轮廓。所云"东海西海，心同理同"，成为至今传诵的名言。

要说明的是这一年，即万历二十八年（1600）的早春，一位年轻举人风尘仆仆从上海赶来南京，只为见上恩师一面。恩师者何人？焦竑也，自称弟子者，即日后编纂《农政全书》的明代大科学家徐光启。原来，早年徐光启五次参加乡试而落第。万历二十五年（1597），徐光启鼓足勇气第六次在顺天府参加乡试，成败与否，最后一搏。岂料初试卷就被初审的"房官"直接汰去了。当此时，焦竑恰为副主考，对于房官们挑选推荐的试卷甚为不满，发话下去，从"落卷"中重新挑出一些拿来重审。徐光启的试卷因此得以挽救，并受到焦竑的赏识，高中乡试第一名。徐光启遂拜焦竑为恩师。师生南京晤面，焦竑引荐徐光启与李贽认识。事实是，徐光启认识李贽的价值远没有认识另外一位西洋圣人更有历史意义。因为他日后居然与利玛窦合作译介《几何原本》，很快就有了徐光启与利玛窦具有历史意义的相识。

话说李贽与利玛窦的相会，李贽为利玛窦在晚明士林的名声营造曾作出有益的影响。方豪在《中西交通史》中赞誉利玛窦"实为明季沟通中西文化之第一人。自利氏入华，迄于乾嘉厉行禁教之时为止，中西文化之交流，蔚为巨观"。我们认为，利氏采取的有效方式是"适应中国传统文化和风俗的传教路线"，当然，此外，彼时适逢明中叶后在经济发展与政治变革呼唤下，思想文化领域所出现的"多元化趋势"。阳明心学的兴盛，李贽等早期启蒙思想的流传，还有东林学派的崇尚传统和道德节操等，这样的环境为西学的传播提供了便利的文化氛围。

至此，李贽与利玛窦在南京结为好友。一时间李贽的讲学同道纷纷从四方会聚于焦竑府第，与利氏认识、交换意见，除了满足好奇心理，也从而对西方文化有所知闻。

当然，更多的交流则是借助李、焦来进行中介传媒。曾有友人问李贽对于利玛窦人格与才识的看法，李贽言："（利氏）凡我国书籍无不读，请先辈与订音释，请明于《四书》性理者解其大义，又请明于《六经》疏义者通其解说，今尽能言我此间之言，作此间之文字，行此间之礼仪，是一极标致人也。中极玲珑，外极朴实，数十人群聚喧染，雒对各得，傍不得以其间斗之使乱。我所见人未有其比，非过亢则过谄，非露聪明则太闷闷瞆瞆者，皆让之矣。"李贽将利玛窦赞为"极标致人"，不像一般人以"夷狄"视之。李贽对利氏的积极评价，很快在社会上传开，并引起回响，例如裴化行《利玛窦神父传》即表示："他（李贽）命人抄写利玛窦的《交友论》多份，分赠在湖广的众多弟子，送时赞扬了其价值。就这样，……立即促进了在全中国传播基督教学说。"

七十多岁高龄的李贽，且身为学界风云人物的他，能以如此开放的心态，认识利玛窦并与之交往，不卑不亢，探讨学问的态度，与中国一般人"夜郎自大""闭关自守"，拒绝新思想的心态是截然不同的。

　　基于焦、李的推广与引荐，利玛窦的传教活动在南京极为顺利，《万历野获编》载："今中土士人授其（利玛窦）学者遍宇内，而金陵（南京）尤甚。……信从者众。"以致《明史》谓利氏乃"聪明特达之士，意专行教，不求禄利；其所著书，多华人所未道"。《明史》又谓士大夫"咸与晋接"，点出了利氏与晚明学界人物的密切接触。

　　阳明学派将同门之间的讲会视为其信仰与生命定位的精神倚靠。这种"以友为重"的行事作风薪火相传，这种学风体现于李贽身上尤为彰显。李贽不仅与他的同辈友人而且同他的学生之间的关系都亲如手足。以他与杨定见、深有和尚、周友山等人关系为例，他们"联臂同席十余年矣，学同术，业同方，忧乐同事……真骨血一般"。李贽与友朋之间关系之"真骨血一般"，几乎寸步不离，如影随形。

　　且看李贽与袁宏道的师徒情谊。袁氏三兄弟尊李贽为师，李贽则视"三袁"为知己朋友。李贽曾于重阳日于京郊西山极乐寺赏菊，获悉袁宏道兄弟即将到来，一时兴奋，便写了这一段"七言八句"：

> 世道由来未可孤，百年端的是吾徒。
> 时逢重九花应醉，人至论心病亦苏。
> 老桧深枝喧暮鹊，西风落日下庭梧。
> 黄金台上思千里，为报中郎速进途。

深情厚谊溢于言表。从学生袁宏道的心理来看，他对李贽可说是敬爱有加。袁宏道曾经给他同榜考中进士的好友王一鸣写过一封信，说自己生平有三次别离之苦：一次是"少时江上别一女郎"，一次是"湖上别一长老"，一次是与王一鸣之别。"湖上别一长老"指的就是李贽。可见他对李贽感情之笃。再看袁宏道《别龙湖师》八首：

其一

十日轻为别，重来未有期。

出门余泪眼，终不是男儿。

其二

惜别在今朝，车马去遥远。

一行一回首，踟蹰过板桥。

师生离别时"出门余泪眼""一行一回首"，多么感人的画面，相交之情，可想而知。

再看李贽和马经纶的情谊。马经纶在《与当道书》中说：

> 吾友为谁？李卓吾先生是也。虽吾友，实我师也。乐圣人之道，诠圣人之经；若世所梓行《易因》及《道古录》诸书，真上足以阐羲、文、孔、孟之心传，下足以绍周、邵、陈、王之嫡统者也。弟不远三千里就而问《易》，辨惑解缚，闻所未闻，四十日间，受益无量，弟不至此，真虚过一生矣。

在李贽所著的最后一本书《九正易因》中，还保存有马经纶和李贽弟子方时化、汪本钶等人的解释十条。马经纶、方时化、汪本钶都曾长期从李贽学《易经》，这十条也许就是他们在研讨中所记。李贽在自己的著作中，保留了其学生的解释，说明了他是很能虚心接纳别人意见的人，也表现了他一贯主张的"师即友""友即师"的理念。

以友为亲，尚重友谊，利玛窦也不遑多让。他在《交友论》开宗明义即说："吾友非他，即我之半，乃第二我也，故当视友如己焉。友之与我，虽有二身，二身之内，其心一而已。"罗光在《利玛窦传》即指出，利氏定居北京期间，"与他晋接的人士中，友情特别深厚的有三位大员：冯应京、李之藻、徐光启"。其中，冯应京与利氏"意气相投"，"情同胶漆"，这个论断应是契合史实的。

《明史·冯应京传》谓：冯氏"志操卓荦，学求有用，不事空言，为淮西士人之冠"。在明末士大夫社会阶层中，他与徐光启等人，一方面对现实政治与社会弊端持批判的态度，另一方面对利玛窦等传教士引进的西学抱持认识与吸收的立场，他甚至指派学生到江西、南京拜利氏为师，以研习数学。万历二十七年（1599），宦官陈奉课税湖广，只知财利之多寡，不问黎民之死生。时任监察御史的冯应京乃三次疏劾陈氏鱼肉百姓，旋遭受诬害，于万历二十九年（1601）被逮下镇抚司狱。消息传出，"三楚之民，叩阙鸣冤，哭声震地"。利玛窦久仰冯应京刚直美名，在他入狱前，立即去探访他，倾谈之间，两人建立了深挚情谊。在冯氏三年牢期中，彼此不断有书信往来，冯应京"把神父们的事情当作自己的事情，反之亦然"。冯应京与利玛窦确实已友一如，相知相惜。

利玛窦"视友如己，友己一心"的主张，同李贽"联臂同席十余年，学同术，业同方，忧乐同事，真骨血一般"的说法前后同揆。而利氏"视友如己者"可以使"病者愈"的见解，又与李氏"人（好友）至论心病亦苏"的语句，相互辉映。

于李贽看来，徒以"结交亲密"定义友谊是不足的，朋友所系之重，尤在于"亦师亦友"的感情。他比喻道："师兄常恐师弟之牵于情而不能摆脱也，则携之远出以坚固其道心；其师弟亦知师兄之真爱己也，遂同之远出而对佛以发其宏愿。"这种彼此推心置腹、至诚相与的精神，才是真正友谊的命脉。李贽自当年辞官，客黄安、麻城，自称"流寓客子"，奔走四方无非是要寻求"胜己"之友，相与论心共学。他并时时为知己难觅而苦闷："独雁虽无依，群飞尚有伴。可怜何处翁，兀坐生忧患。"他时常感叹："四海虽大，而朋友实难；豪士虽多，而好学者益鲜。"在李贽眼中，"友之即师""师之即友"，虽然师友难觅，甚至"觅而共学"之后，仍然对于学习没有帮助，还是不可因此放弃。他说："世固有终其身觅良师友，亲近善知识，而卒不得收宁止之功者，亦多有之，况未尝一日亲近善知识而遂以善知识自任，可乎！"李贽曾把自己成长的功劳归功于师友的砥砺，他说："呜呼！余今日知吾夫子矣，不吠声矣；向作矮子，至老遂为长人矣。虽余志气可取，然师友之功安可诬耶！……盖推向者友朋之心。"足见李贽对师友相与论心、共学共进的重视。

友朋之间应如何相待、共学共进？对这个问题，李贽认为朋友之间，在学习之时彼此有相互订证、提撕、督促的义务；而于学成之后，亦必须相互检视、审察，以提防对方重又退堕而终致失败。这等共学共进的过程有时必须狠下心肠，不讲情分，面质以对。李贽就曾屡屡要求朋友对他本人应该"针砭膏肓，不少假借"，不可以"粉饰遮护"，曲加掩藏。他说："我生平吃亏正在掩丑着好，掩不善以着善，堕在'小人闲居无所不至'之中，自谓人可得欺，而卒陷于自欺者。幸赖真切友朋针砭膏肓，不少假借，始乃觉悟知非。痛憾追省，渐渐发露本真，不敢以丑名介意耳。"他明白表示："曲为我掩，甚非我之所以学于友朋者也，甚非我之所以千里相求意也。"接着，李贽征引《大学》的要义说："《大学》屡言慎独则毋自欺，毋自欺则能自慊，能自慊则能诚意。能诚意则出鬼门关矣。人鬼之分，实在于此，故我终不敢掩世俗之所谓丑者，而自沈于鬼窟之下也。"他极力反对朋友间"粉饰遮护"的不实做法。

晚明学者陈继儒除了将利玛窦的《交友论》作为自己的座右铭，还大力推荐友朋同道："宜各置一通于座隅，以告世之乌合之交者。"足见利氏高举友论的观点，已引起学界的关注、省思与响应。

李贽与利玛窦的相会，构成十六世纪末中西文化交流起轫阶段中一幅至今仍闪烁着光芒的历史图景。他们彼此交换读书心得，切磋人文观念，惺惺相惜。

李贽、利玛窦初识于南京，再晤于济宁。

万历二十八年（1600）初夏，在山东济宁刘东星的衙署，李贽与利玛窦第三次会见。这年的三月，刘东星到南京将李贽接到济宁，这是后话。利玛窦乘船北上，路经济宁。他一到济宁，就向李贽投帖要求拜访。刘东星先见到利玛窦的名帖。他已听儿子刘肖川与李贽谈到利玛窦和天主教，有心见见这位西僧，仅带了一人去船上迎接。他们谈了很久，谈了什么无从知晓，只是未了，刘漕署对利玛窦说："西泰，我愿和你同上天堂！"他还向利玛窦乞要了一张"救世主像"。

漕督亲自去看洋人贡品的消息，顷刻间传得妇孺皆知，许多人跑到船边瞧热闹。利玛窦面对一群伸着脖子不停地转溜眼珠围观的人，会作何感想呢？大概没想到人们只会对"贡品"感兴趣吧？

第二天，利玛窦到漕督衙门去回拜，同李贽和刘肖川盘桓了整整一天。

李贽与利玛窦的三度相会，在他们各自的著作中都有记述。可见两人都很看重他们的交往与友谊。

由于李贽与利玛窦二人的人生观与价值观，都崇尚友伦，关切友道，因此都有"友论"的著作。李贽《焚书》与《续焚书》中有数篇"小而美"的论友道之短文；利玛窦专著《交友论》，采取简式条例格言呈现，两者的分量是不相上下的，但都能以"质"取胜，对于朋友之道的阐述与发明，颇有"取精用宏"的效果。

我们知道，李贽与利玛窦的数次相会均在利玛窦离开广东以后，这时期的利玛窦已不是以"西僧",而是以"西儒"的形象参与晚明士林之活动的,而且前文所引李贽对利玛窦的评价,也多称道利玛窦对儒家文化的接受,因此李贽理应视利玛窦为世俗性的学者。

这样,无论是接纳利玛窦,还是拒斥利玛窦,对于身为晚明思想裂变的重要体现者的李贽来说,都是毫无意义的了。因为李贽对利玛窦的拒斥,正是拒斥了利玛窦引入中国的新思想,而他对利玛窦的接纳,无非是接纳了一个儒家化了的,以及"中极玲珑,外极朴实"的人。这个人虽足以引为同道,但无助于李贽思想的推进。

当李贽面对利玛窦时,他的两面性又显现出来。在西泰面前,他对周、孔之学是持维护态度的。于其自身,他是要冲决教条化了的道德樊篱,要以个体化的感性生命成为人的存在基础,可以说,李贽的思想本身正是要将裂变了的晚明思想,推到主体性高昂的极致,是与晚明后期在思想上厌弃王学、返归朱子的动向相反的。

李贽与利玛窦虽有三面之交,前文在讨论利玛窦的《交友论》时也述及李贽为利玛窦在晚明士林的名声营造曾做出有益的影响,但利玛窦一旦意识到天主教与李贽在思想上的根本冲突,了解了李贽的思想立场,尽管这种了解极表面,利玛窦便对李贽反感了。

五 赴山东 济上翁

　　万历二十八年（1600），李贽七十四岁。河漕总督刘东星以漕务巡河到南京，接李贽去山东济宁漕署。恰好马经纶来会，同游济宁城和南池、太白楼等名胜。李贽在《与凤里》一诗中，对他在济宁的游观有清楚记述："一身漂泊，何时底定！昨为白下客，今日便为济上翁矣。"

　　一晃近乎两年。万历二十八年（1600）的春天，时任河漕总督的刘东星以漕务来得南京，漕务事小，诚邀李贽到山东济宁才是他此番真正要做的大事。其实早在年前，刘东星并其子刘用相便函邀李贽远走山东。李贽复信曰："尊公我所切切望见，公亦我所切切望见，何必指天以明也。但此时尚大寒，老人安敢出门。"李贽第一次真切地畏惧年老和身体机能的退化，而说出如此示弱的话语。

白下讲学告一段落，李贽在南京两年也有些疲倦。当时，他正在编录《阳明先生道学钞》和《阳明先生年谱》。杨起元、焦竑卷入时政后，李贽觉得白下已经容不下一张平静的书桌，尤其杨起元不幸故去后，李贽对南京已无更多依恋与眷顾。刘东星适时而来，李贽随即北上济宁。一路北上，李贽再次看到了大明王朝的山山水水和黎民百姓之生活百态。沿途，时不时看到朝廷下派的中官在各地征收矿税，一些地方甚至出现抗税而导致的骚乱和民变。李贽和刘东星感叹"天下依旧不太平！"，身在官场的刘东星只是无奈地摇摇头。

落足济宁府，刘东星安排李贽寓居在漕署。

李贽自叹："一身漂泊，何时底定！昨为白下客，今日便为济上翁矣。"

在刘的庇护下，李贽开始新一轮的安心著述。到济宁不久，上述《阳明先生道学钞》和《阳明先生年谱》两书很快进入刊印程序。《阳明先生道学钞·序》曰：

> 温陵李贽曰：余旧录有先生《年谱》，以先生书多不便携持，故取谱之繁者删之，而录其节要，庶可挟之以行游也。虽知其未妥，要以见先生之书而已。今岁庚子元日，余约方时化、汪本钶、马逢旸及山西刘用相，暂辍《易》，过吴明贡，拟定此日共适吾适，决不开口言《易》。而明贡书屋有《王先生全书》，既已开卷，如何释手？况彼己均一旅人，主者爱我，焚香煮茶，寂无人声，余不起于座，遂尽读之。于是乃敢断以先生之书为足继夫子之后，盖逆知其从读《易》来也。故余于《易》因之稿甫就，即令汪本钶校录先生《全书》，而余专一手钞《年谱》。以谱先生者，须得长康点睛手，他人不能代也。钞未三十叶，工部尚书晋川刘公以漕务巡河，直抵

江际，遣使迎余。余暂搁笔，起随使者冒雨登舟，促膝未谈，顺风扬帆，已到金山之下矣。嗟嗟！余久不见公，见公固甚喜，然使余辍案上之纸墨，废欲竟之全钞，亦终不欢耳！于是遣人为我取书。今书与谱抵济上，亦遂成矣。大参公黄与参、念东公于尚宝见其书与其谱，喜曰：阳明先生真足继夫子之后，大有功来学也。况是钞仅八卷，百十有余篇乎，可以朝夕不离，行坐与参矣。参究是钞者，事可立辨，心无不竭于艰难祸患也。何有是处上、处下、处常、处变之寂，上乘好手，宜共序而梓行之，以嘉惠后世之君子乃可。晋川公曰：然余于江陵首内阁日，承乏督两浙学政，特存其书院祠宇，不敢毁矣。

（《阳明先生道学钞》卷首）

《阳明先生年谱》成，李贽跋语曰：

余自幼倔强难化，不信道，不信仙、释，故见道人则恶，见僧则恶，见道学先生则尤恶。惟不得不假升斗之禄以为养，不容不与世俗相接而已。然拜揖公堂之外，固闭户自若也。不幸年逼四十，为友人李逢阳、徐用检所诱，告我龙溪先生语，示我阳明先生书，乃知得道真人不死，实与真佛、真仙同，虽倔强，不得不信之矣。李逢阳，号翰峰，白门人。徐用检，号鲁源，兰溪人。此两公何如人哉？世人俗眼相视，安能一一中款？今可勿论。即其能委委曲曲以全活我一个既死之人，则亦真佛真仙等矣。今翰峰之仙去久矣，而鲁源固无恙也。是春，予在济上刘晋川公署，手编《阳明年谱》自适，黄与参见而好之，即命梓行以示同好，故予因复推本而并论之耳。要以见余今者果能读先生之书，果能次先生之谱，皆徐、李二先生之力也。若知阳明先生不死，则龙溪先生不死，鲁源、翰峰二先生之群公与余也皆不死矣。谱其可以年数计耶？同是不死，同是不死真人，虽欲勿梓，焉得而勿梓！

（《阳明先生年谱后语》）

两书告成，李贽一鼓作气，继续修改《易因》。"我此处又读《易》一回，又觉有取得象者，又觉我有稍进处。可知人生一日在世未死，便有一日进益，决无有不日进之理；不有日进，便是死人。虽然，若是圣人，虽死去后与活时等，决时时进。唯时时进，故称不死底人。"（《与方伯雨》）

李贽自言读易，论易，诵易，自亦大有益也。总之，济宁漕署之地，一来刘东星悉心呵护，二来李贽少去了迎来送往和讲学布道之乱心与纷扰，一心沉潜著述，所获丰厚。

李贽到哪里，只要传出风声，很快就会有慕名而来者求见。很快，京郊通州马经伦来得济宁，告见。

马经纶何许人也？马经纶（1562—1605），字主一，号诚所，通州人。少时聪敏好学，十七岁为州庠生。万历十三年（1585）中举。万历十七年（1589）中进士，授山东肥城知县。上任伊始，即以招募代替徭役，以赋税盈余充作应缴税粮，减轻当地百姓较多负担。同时大力兴办教育，择址创建"至道书院"，亲自教授士民。任上六年，造福一方，民望遐迩。万历二十三年（1595）升任监察御史。

当是时，女真部于东北疆域虎视眈眈，蓟镇防戍兵士又发生骚乱，朝堂之上一时纷争不下。神宗迁怒于言官，一气之下降级、革职监察御史三四十人，朝野一片惶恐。

如此风云际会之际，马经纶依然不顾个人安危与仕途风险，上疏强调一味加罪言官必将"损国体""累圣明"，要万历帝优待容让言官。万历帝览疏大怒，"直言忤旨"，下旨将马经纶连降三级，并远调地方任事。天下望而震焉！不平而鸣者众，万历帝再被迁怒，下旨凡求情者一律削职为民。

言官们彻底寒心了！马经纶干脆罢官居家十载，终日杜门闭户，诵读经书史籍，但仍不忘置立义地，接济贫士。

通州起通州落，马经纶忽一日闻听李贽被刘东星邀至济宁漕署，多年不出门的马经纶决定赶赴山东结识这位声震天下的李卓吾。

李贽一生最重友情与义气，自己就是在新朋旧友的情义赞助下方成就了如今的后半生。早闻马经纶因仗义执言被神宗罢免，身为庶民仍接济贫困百姓，所以对马经纶甚为敬重。二人甫一晤面果然投缘，室内座谈叙聊显然难以满足。翌日二人便在刘东星的陪同下共游太白楼、南池、孔庙诸名胜。好山好水好风光，李贽心情大好，诗兴大发。《南池二首》《太白楼二首》等诗作随即而成。

《南池二首》云：

其一

济漯相将日暮时，此间乃有杜陵池。

三春花鸟犹堪赏，千古文章只自知。

其二

水入南池读古碑，任城为客此何时？

从前只为作诗苦，留得惊人杜甫诗。

《太白楼二首》云：

其一

世事真同水上浮，金龟好换酒家愁。

山东李白今何在，城下唯瞻太白楼。

其二

天宝年间事已非，先生不醉将安归？

当时豪气三千丈，倾国名花赠玉妃。

历次游历中，唯独济宁一趟，李贽没有公开讲学与论辩，但即使如此不事张扬，小范围内的与友朋畅游，也随即遭致非议。而最甚者实为客居山东的福建老乡谢肇淛，其作《五杂俎》记：

> 近时吾闽李贽，先仕宦至太守，而后削发为僧，又不居山寺，而遨游四方，以干权贵。人多畏其口而善待之。拥传出入，髡首坐肩舆，张黄盖，前后呵殿。余时客山东，李方客司空刘公东星之门，意气张甚，郡县大夫莫敢与均茵伏。余甚恶之，不与通。……此亦近乎人妖者矣。

当然，这点指摘于李贽毫发无损。济宁一段时间后，恰汪本钶来信催回。李贽也着实要南归了，于是决定和马经纶一道离开济宁。二人过临清，抵直沽，直到南北分界之大道方分道扬镳。二人抱拳告别，后会有期！

既已挥别，李贽一心再归南京。只是驻足遥望，顿感无力。也罢，日薄西山，就近寻着一家小店安顿下来。这一晚，李贽莫名的不安！

睡不着的他，突然感觉十分疲惫，这种感觉不是舟车劳累之乏，而是发自内心的一种何去何从的无奈。想来，自己从云南辞官年过半百到如今古稀之躯，二十年来从湖北到山西、北京、南京、山东南北奔波，自己也是累了，结识了挚友，也遭遇了恶狗劲敌，不过一切都过去了，自己的所思所想也大多通过书信和讲学或著述得以落实和传播，不管世人接受与否，喜欢还是仇视都不管他了。只是，今年以来，大病没有，但各种不要命的杂病一直不曾脱身。此番南下，南京是理想之地吗？李贽想啊想，也没个定见！迷迷糊糊半睡半醒中天空泛起了鱼肚白。

六 逐游僧 毁『淫』寺

　　李贽流寓麻城十六年，他弃官、弃家、弃发，非孔孟之道，批封建礼教，与女弟子书信论学，被视为"异端"；尤以"与耿天台往复书，累累万言，胥天下之为伪学者，莫不胆张心动，恶其害己，于是咸以为妖为幻，噪而逐之"。李贽的这些惊世骇俗之举，引起了封建官僚和理学家们的极大恐慌，而且用手中的权势对李贽进行了种种迫害。万历二十八年（1600）秋，麻城封建卫道士们造出"异端惑世""僧尼宣淫"等谣言，再一次迫害李贽并诬梅国桢家声。湖广按察司金事冯应京"以幻语闻"，"毁龙湖寺，置诸从游者法"，"逐其人，并撤其埋藏此一具老骨头之塔"。学友杨定见为李贽先行藏匿，然后避入商城县之黄檗山中。

于不断缠身的各种病痛，李贽不得不再次认病服老。一大早起来，盘坐在榻上，想来想去，一念之间觉得还是折返龙湖方心安理得，生死有命，心想龙湖就是自己的葬身之地。

坐言起行，历经月余，走走停停，一来李贽确实身体欠安，二来也是为了放松心情，沿途美景也略使他减轻了不少病痛之灾。

阔别几年再回龙湖，李贽甚为感慨。安落下来，于是在《与友人》中写下了自己的两个主要心愿：

今年病多，以病多，故归来就塔，既到塔所，病亦旋愈，愈又复病。大抵人老风烛春寒，自然不久。方病时，百念灰冷。唯知安坐以须时，然一愈则种种又生发，可知千古圣贤亦无奈此心何矣。……

计今所至切者唯有两事：一者自老拙寄身山寺，今且二十余年，而未尝有一毫补于出家儿，反费彼等辛勤服侍，驱驰万里之苦。心欲因其日诵《法华》，即于所诵经品为之讲究大义，而说过亦恐易忘。次欲为之书其先辈解注之近理者，逐品详明，抄录出来，使之时时观玩，则久久可明此经大旨矣。又将先辈好诗好偈各各集出，又将仙家好诗、儒家通禅好诗堪以劝戒。堪以起发人眼目心志者，备细抄录，今亦稍得三百余纸。再得几时尽数选出，俾每夕严寒或月窗风檐之下长歌数首，积久而富，不但心地开明，即令心地不明，胸中有数百篇文字，口头有十万首诗书，亦足以惊世而骇俗，不谬为服侍李老子一二十年也。此则余心之独切者，恐其一旦遂死，不能成，竟抱一生素饱之恨。此是余一种牵肠债也。

又三年南都所刻《易因》，虽焦公以为精当，然余心实未了。……故余仍于每日之暇，熟读一卦两卦；时时读之，时时有未妥，则时时当自知，今又已改正十二卦矣。此非一两年之力，决难停妥，是以未甘即死也。尚期了此二事乃死，故我心中真无一刻之暇，岂亦不知老之将至者耶！笑笑！非假非假！了此二件，则吾死瞑目矣。

李贽探病服老之心戚戚然！自感死期未到，尚有未尽人情、心愿诸事之牵挂，还需继续好好地活下去，战斗下去。

重回湖上，受到热烈欢迎。其实，自从李贽远走，芝佛院顿觉清冷。徒子徒孙们才真切体会到先前旺盛的香火和李贽是有紧密关联的。在以前，他们甚至根本不在乎这些可以忽略的零散香火。李贽一封信，或者一个贵人的到来，寺庙半年乃至一年的温饱就无忧了。所以，李贽归来，于芝佛寺来说是无尚的利好和荣耀。当然，李贽曾于此修建时用心无数，此番归来也不觉陌生，此前游走南北，虽然处处受到礼遇和周全接待，但只有回到这龙湖之上，李贽才会那样平静和安宁。远望龙湖，李贽觉得自己以后无论再到哪里，终究要回到这里。

一次历时四年的长途招摇之旅归来了。

话说招摇，主要在于，他北上山西造访刘东星，再入京逍遥西山，登上长城。又买舟南下陪都，刊印《焚书》，又折上山东，再折返麻城。如此过市之行，自是引起一向对其不待见的一众人等的痛心疾首。那是后话，就李贽自己来说，这次千里迢迢归来，身心俱疲，他真的准备歇歇了。

四年前李贽远走，麻城中反感李贽者终于松懈了一口气，顿觉清静。他们已经习惯了波澜不惊的生活。当然，他们也早已耳闻李贽这些年在外如鱼得水，招摇逍遥，好不自在。心中难免各种不快，但好在不在自己的一亩三分地界，尚可容忍。万万没有想到的是，一夜间李贽居然重回麻城。

他们岂能坐视，他们开始反思。于是认为当年威胁驱赶李贽，使其出走异地。如今，累了的他居然把麻城当成故乡，甚有衣锦还乡之态。失策啊！失策啊！一帮人等不得不聚在一起密谋更为久远的驱赶策略。

终于，新的计划出炉了。他们认定：李贽无论去哪里，他在龙湖居住最久，信徒最多，又有梅家做后盾。这里环境优美，成为他选择归来的理由，要想断绝这条后路，只有两种做法。

一是将李贽彻底遣返回他真正的故乡，福建泉州。人老认祖归宗，落叶归根，人情之常。

二是捣毁龙湖芝佛院，断其念想和后路。

于是，各种风声开始放出和风传。"说法教主"的帽子扣在了李贽的头上。李贽倒也不生气，只是还是有诉说与辩驳之欲的，于是他开始写信给懂他的人。第一封就飞向焦竑。

　　"说法教主"四字真难当。生未尝说法，亦无说法处；不敢以教人为己任，而况敢以教主自任乎？唯有朝夕读书，手不敢释卷，笔不敢停挥，自五十六岁以至今年七十四岁，日日如是而已。关门闭户，著书甚多，不暇接人，亦不暇去教人。今以此四字加我，真惭愧矣！因思每郡国志有"乡贤"则必有"名宦"，又有"流寓"者，以贤人为国之宝。有乡贤可载，则载乡贤，以为一邦之重；无乡贤，则载名宦，亦足以为此邦之重；若无乡贤，又无名宦，则载流寓之贤，亦足重此邦。则如生者，虽不敢当说法之教主，独不可谓流寓之一贤乎？可与麻城之乡贤、名宦并声于后世矣，何必苦苦令归其乡也。是岂无忘宾旅与柔远人之意哉！果若是，则邵康节当复递归范阳，白乐天当复递归太原，司马光当复递归夏县，朱文公当复递归婺源，不宜卒葬于沙县之乡矣。生虽不敢上同于诸大贤，独不可比拟于诸贤之流寓乎？天下一家，何所而非乡县，恐不宜如此大分别也。且夫圣人通天下以为一身，若其人不宜居于麻城以害麻城，宁可使之居于本乡以害本乡乎？是身在此乡，便忘却彼乡之受害，仁人君子不如是也。既不宜使之说法为教主于麻城，而令其说法为教主于久去之乡县，是重他乡而藐视目前，亦又太远于人情矣！此等见识，皆生所不识，故敢与兄商之，以兄彼师也。

接着，李贽又作《答周友山》书信一封：

我因人说要拆毁湖上芝佛院，故欲即刻盖阁于后，使其便于一时好拆毁也。芝佛院是柳塘分付无念盖的，芝佛院匾是柳塘亲手题的，今接盖上院，又是十方尊贵大人布施俸金，盖以供佛，为国祈福者。今贵县说喈者不见舍半文，而暗嘱上司令其拆毁，是何贤不肖之相去远乎！我此供佛之所，名为芝佛上院，即人间之家佛堂也，非寺非庵，不待请旨敕建而后敢创也。若供佛之所亦必请旨，不系请旨则必拆毁，则必先起柳塘于九原而罪之。又今乡宦财主人家所盖重帘、画阁、斗拱诸僭拟宸居者，尽当拆毁矣，何以全不问也？

有诋毁者，就有辩白者，马经纶一马当先为之辟谣，可惜远水难灭近火。

原本大家觉得这次"剿李"活动也会像以前一样，最后不了了之。岂料，适逢湖广按察司金事冯应京这个新上任的父母官是个较真的角色儿，先是掀起一股"逐游僧，毁淫寺"的恶浪，遂下令"毁龙湖寺，置诸从游者法"的极端作为。

这里需要说说冯应京其人。

冯应京（1555—1606），字可大，号慕冈，安徽泗州人。万历二十年（1592）进士，累官至湖广监察御史。当是晚明不可多得的杰出人物之一，也是一位具有很多新思想的人物，同时还是一位对于西方基督教在中国的传播起过重要作用的人物，更是被东林党人引为同道，只因早死而未能荣登后来的"东林党人榜"的人物。他的老师正是那位曾因攻击内阁首辅张居正"不孝"而被廷杖打瘸了腿的著名的东林党人邹元标，不曾料想他却成为迫害李贽的魁首。

历史实在是有意思，可能连他自己也不曾想到事情原来是这样子的。

据《明儒学案》记载，在晚明"一切向钱看"的商业思潮下，连万历皇帝也变得无比贪婪，专派心腹太监到各地去充当税监。湖广税监陈奉"播恶楚中"，民怨载道，甚至发生多次围攻税署的暴动事件。朝廷见事态不妙，万历二十八年（1600），特派冯应京为湖广按察司金事，配合陈奉平息事件。这一年正赶上李贽重回龙湖。

甫一上任的冯应京明察暗访，不出所料，陈奉果然劣迹斑斑。冯应京一方面不动声色地捕治了不少陈奉的爪牙，另一方面将陈奉种种罪状拟为奏疏上呈万历帝。冯应京一时在湖广民众中威望大增。但就在此任上，他也干了一件坏事，就是直接导致李贽以古稀之年再次北上流亡！

或许应了那句老话，人在官场，立场想法已不同于大众，原本在思想观念上冯应京并非是正统道学家。他提倡"学求有用，不事空言"，被誉"为淮西士人之冠"。李贽则主张经世致用的"实学"，很多想法是不冲突甚至是难得的趋同。而且二人都对传教士的基督教不怀敌意，且都与利玛窦成了好朋友，帮助利玛窦宣传基督教伦理，而冯应京正是在湖广才读到了李贽传抄散发的利玛窦的《交友论》，还欣然为之作序刊刻。

但是，作为由朝廷派到地方上去任职的官员，冯应京必须依靠地方士绅的支持来维护底层秩序。而黄麻一带为数不少的官绅被李贽责骂过，作为报复，他们适时散布有关李贽的桃色新闻，说他伤风败俗。加上冯应京本来就视佛教为异端，而李贽又是一个弃官削发出家之人，这一切，激发了冯应京维护礼教、抵排异端的一腔"正气"。他实在不能容忍李贽对礼教的批判，于是便利用职务之便，策动了这起火烧芝佛院的迫害行动。

好在在好友杨定见、马经纶的帮助下，李贽得以脱身。时年七十四岁，李贽无奈再别麻城。李贽曾自我辩解地说："自五十六岁以至今年七十四岁，日日如是而已。关门闭户，著书甚多，不暇接人，亦不暇去教人。"

就在冯氏火烧芝佛院事件发生不久，龙颜震怒！或许是冯应京没有意会圣意，或许是故意曲解圣意，原本列罪上疏，法办陈奉，不想被陈奉反诬！帝尤愤怒，捕应京。人民英雄的美誉还没有来得及享受，冯应京旋即就沦为阶下囚。

因案入狱的冯应京于狱中著书，朝夕不倦。后经多方营救，终获释。自由之身的冯氏得利玛窦劝告，皈依天主教，回到如今的江苏洪泽湖畔的盱眙故里，此后仅过一年多，在万历三十四年（1606）就病死了，年仅五十二岁。

画面切回到万历二十八年（1600）的芝佛院现场：李贽闻说冯氏真

名，方想起此人曾于南京时有意拜访自己，当时讲学正热，也就没有理会，致冯应京"意其慢己，怀恨而去"。如今，落到人家手里，也只有自认倒霉。

没有想到的是，麻城地方官接令遂以"维持风化"为名，竟然指使一伙歹徒连夜火烧龙湖芝佛院，这一夜火光冲天，映照在宽广的龙湖之上，如同白昼。

关乎"维持风化"，还得提及一个人——梅澹然。

李贽一生倚靠友人，这些友人皆非等闲之辈，几近权贵名流。李贽能久居麻城，自然少不得地头人物的接洽与支持。《麻城县志·叙略》有言："麻城虽一隅，真不啻星之聚"，而这璀璨的星辰中，梅国桢是特亮的一颗。梅家于当地是数一数二的大户。彼时，家族中的代表人物梅国桢又正掌理西北军事。梅国桢有一个孀居的女儿叫梅澹然，曾拜李贽为师，家中其他女眷也随之与李贽多有接触，问学求道。他与她们往来通信，探讨学问。李贽著作中不时提及的"澹然大师""澄然""明因""善因菩萨"等，即为他对梅澹然并几位女眷的美誉。他说："梅澹然是出世丈夫，虽是女身，男子未易及之。"又说："此间澹然固奇，善因、明因等又奇，真出世丈夫也。"还为梅澹然专作《题绣佛精舍》诗一首：

> 闻说澹然此日生，澹然此日却为僧。
>
> 僧宝世间犹时有，佛宝今看绣佛灯。
>
> 可笑成男月上女，大惊小怪称奇事。
>
> 陡然不见舍利佛，男身衰隐知谁是？
>
> 我劝世人莫浪猜，绣佛精舍是天台。
>
> 天欲散花愁汝着，龙女成佛今又来！

他还把澹然比为观世音，并把和这几位女士谈论佛学的文稿刊刻，题为《观音问》。这种超越习俗的行为，自然引人侧目，但他对舆论非难或完全不予理睬，或理直气壮地予以回击。他称自己和她们的交往完全合于礼法，毫无"男女混杂"之嫌，但又写下了"山居野处，鹿麋犹以为嬉，何况人乎"这些荤话。

李贽以古稀之年书写这些诗文函件，且不断声称自己正直无邪，但是这些文字中所流露着的挑战性，无疑为流俗和舆论所不能容忍。反对者举出十余年前李贽狎妓和出入于嬬妇卧室的情节，证明他的行止不端具有一贯性。于是，"圣人之徒"皆鸣鼓而攻之。

再切回现场。第二天一大早，好奇的围观百姓捂着鼻子看到的已是烧成焦炭，拆成狼藉一片的现场。只见官府人员指挥着一帮雇用来的劳役正在捣毁李贽预建为己藏骨的塔屋，随着一声轰响，芝佛院最高建筑也是最后一个存在的塔屋被夷为平地。于百姓言，只是可惜了这么好的建筑，这么好的美景。至于孰是孰非他们是不关心的，也是关心不起的。他们只是好奇和一度猜疑这风靡一时的"妖僧"是被火烧死了还是逃跑了呢？

当然，李贽的朋友也安插了不少耳目在衙署，所以事先获知消息的杨定见早早就将李贽藏了起来。其实，麻城官署也没有当真想要烧死李贽，他们的理想结局是李贽至此远离麻城，永世不要返回，如能回到泉州就最好了。所以，一把大火后，他们继续放出风来要缉拿李贽，迫使他远走异地，越快越好！越远越好！

杨定见见风声小些，遂将李贽转避河南商城县黄檗山中。李贽此番真是见识了麻城当局对他的决绝态度。于是，一路任由杨定见安排，未曾发表任何意见和想法。

七 避黄檗 泊商城

万历二十九年（1601），李贽七十五岁。平复心情后，寓居商城黄檗山，深情回顾了自己致仕后后半生的生活经历与心态历程："余自出滇，即取道适楚，以楚之黄安有耿楚倥、周友山二君聪明好学，可借以夹持也。未逾三年而楚倥先生没，友山亦宦游中外去。余怅然无以为计，乃令人护送家眷回籍，散遣童仆依亲，只身走麻城之佛院与周柳塘先生为侣。……日夕唯僧，安饱唯僧，不觉遂二十年，全忘其地之为楚，身之为孤，人之为老，须尽白而发尽秃也。"

入得黄檗山中，避逃心态总难平息！

闭目思来：自万历十三年（1585）三月从黄安迁居麻城，至万历二十八年（1600）底避走麻城，中间虽间有外出，但心中已把麻城当作告老还乡之地，自己身上业已披上荆楚风，性格、谈吐、饮食已完全本土化了！细算起来，自己先后在麻城生活连头带尾近乎一十六年了。这十六年可以分为三个时期：

一是万历十三年（1585）三月从黄安初迁麻城，直至万历十九年（1591）五月离开麻城前往武昌，时间约六年有余。

二是万历二十一年（1593）春，自武昌再返麻城，直至万历二十四年（1596）六月离开麻城前往山西沁水等地，时长达三年之久。

三是万历二十八年（1600）夏末，结束了山西、通州、南京、济宁等地游历三返麻城。至当下竟遭驱逐，避走麻城。

四十年前，为了生计不得不离开家乡泉州，四十年后自己生活最久的一片土地也不得不避走！

自此，李贽再也没有踏上过麻城这块他曾经生活过十余年时间的"第二故乡"。

过往，麻城成就了他，他也成就了麻城！

多年来自己徙居麻城，借讲学机缘，"从之者几千、万人"，由此结识了一大批麻城本土人士，无疑自己的一生与麻城和麻城人的关系是无法割舍的。在自己的著述中，麻城人是一个出现频率极高的群体，仅《焚书》《续焚书》中就提到了甚多麻城人士，知名者如周思久、周南士、杨定见、周思敬、无念、周公瑾、明因、梅国桢、梅澹然等数十人。这些人或为同道好友并与其论学者，或为追随崇拜者。也因为与其中部分人士的过密从往，成为迫害他的异见人士据为诬陷他的"无良辈游庵院，挟妓女白昼同浴，勾引士人妻女入庵讲法……"的重要口实。那就是他与麻城北街绣佛寺精舍等寺庵的澹然、澄然、自信、明因、善因等比丘尼的书信往来，更与住在麻城北街维摩庵旁边的嫠妇的交往。

麻城人中与其交情颇厚的算来当属周家之周思久、梅家之梅国桢，佛门之无念三人。

最早交往者，自是周思久。李贽来得麻城，且在麻城的三处居所，都与周思久有着或远或近的关系。二人结识源于同时隐居黄安天窝书院时的万历九年（1581）初夏的那个时段。彼时，周思久已觉察到耿定向与李贽在根本问题上的本质歧异，曾就此对耿定理私议曰："天台重名教，卓吾识真机。"

这一年的腊月，周思久提议来年移步麻城春游于龙潭湖上。

万历十年（1582）春，二人如约湖上两三月余，此聚于景于情李贽甚感快意，这为他后来迁居麻城奠定了良好的心理基础。

三年后的万历十三年（1585），耿李终于破脸互撕，李贽在周思久的邀约和协助下正式移居麻城。李贽在麻城居住时间最久的龙潭湖芝佛院，乃是周思久的别业。初到麻城的三月至次年（1586）正月，周思久安排初到麻城的李贽暂居女婿曾中野家中。李贽万历十四年（1586）正月至万历十六年（1588）秋寓居的麻城城北维摩庵，此地乃周思久之弟周思敬购得民居改建而成。没有周家的庇护与周旋，李贽在麻城是无法安顿与立足的！

即便来得麻城，耿李之争也没有消停，紧随其后开启了隔空论战模式。身陷其中的周思久本想置身之外，但无奈还是被无情卷入，当此时，李贽气盛直言，即使寓居门下，但在耿李论战问题上无论何人绝不退让，原本置之一笑的周思久在李贽的"出格"言行逼迫下，心生裂隙，友谊之船就此掀翻！直到万历十八年（1590）春，周思久因淋雨感染风寒病卧不起，后竟病逝，李贽方"两个月心事顿然冰消冻解"并发信周家子嗣"乃道义之交，但因性窄且急，以致乖迕难堪"。以此对彼此的交谊做了较为中肯的评判。

麻城三老中，最为李贽所推崇者当是梅国桢。梅家在麻城与周家同为望族，梅国桢作为梅族头号脸面人物，且是朝廷大员，其影响力不局限于麻城本地，故而其势力和实力远在周家之上。不讳而言，李贽在麻城盘桓十余年，尽管时有灾祸，但大多不了了之或化险为夷，梅家是绝对的靠山与后盾。梅李交谊始于万历十六年（1588）初，李贽由黄安移步麻城的消息很快为梅国桢所悉。恰当时，赴任河南道试御史前携母归里，梅国桢正在麻城郊外龙池边的环阳楼宴请众友人赏景赋诗，李贽成为座上宾。

梅国桢作为任上的朝廷命官，与李贽甫一晤面，相见恨晚！梅李之交当是高山流水遇知音。这对处于争议毁誉旋涡中心的李贽来说，何其之幸！为了避免遭到众"群小"非议与指责，梅国桢多次在公开场合赞扬和支持李贽的言论与学说。如此，李贽成为梅家登堂入室的重要客人，梅家男女老少都与李贽颇为熟稔。两年后的万历十八年（1590）初，李贽的《说书》《焚书》及《藏书》的部分篇目在麻城相继刊印发行。梅国桢当即差人赴龙潭湖索阅，李贽自然签名相赠，梅国桢反复捧读，如获至宝。

去有处，来无归！这么多年，李贽头一次感觉到如此不安！

火烧芝佛院的消息如同燎原之火势迅速远播。李贽的朋友们获悉他身体尚安，又有杨定见的照顾，总算放下心来。

但是各种猜测也滋生开来。话说李贽能名震荆楚，离不开三大望族的背后支撑。黄安耿家，麻城的周家和梅家。这龙湖本乃梅家势力范围，缘何一夜之间竟遭此厄运。事后，有知情者爆料，火烧李贽是做给梅国桢看的，梅家的仇敌恰好借李贽这个"祸源"来打击梅家势力。也难怪马经纶若干年后还悲愤地说："麻城人以异端惑世目之，以宣淫诬之……其意不在此老也，昭昭著矣。彼盖借宣淫之名，以丑诋其一乡显贵之族。"

后世也多风传，有与时任中丞的梅国桢相钩者，故而火烧本有争议的李贽寓所，借机报复梅氏。想来，仇家也是用心极深，方能达到如此一举两得的效果。

其实，事情还有更为深刻和错综的引擎。

李贽的种种"一意孤行"，于庙堂文儒们而言固可视为怪僻，但也全然不必和道德伦理扯上关系，但地方父母官并乡绅却不能漠然视之。他们要维系基层社会的传统风俗和风气，进而教化子民。他们的考成也以此为据。既然李贽的言行关乎风化，也就与他们有着难脱的利害关系。然而如果把问题仅仅停留在此，还不过是皮相之谈。其实，对于经见过场面的官僚绅士来说，所谓的宣淫与不检等生活作风实在是毫不足怪，根本不足予以干预。可是，他们处理事情总是甚为微妙，许多事情也就变得可大可小。问题就在于，李贽是一个爱摊事的人，那么这次果真就让其摊上大事！

这种私隐之事如果他们本人不事声张，旁人也完全可以心照不宣。李贽究竟邪乎？还是无邪？原本是可以放在一边不究不问的，而问题的关键就出在李贽那毫无忌惮的狂士态度。他公然把这些可以惹是生非的情节著为文字，且刊刻流传，这无疑就是对社会公开挑战，对当局进行调戏和挑衅，遭到还击也即必然。鉴于其不羁的名声实在够响够亮，故而挑战性就愈发显得强烈和张扬，当局也愈发丝毫不能容忍，对他进行惩罚已属责无旁贷。当然，他们的手段往往也是高明的，于是一场雇用地痞打手焚烧芝佛院的事件上演了。其行为固然卑劣怯弱，但在他们自己看来，这是何等的名正言顺。

避居黄檗山的李贽也渐趋平稳下来，只是时至深秋，天气渐凉，原本渐弱的身体越来越吃不消。此际，北国已在飘雪。说来，李贽就是一个幸运的人，他这一辈子就是活在挚友知己的庇护和帮助之下，而且每次来的都特别及时和到位。远在通州的马经纶不远千里冒雪赶到了黄檗山，随侍李贽，同习《周易》。虽然天不时，地不利，但人和是关键，陪侍李贽期间，马经纶自言"辨惑解缚，闻所未闻，四十日间，受益无量"。

罢官居家的焦竑闻讯后，立刻书信一封。其实李贽初回湖上的时候就感觉事态不妙，给焦竑等写信，希望能够调停与麻城当局的紧张关系，因为他是想于此养老，于此了此一生的。不想老来不得安宁，无处安身，只求一张平静的书桌供自己读书著述。只是这次冯应京来者不善，又带着曾经被李贽不屑甚或羞辱的报复情绪，加之有人在背后使劲，民间也风传一些李贽宣淫的丑闻。新官上任的冯应京即刻下令麻城当局严查严处李贽事件。焦竑等人虽托人从中周旋，但终究效果甚微。

事态既已如此不堪，焦竑能想到的下策也只有邀请李贽再回南京，考虑如今自己也弃官居家，这样两人可以一起隐居著述了。随信附诗两首：

其一

归田仍作客，散步自安禅。

去我无千里，相违忽二年。

梦醒江阁雨，心折楚云天。

寥落知音后，愁看伐木篇。

其二

风雨秋偏急，怀人鬓欲丝。

飘零违俗久，岁月著书迟。

独往真何事，重过会可期。

白门遗址在，相为相茅茨。

而此时的李贽正在马经纶的陪护下避居在黄蘗山。山中虽然生存环境艰苦，但李马二人沉浸在研易的快意之中，竟也全然不觉得困顿。兴奋的马经纶有茅塞顿开，脑洞大开之觉。一时兴奋便挥诗道：

黄蘗仙人去，卓吾老子来。

十年两奇士，向此山之隈。

方隅讵能限，山灵自招徕。

我闻黄蘗名，未拨丹炉灰。

我见卓吾面，钟情怜我才。

饮我琥珀酒，酌以琉璃杯。

连饮双玉壶，好颜尽觉开。

愧我尘俗者，高贤相徘徊。

安得双黄鹄，翱翔飞蓬莱。

马经纶视与李贽共处论道学易实在是一种得道升仙的享受，快意之情溢于言表。

马家在通州乃权势家族，罢官居家之前身为监察御史的他仗义执言，宁可丢官也绝不服软，素有"燕赵慷慨"之气。此番火速赶来为落难的李贽救急。所以，他一到黄蘗山，即为李贽大肆鸣冤，连夜写就《与湖广冯金宪》，怒斥主事者冯应京。马经纶在文中理直气壮，将其"所据不过谣传"，以及他挟私报复的老底都揭开了，冯应京哪里还敢出声？马经纶依然不依不饶，更直告当道：他和李贽现就在黄蘗山中，待来年春暖天，即入省城武昌，并扬言拟长期流寓于此！这简直就是公开叫板冯应京。他还严正警告冯氏："宦游不可常，谁无床下？少壮不可得，谁无暮景？"

还不解气的马经纶又上《与当道书》，驳斥所谓"惑世""宣淫"谣言，为李贽辩护：

> 顾卓吾儒老，其托迹禅林，殆若古人之逃于酒，隐于钓；其寄居麻城，亦若李太白之流寓山东，邵尧夫、司马君实之流寓洛阳。古人得遂其高于流寓，至今后人载之邑乘，以为地重；绘之图画，以为世荣。而卓吾不能安其身于麻城，闻檄被驱，狼狈以避。虽以黄堂四品大夫，大明律所谓以礼致仕与见任官同者，而地主独不相容。虽以七十五岁风烛残年，孔大圣人所谓老者安之，而顾毁其庐，逐其人，并撤其埋藏此一具老骨头之塔，忍令死无葬所而不顾，此岂古今之势异哉！缘麻城人以"异端惑世"目之，以"宣淫"诬之耳。夫使诚惑世而宣淫也，天道不容，国法不贷，即杀此七十五岁老翁以正一方之风化，此正豪杰非常作用，弟且为圣门护法庆矣，又何疑于驱逐乎。然而七十五岁老翁，旦暮且死，麻城人尚无怜老之心，攻之至再至三，曾不少置，此亦见此老之决不能惑世明矣。诚使足以惑世，而麻城之人果为其所惑也，不何至群起而攻之？夫麻城之人，未尝不知此老之不能惑世，未尝不知此老之不能宣淫，亦未尝不怜此老之衰老，即有言语小嫌，亦未尝不少忍，以待此老之死。然今日独悐然为此事者，其意不在此老也，昭昭著矣。彼盖借宣淫之名，以丑诋其一乡显贵之族，又借逐僧毁寺之名，以实其宣淫之事。

于是贿众狂吠，若以为公论公恶焉耳。此其机械深，而其用
心亦太劳矣。

（《马公文集》卷三、《李温陵外记》卷四）

冯氏素知马经纶在当今皇帝面前尚敢言直言，虽落职为民，但博
学多才政声极好，朝中友人众多且对其甚为推崇，所以对于檄讨只能默
对，丝毫不敢回应。其实，马经纶之外，焦竑等众挚友，以及众弟子，
还有朝中支持、信仰李贽者不断写信斥责冯应京，这着实令冯氏震惊和
后怕。所以，缉拿李贽的案子也就搁置了。

斯时，汪本钶亦来到黄檗山中，在马、汪的陪护下，李贽已习惯了
山林内的避居生活，也渐趋恢复著述的元气，一方面继续修改《九正易
因》，另一方面还编辑佛家语录。转眼冬去春来，黄檗山内的李、马众
人过起了不知有汉，无论魏晋的逍遥生活。

岁暮除夕，黄檗山属地商城张陶亭不畏风雪交加，山路崎岖，上山
拜访李贽，并画竹作诗以赠。李贽即兴赋《张陶亭逼除上山既还，写竹
赠诗，故以酬之》一首：

> 我闻张陶亭，直似陶渊明。
>
> 渊明求为令，陶亭有宦情。
>
> 更有相似处，不醉吟不成。
>
> 一千五百年，相看两宿星。
>
> 俯视文与可，仰接颜真卿。
>
> 袜材萃于是，抱脚而长鸣。
>
> 柴桑饶古调，多艺羡陶亭。
>
> 定有五男儿，贤于五柳生。

岁晚登黄山，言此是蓬瀛。

我为何病来，君胡自商城？

惭非白莲社，误作《苦寒行》。

赠我七言古，写君雪里青。

古木倚孤竹，相将结岁盟。

张三并李四，既幸得同声。

老病一相怜，遂得附骥名。

马经纶亦有《张陶亭见过》，诗曰：

幽人耽野趣，黄檗寄高居。

酣饮山隈久，长吟竹雨余。

三千轻帝里，九万徙鲲鱼。

秦楚探奇客，操觚赋子虚。

万历二十九年（1601）春正月，李贽在山中写《释子须知序》，编成《言善篇》一书，四集凡六百篇。并将篇目及小引三首寄给河漕总督刘东星，请他为该书作序。是书始编于年前秋冬之际，书中收辑了儒、释、道三家"堪以劝戒"的一些诗文，故又名《卓吾老子三教妙述》，简称《三教妙述》。据刘东星《序言善篇》，因是"卓吾老子取其将死而言善也"之意，故取名《言善篇》。李贽在《释子须知序》中说明了选编这部分释家诗偈的动机与目的，也深情回顾了自己致仕二十余年来的生活经历与心态历程：

余自出滇，即取道适楚，以楚之黄安有耿楚倥、周友山二君聪明好学，可借以夹持也。未逾三年而楚倥先生没，友山亦宦游中外去。余怅然无以为计，乃令人护送家眷回籍，散遣童仆依亲，只身走麻城之佛院与周柳塘先生为侣。柳塘，友山兄，亦好学，虽居县城，去芝佛院三十里，不得频频接膝，然守院僧无念者以好学故，先期为柳塘礼请在焉，故余遂依念僧以居。日夕唯僧，安饱唯僧，不觉遂二十年，全忘其地之为楚，身之为孤，人之为老，须尽白而发尽秃也。

余虽天性喜寂静，爱书史，不乐与俗人接，然非僧辈服事唯谨，饮食以时，若子孙之于父祖然，亦未能遽尔忘情，一至于斯矣。

余今年七十又五矣，旦暮且死，尚置身册籍之中，笔墨常润，砚时时湿，欲以何为耶？因与众僧留别，令其抄录数种圣贤书真足令人启发者，名曰《释子须知》，盖以报答大众二十余年殷勤，非敢曰为僧说法也。

李贽的回顾中道明了自己晚年以来的几段生活历程中的重要人物并相互情谊，如耿定理、周友山、无念等，显示着李贽"不乐与俗人接"的另一面。春暖雪融，鸟鸣花开，李贽、马经纶等策杖山径，与山民交游。

八 落通州 魂兮归

万历二十九年（1601），李贽七十五岁。这一年来，因身体多病，常想到死。李贽是不怕死的，他曾提出过有名的"三不"，即："不畏死""不怕人""不靠势"。他曾在《与周友山》中说："今年不死，明年不死，年年等死，等不出死。反等出祸。然祸来又不即来，等死又不即死，真令人叹尘世苦海之难逃也，可如何！但等死之人身心俱灭，筋骨已冷，虽未死，即同死人矣。"又在《与友人书》中说："多一日在世，则多沉苦海一日。诚不见其好也。……所喜多一日则近死一日。"

万历二十九年（1601）的二月，春回大地，李贽终于同意随马经纶北归通州。李贽拘于山中这段时间，他时常在想，马经纶不远三千里隆冬冒雪入黄檗山探访，自己是十分感激的，马经纶数次提及邀请李贽北上通州，李贽都不曾明示。二月里一个晴朗的午后，李贽心情甚好，遂作《送马诚所侍御北还》：

> 访友三千里，读书万仞山。
> 风来知日暖，雨过识春寒。
> 剪烛前窗叟，寄身萧寺间。
> 今朝柱下史，实度老瞿昙。

李贽终于同意去通州了。这次是他主动提及意欲北上，马经纶高兴到一时无言。待到出行日，无念特令高足常慵号化空者侍以往。即将启程，遇雨。李贽有《楼头春雨》云：

> 楼头一夜雨，客叹主人夸。
> 何意中州彦，能怜四海家。
> 白云封去路，玄水荐新茶。
> 我自出门日，知道有朝霞。

除马经纶外，随行者有麻城杨定见、新安汪本钶，并诸僧众十数人。一路上，遇山览山，遇泉入沐，一行人自由自在奔赴通州。停停走走二月有余，四月间方才脚踏通州大地。马经纶即刻安排入住早已预留给李贽久居的自家别业。

这马府别业在通州城中东南隅，近文昌阁，濒水，名莲花寺。李贽对马经纶的良苦用心甚为感激和满意。茕茕一身漂泊多年的心终算可以再次落定。

需要一表的是，就在李贽落足通州之际，弟子汪可受起官霸上。霸上与通州近在咫尺，汪可受伺机前来拜会恩师。多年未曾如面的汪可受实在难以想象李贽这些年来的容貌变化。通州一见，让他还是大为惊讶。回想万历十七年（1589），在龙湖初见恩师时的印象："老子秃头带须而出，一举手便就席。"如今十二年过去了，通州的李贽再次让学生为之一惊："老子以儒帽裹僧头，迎揖如礼。"

> 余惊问曰："何恭也？"
> 老子曰："吾向读孔子书，实未心降。今观于《易》，而始知不及也。敢不如其礼。"
> 余少顷曰："如先生往事，犹在是非窠臼中。"
> 老子曰："此非我事，乃人道中事耳。有手在，安得人打不打？有口在，安得人骂不骂？"
> 余笑曰："依旧卓吾老子也。"

弟子陪伴数日，终要离去。好在马经纶闲赋在家，与李贽又志趣相投，所以二人专心读《易》，并继续修订《九正易因》。如此一年，反复修正，终成《九正易因》。

此书乃李贽晚年用力最勤的一本书。几乎每年一正，历时近十年。以致弟子汪本钶泪忆曰："钶计从师先后计九载，见师无一年不读《易》，无一月不读《易》，无一日无一时刻不读《易》，至于忘食忘寝，必见三圣人之心而后已。"

十年间，李贽因撰写《九正易因》，性格思想着实发生了不少变化，最明显的是李贽在通州马经纶家之际，狂狷性情渐趋弱化。

李贽明言向日不尊礼是由于不服孔子书，如今观《易》之后，终于心降孔子而尊依孔教。这一变化不仅使汪可受大感意外，且李贽自己也感觉到今日老子不同于往日老子也。

回顾《九正易因》的成书过程可追溯到万历二十六年（1598）抵达南京，直到当下落驻通州，先后近四年，这一段其精力主要倾注于读《易》解卦，故而《九正易因》成为他这一时期思想的主要载体。换言之，李贽狂狷的性情至此发生了较明显的变化：由原来的"不以孔子之是非为是非"到"法孔子"；由出入三教不固守某家到膺服孔教；接人待物由轻狂薄礼到谦恭如礼。我们看看《九正易因序》《读易要语》，从中可以更明显地感受到李贽后期文化人格由狂狷到与世无争的这一变化。《九正易因序》曰：

> 《易因》一书，盖予既老，复游白门而作也。时天寒夜永，予每卧听读《易》者说《易》，既心中不解，辄惨然不乐……今马侍御又携予北抵，复读《易》于其所学《易》之精舍。……才两年，而《易因》之旧者，存不能一二，改者且至七八矣。
>
> 侍御曰："乐必九奏而后备，丹必九转而后成。宜仍其名《易因》，而加'九正'二字。"予喜而受之，遂定其名曰《九正易因》也。
>
> ……故尝私计年老以来，绝无不成之书者。独自先圣之《易》，惊惶靡定，自谓万分一决不能成。何也？圣心难窥，一也；予年已老，二也；聪明不逮，三也。而卒底于成，岂非夫子在天之灵有默相之邪？不然，何以或十日，或五日，或百十余日，其不可晓者，终归晓了也？

李贽寓居南京时，就与好友焦竑等人研讨《周易》，门下汪本钶记录整理成书，并于万历二十八年（1600）就地刊印，取名《易因》。据汪本钶《卓吾先师告文》云，李贽读《周易》是"每卦自读千遍"，"忘食忘寝"。李贽认为历代注解《周易》之书多属臆测附会之作，使《易》道大丧，遂自著《易因》，阐发《周易》经传之本义。他还认为孔子以后的《易》学多悖《周易》大旨，所以他自命说"夫子之所攸赖"，担当起疏理《易》义的重任。

后李贽避祸入河南商县的黄檗山中，继续研究《周易》，修改《易因》，直到友人马经纶保护他到京东通州，乃继续修改《易因》。一直到他被捕入狱前，经多次修订，《九正易因》方定稿。这也成为他最后的学术著作。

《九正易因》的成书过程，李贽可谓如饥如渴，心急如焚，书成最终谢天谢地，如此虔诚的态度，对李贽来说，非但一生读佛经、读老庄，未曾得见；读孔孟之书更闻所未闻，即如此虔诚的态度只有对儒家经典《周易》是如此。那是因为他叹服孔子对《易》的妙解。以为"故世之读《易》者，只宜取夫子之《传》详之，必得其《易》象之自然乃已。不然，宁不读《易》"。他所叹服孔子之处在于孔子于周文王深于忧患之外能专一发挥神圣心事。"夫子在当时亦已知文王之言至精至约，至约至精，非神圣莫能用矣。是故，于《爻》《象》传之外，复为六十四卦《大象》，以教后世之君子。……俾鲁莽如余者得而读之，亦可以省愆而寡于怨尤，分明是为余中下之人说法。"

李贽自称"鲁莽""怨尤"者、"中下之人"，如此自谦之词会出于以"圣人""豪杰""狂狷"自居的李贽之口。而这又无疑是李贽的自白，这自白必是他经过一场痛苦之反思后信手写出的，这白纸黑字表明，此际的李贽已非十年前的李贽了。

这种不同更鲜明地体现在《读易要语》的结束语："余又愿后之君子，要以神圣为法。法神圣者，法孔子者也，法文王者也，则其余亦无足法矣。"《九正易因》所表现的李贽性情、思想，与汪可受所记载的李贽对孔子书由"实未心降"到"始知不及也"的思想变化是一致的。

李贽在《易因》中充分肯定孔子的贡献，但并不隐讳与孔子的不同理解。他推崇孔子能抓住文王之用心，加以传注，使之灿然大明，从而有助于人生日用参赞化育之事，把自然现象和人伦物理、实际生活结合起来，极富现实性，而且易于了解。但又对孔子之后的儒者徒求其高远，把孔子的一些易懂的道理，愈衍愈离开现实，愈加意穿凿，愈难于理解的实际予以特别批判。

故而，后来《四库全书总目》就此评曰："贽所著述，大抵皆非圣无法，惟此书尚不敢诋訾孔子，较他书为谨守绳墨云。"

万历二十四年（1596）前后，李贽的思想性情由以狂狷为主走向以与世无争为主，由反叛思维走向顺适思维，还可从《四库全书总目》对李贽著述的评语中得以证实。《四库全书总目》对每部书的评语最初虽出于不同编纂者之手，但最终经总编纂官纪昀评定，正因最终经一人评定，所以其尺度手眼相对一致，故而可由其对李贽不同时期著述的评语发现李贽思想性情的起伏变化。

李马二人论《易》也绝非闭门谢客一味修书，天清气爽日，间或外出游览一番，一来换换心境，二来权当休养。这一年的夏天闷热，两人即躲进了盘山和房山云游了一番。

此番落脚通州近乎一年，李贽再次感受到当年初入黄安耿家的心态，也感受到了马家在京畿地区的势力和实力。所以，居于此地他已安心并暂无迁往他处的念头。倒是远在白下的"三袁"甚为牵挂漂泊的李贽，袁宏道还曾专门来信询问近况。万历二十九年（1601），小修因年前入都迎伯修灵柩回公安，于此年春折道通州拜访李贽，并向他请教禅理。

　　"昔晤龙湖老人于通州，予问当如何作工夫。龙湖曰：'参话头。'予曰：'某子甲半生参话头，而了无消息者，何也？'龙湖曰：'不解起疑也。夫疑为学道者之宝，疑大则悟亦大。予近来尚有余疑，可惜不遇大作家，痛与针扎一番耳。'予心佩其言，见世之学者，终日恬然，其稍敏捷者，随口领略，自谓已得，始知老子所谓不解起疑者，真有见也。"李贽对小修的来访也甚为感激，旋即手卷题《书小修手卷后》：

　　　　岁辛丑，余在潞河马诚所所，又遇袁小修三弟，虽不获见太史家兄，得见小修足矣，况复见此卷乎！小修劝我勿吃荤。余问之曰："尔欲我不用荤何故？"曰："恐阎王怪怒，别有差委，不得径生净土耳。"余谓："阎王吃荤者，安敢问李卓吾耶！我但禁杀不禁嘴，亦足以免矣。孟子不云：七十非肉不饱？我老，又信儒教，复留须，是宜吃。"小修曰："圣人为祭祀故远庖厨，亦是禁吃荤者。其言非肉不饱，特为世间乡间老耳，岂为李卓老设此言乎？愿勿作此搪塞也！"余谓："我一生病洁，凡世间酒色财，半点污染我不得。今七十有五，素行质鬼神，鬼神决不以此共见小丑，难问李老也。"小修曰："世间有志人少，好学人益少，今幸我明世界大明升天，人人皆具只眼，直思出世为学究竟大事。先生向栖止山林，弃绝人世，任在吃荤犹可；今日已埋名不得，尽知有卓吾老子弃家学道，作出世人豪矣。十目共视，十手共指，有一毫不慎，即便退心，有志者以为大恨。故我愿先生不茹荤，以兴起此一时聪明有志向之者。忍一时之口嘴，而可以度一世人士，先生又何惮不为？"余翻然喜曰："若说他等皆真实向道，我愿断一指，誓不吃荤！"

李贽此际也确实无所畏惧，过着非常随性任性的生活。袁氏三兄弟对李贽情深义重，尤其小修与李贽见面交往最多，受其影响也最深广。小修安住数日也返程白下。此间，河漕总督任上的刘东星也多次派人意欲接李贽前往山东济宁，李贽也终于以"官邸非遨游之地，宦署非读书之所"婉拒。

是啊，李贽这些年奔波南北各地，也切实体味到客居在位权势之宦署绝不如寓居闲赋在家的豪绅别业。自己二十年前弃官奔赴黄安既是如此初衷，到如今，仍不忘初心，远离官场，也要远离官员，一来不为留宿自己的官员招惹是非，二来自己已声名在外，不必倚靠这些权贵，抑或与名流争辩获得认知与认可，此际的自己更需清静，以专心著述为要。所以，对于来自南京、山东的盛邀都放在心上。倒是这些诚意邀请者内心甚为歉意。刘东星就为李贽落难麻城自己没有及时救急甚为悔恨。"卓吾子大困于楚，适有马侍御者自潞河冒雪入楚，往携之以出，同居通州，朝夕参请身心之偕善。余愧羁留淮济，不能如侍御之速也。"

也恰如李贽所感，通州这段日子，少却了很多是非，一来自己也懒得与人争辩，二来曾经在麻城的恩仇也随着距离的遥远渐趋淡忘，所以，著述累了，李马二人即在京畿一带漫游。

这次他们选择了西山。话说西山极乐寺是李贽若干年前北上入京的"安乐窝"，后又随焦竑南下陪都。今又再来，李贽重回极乐寺，借机还专程赴西山崇国寺凭吊供奉于此的开国元勋姚广孝。李贽说来是个爱国者，虽然不满各种现状，但对于开国帝王并元勋一直饱含敬畏之心。"余斋戒择日，晨往崇国寺瞻礼，见墨迹宛然，俨有生气，俯仰慨慕，欲涕者久之。以为我国家二百余年以来，休养生息，遂至今日士安于饱暖，人忘其战争，皆我成祖文皇帝与姚少师之力也，而其可如此苟简弃置之哉！而其可如此苟简弃置之哉！"对于自己敬仰的元勋没有得到当局和后世的善待，李贽甚为寒心。就这样一边游玩一边著述中，《续藏书》也终于定稿。

时至晚秋，又是平常一日，马经纶陪着李贽在院中晒着太阳，侍从低声报说，河漕总督刘东星卒于任上，李贽闭上了眼睛，很长很长时间没有张开。侍从接着说利玛窦终于面见圣上了，进献了自鸣钟等西洋器物，帝后甚是喜欢，恩准留住京师，并划地兴建教堂宣教。李贽依然没有表情，拉着马经纶回屋去了。

历时十年之久的《九易正因》的完成，李贽可谓身心俱疲。合上书稿，顿觉轻松。

然而，这种无事一身轻的状态在几天后就戛然而止了。李贽病倒了。且病情日益严重，严重到一代狂人不得不急撰遗言，交付随从僧徒，以备后事。

他在遗言中首先表明，这个遗言能落在好朋友手里，何其难，于己是何其幸运。你们是不知道这个事情的重要性！

漂泊后半生，最终尸骨何去何从，笃信佛教的李贽甚为关注身后事是完全可以理解的！文末还特别指出，不要变更一字一句！

遗言中他详尽交代了自己的心愿！

倘一旦死，急择城外高阜，向南开作一坑：长一丈，阔五尺，深至六尺即止。既如是深，如是阔，如是长矣，然复就中复掘二尺五寸深土，长不过六尺有半，阔不过二尺五寸，以安予魄。既掘深了二尺五寸，则用芦席五张填平其下，而安我其上，此岂有一毫不清净者哉！我心安焉，即为乐土，勿太俗气，摇动人言，急于好看，以伤我之本心也。虽马诚老能为厚终之具，然终不如安余心之为愈矣。此是余第一要紧言语。我气已散，即当穿此安魄之坑。未入坑时，且阁我魄于板上，用余在身衣服即止，不可换新衣等，使我体魄不安。但面上加一掩面，头照旧安枕，而加一白布中单总盖上下，用裹脚布廿字交缠其上。以得力四人平平扶出，待五更初开门时寂寂抬出，到于圹所，即可妆置芦席之上，而板复抬回以还主人矣。既安了体魄，上加二三十根椽子横阁其上。阁了，仍用芦席五张铺于椽子之上，即起放下原土，筑实使平，更加浮土，使可望而知其为卓吾子之魄也。周围栽以树木，墓前立一石碑，题曰："李卓吾先生之墓。"字四尺大，可托焦漪园书之，想彼亦必无吝。尔等欲守者，须是实心要守。果是实心要守，马爷决有以处尔等，不必尔等惊疑。若实与余不相干，可听其自去。我生时不着亲人相随，没后亦不待亲人看守，此理易明。幸勿移易我一字一句！二月初五日，卓吾遗言。幸听之！幸听之！

事实是，李贽到通州时，已是病魔缠身。连年的南下北上，风波险阻，严重损害了这位老人的健康，本就瘦弱的身躯，更显老态。而面对病魔，面对死亡，李贽还是李贽，还是那个具有非凡斗志的人。他依然神清志明，并充满乐观。草就的这一遗嘱中，李贽特别叮咛不厚葬、不换衣、不热闹、不守墓，以使自己的魂魄安稳最为紧要。更为奇特的是要求不要棺木，宽圹安魂，身下置芦席，身上横空加椽子，用芦席覆盖其上，然后盖土。这一安葬之法，带有浓郁的伊斯兰特色，这又体现他一如既往的反传统思想。这一洁净的丧葬方式的选择与人们认识的那个素有洁癖的李贽是相吻合的。袁中道曾这样描述他的怪癖，"性爱扫地，数人缚帚不给。衿裙浣洗，极其鲜洁；拂身拭面，有同水淫"。

生如此，死亦然。

通州，原不是李贽心目中的终老之所，他有家不回投奔朋友耿定理，把黄安作为归宿；黄安不成，改为龙湖；龙湖不成，不得已来到通州。但他很快就认定了通州，他对自己的学生说："我的百年之计，就在盘山了！"事实上，哪里有志同道合的朋友，哪里就是他的归宿，这就是李贽。

既然不远万里迎来李贽，马经纶在自己的一亩三分地上自然坚决支持和捍卫李贽的任何言行，李贽遗书一出，马经纶且喜且惧！喜的是先生愿意死于斯，葬于斯；惧的是，先生四海为家，万世为土，万一不死于斯，葬于斯呢？

不管那么多，当下是马上落实先生遗言！马经纶随即亲自选址，几经考量，终定在潞水之西之迎福寺一侧，旧时这里曾是曹溪道场，今先生获葬于此，潞河道场应又成另一曹溪也！马经纶将想法与决定告知李贽后，李贽十分满意。马经纶即命下人购得宝地，总算心安！

从李贽遗言不难看出其对待后世安排之用心缜密，不过这都是关乎他自己的。丝毫不曾提及家人，也是够放心，倒是他最放心不下的是他自己。忽一日，李贽觉得精神尚好，又勉力抄录了几份遗言托朗目师父带给焦竑和其他友人。事毕，这一夜他睡得甚为踏实。

整个冬季，不再著述的李贽与马经纶，白日常在暖阳下忆旧，深夜则常梦回往昔。

至此，李贽可以安心地生病！平静地等死了！

尾声

道归何处——狂人梦断

　　万历三十年（1602）早春。七十六岁的李贽病势沉重，有旦暮辞世之感。遂草就遗言，对自己的后事进行了详尽安排。也许，命运之神不允许一位斗士就这样平淡地走完人生的里程；也许，上天希望斗士最后敲击一次醒世的警钟。于是，一个悲壮的结局，在一六〇二年春天拉开了帷幕。

故乡何处是？心安即归处！

　　落日余晖下，一处明人坟冢坐落在北京城东通州西海子公园内燃灯塔西侧，墓前立碑，碑阳为焦竑书"李卓吾先生墓"，碑阴有詹轸光书《李卓吾碑记》和《吊李卓吾先生墓二首》。墓前东西再立二碑，东为欧阳中石书"初迁碑记"，西为通州政府立"重迁碑记"。中立周扬题"一代宗师"碑。另有欧阳中石先生书题之碑。在青松翠柏，一湖碧水的环绕中，本书的传主李卓吾先生于此安息。

公元一六〇二年，大明万历三十年的早春，风沙扬厉，雾霭低迷，一个平常的日子里，李贽"荣死诏狱"，好友马经纶尊其遗愿治冢墓于通州北门外马厂村迎福寺旁。万历三十八年（1610），汪可受等众弟子见恩师"孤坟荒草"，恐"日久且不可辨识"，遂议立《卓吾老子墓碑》，碑文盛赞卓吾师"信口信心兼信手，信手一刀出断常"之狂人精神与"焚书不焚藏书不藏"的战斗精神。

一六一二年，李贽逝世十周年之际，众好友再立墓碑于前。碑阳为焦竑书"李卓吾先生墓"，碑阴有詹轸光书《李卓吾碑记》和《吊李卓吾先生墓二首》。

李贽安葬后，大有时人及后人撰写文字对其进行悼念和评价：

弟子汪本钶作《悼诗》曰：

九载皈依异等夷，讵云《五死》竟称奇？
孤踪虚负登龙后，遗痛真成絮酒思。
骨在还疑留浪迹，书藏不必恨非时。
予今亦复年来九，忍向累累一酹之！

同乡首辅李廷机撰《祭李卓吾文》曰：

心胸廓八肱，识见洞千古。孑然置一身于太虚中，不染一尘，不碍一物，清净无欲，先生有焉。盖吾乡士大夫，未有如先生者，即海内如先生者亦少矣。

宁波周汝登《吊卓吾先生》诗云：

半成伶俐半糊涂，惑乱乾坤胆气粗。
惹得世人争欲杀，眉毛狼藉在囹圄。
天下闻名李卓吾，死余白骨暴皇都。
行人莫向街头认，面目蓦来此老无。

同安池方显《谒李卓吾墓》曰：

半生交宇内，缘乃在玄州。
闽楚竟难得，佛儒俱不留。
世人同喜怒，大道任恩仇。
我亦寻知己，依依今未休。

小友袁中道作《李温陵传》：

……骨坚金石，气薄云天；言有触而必吐，意无往而不伸。排揖胜己，跌宕王公，孔文举调魏武若稚子，嵇叔夜视钟会如奴隶。鸟巢可复，不改其凤味，鸾翮可铩，不驯其龙性，斯所由焚芝锄蕙，衔刀若卢者也。嗟乎！才太高，气太豪……

并为老师鸣不平道：

于是上下数千年之间，别出手眼，凡古所称为大君子者，有时攻其所短；而所称为小人不足齿者，有时不没其长。其意大抵在于黜虚文，求实用；舍皮毛，见神骨；去浮理，揣人情……细心读之，其破的中窾之处，大有补于世道人心。而人遂以为得罪于名教，比之毁圣叛道，则已过矣。

宛平于奕正为李卓吾墓题诗云：

> 书焚焚不尽，老苦苦无多。
> 潞水年年啸，长留君浩歌。

慈溪冯元仲《吊李卓吾先生墓诗》：

> 手辟洪蒙破混茫，浪翻古今是非场。
> 通身是胆通身识，死后名多道益彰。

一致好评不可能，且看东林顾宪成《束高景逸书》载：

> 李卓吾大抵是人之非，非人之是，又以成败为是非而已。学术到此，真是涂炭，惟有仰屋窃叹而已！如何如何！

再看，金圣叹《读第五才子书法》记：

> 近世不知何人，不晓此意，却节出李逵事来，另作一册，题曰"寿张文集"，可谓咬人屎撅，不是好狗。

而李卓吾评点的容与堂百回本《水浒传》卷首有"和尚读《水浒传》……特为手订《寿张县令黑旋风集》"一句,"和尚"显然是指李贽,因此金圣叹所说"咬人屎撅的坏狗"完全就是对李贽的攻击。

再有,《四库全书总目》评曰:

> 贽非圣无法,敢为异论。虽以妖言逮治,惧而自到,而焦竑等盛相推重,颇荣众听,遂使乡塾陋儒,翕然尊信,至今为人心风俗之害。故其人可诛,其书可毁,而仍存其目,以明正其名教之罪人,诬民之邪说。

《四库全书总目》又评:

> 贽书皆狂悖乖谬,非圣无法,惟此书抨击孔子,另立褒贬,凡千古相传之善恶,无不颠倒易位,尤以罪不容诛者。其书可毁,其名亦不足以污简牍,特以贽大言欺世,同时焦竑诸人,几推之以为圣人。至今乡曲陋儒,震其虚名,如置之不论恐贻害人心,故特存其目,以深曝其罪焉。

另外,姚瓒在《近事丛残》中说:

> (李贽)好为惊世骇俗之论,务反宋儒道学之说。……儒释从之者几千、万人。其学以解脱直截为宗,少年高旷豪举之士,多乐慕之。后学如狂,不但儒教溃防,即释宗绳检,亦多所清弃。

沈铁《李卓吾传》说：

> 载贽再往白门（南京），而焦竑以翰林家居，寻访旧盟，南都士更靡然向之。登坛说法，倾动大江南北。北通州马经纶以御史谪籍，延载贽抵舍，焚香和南执弟子礼，而燕冀人士望风，礼拜尤盛。

李敖在《李敖快意恩仇录》里写道：

> 人物中我偏好"性格巨星"式，像东方朔、像李贽、像金圣叹、像汪中、像狄阿杰尼斯（Diogenes）、像伏尔泰、像斯威夫特（Swift）、像萧伯纳、像巴顿将军（Gen.George Patton），我喜欢他们的锋利和那股表现锋利的激情。

黄仁宇在《万历十五年》的最后一章专论李贽说：

> 李贽的悲剧不仅属于个人，也属于他所生活的时代。传统的政治已经凝固，类似宗教改革或者文艺复兴的新生命无法在这样的环境中孕育。社会环境把个人理智上的自由压缩在极小的限度之内，人的廉洁和诚信，也只能长为灌木，不能形成丛林。

诚然，杀死李贽的是他自己，直接原因是上疏的张问达，背后势力是首辅沈一贯，根本原因在于晚明那个时代各种思潮的存在危及了王朝的统治。于是统治者决定对社会上的各种有悖于传统礼法的各种学说思潮进行打击。什么西方传教士，什么异端言论者，均在收拾之列。

也是那个他生活了七十六年的时代，让他一直缺乏安全感与归属感，于是他有意无意地刷刷存在感，于是开始折腾，把不满表现出来，甚至是用极端的方式。一大批同感之人，看到他大胆有力地将自己不敢不能表达表现的想法落实了，不由心生崇拜。同样一大批人见不得他这样的人，这样的想法，这样的表达与表现方式，于是就这样了！

一死万事休！斯人已逝，无口回应！

在经历了三百五十年的睡眠之后，一九五三年，通州因建设需要，迁李贽墓至通惠河北岸大悲林村南，时以缸坛收殓遗骨。一九八三年，再迁至现址西海子公园内，李卓吾先生再获安宁。卓吾先生一生坎坷颠连，沧海桑田，死后墓地也几经迁厝。至此，自绝于四百多年前的这位自命不凡的大明异端子民总算"安稳"下来。

四百年前，懂他的人不多，四百年来，也依然不是很多，也不需要很多。而懂他的人也着实不是一般人，或许他还真不一定愿意一般人懂他。懂他的人，无论是一堆黄土，还是修缮为景观墓葬，都不乏万里而来者，只为驻足于碑前与他隔界默默交流一番。脑海中不由得闪现活在大明王朝的李贽的前世今生。

万历三十八年（1610）的五月初，小李贽二十五岁的西圣利玛窦忽患重病，仅一周的时间就永远地停止了呼吸，终年五十九岁。利玛窦死后，万历皇帝破例特赐一块墓地于城西阜城门外藤公栅栏。并认为其"慕义远来，勤学明理，著述有称，宜加优恤"，还派遣大员参加葬礼并致祭。墓地落成，正门挂有"钦赐"的匾额，墓碑上刻有"耶稣会士利公之墓"八个大字。使其成为首位葬于北京的西方传教士。

至此，一个城西，一个城东，一个不回国，一个不归家，一个得帝王赐墓树碑，一个凭友朋捐建立碑，时隔八年，隔着整个京城，东西方两个时代冲浪者，地下再会。

老子《道德经》有言：“死而不亡者寿。”

宛平于奕正言之有理：“此翁千古在！”

或许李贽地下有灵会对凭吊者言：

“我身本无乡，心安是归处！”

附录一

李贽年表①

明嘉靖六年（1527） 一岁

本年十月二十六日出生于福建晋江（今属泉州市）。原姓林，名载贽，父李白斋，母徐氏。

"吾泉而生。"（《卓吾论略》）

"居士生大明嘉靖丁亥之岁，时维阳月，得全数焉。"（《卓吾论略》）

嘉靖七年（1528） 二岁

思想家王守仁（阳明）卒，年五十七岁。

嘉靖十一年（1532） 六岁

母徐氏卒于本年或明年。

---

① 本年表主要参考了张建业《李贽研究资料汇编·李贽年谱简编》，在此基础上，综合其他材料而成。

"我自六七岁丧母，便能自立。"（《续焚书》卷一《与耿克念》）

"自幼寡交，少知游。"（《焚书》卷四《豫约》）

嘉靖十二年（1533） 七岁

始随父读书。

"长七岁，随父白斋公读书歌诗，习礼文。"（《卓吾论略》）

嘉靖十七年（1538） 十二岁

仍随父读书。试作《老农老圃论》。

"余自幼倔强难化，不信学，不信道，不信仙、释，故见道人则恶，见僧则恶，见道学先生则尤恶。"（《阳明先生年谱后语》）

嘉靖十九年（1540） 十四岁

由治《易》《礼》，改治《尚书》。泰州学派创始人王艮（心斋）卒。

"余自幼治《易》，复改治《礼》。以少《礼经》决科之利也。至年十四，又改治《尚书》，竟以《尚书》窃禄。"（《易因》卷首）

嘉靖二十一年（1542） 十六岁

始入府学。册名林载贽，旋改姓李。

嘉靖二十五年（1546） 二十岁

奔走四方以糊口。

"余自弱冠糊口四方，靡日不逐时事奔走。"（《续焚书》卷一《与焦弱侯》）

嘉靖二十六年（1547） 二十一岁

与十五岁的黄宜人成婚。

"年十五，归卓吾。"（耿定力《诰封宜人黄氏墓表》）

"余妻家姓黄，家颇温厚，又多男子。其男子多读书。又善读书，纵其不尽读书，亦皆能本分生理，使乡里称善人如其读书者，可谓彬彬德素人家矣。"（《因果录》）

嘉靖三十一年（1552） 二十六岁

乡试中举。

"嘉靖壬子科举人。"（《荣山李氏族谱》）

"吾此幸不可再侥也。"（《卓吾论略》）

嘉靖三十三年（1554） 二十八岁

七月，长女生。

嘉靖三十四年（1555） 二十九岁

丧长子。初入仕途，任河南辉县教谕。

"卓吾自二十九岁做官。"（《焚书》卷一《答耿司寇》）

"余年二十九而丧长子，且甚戚。"（《卓吾论略》）

嘉靖三十五年（1556） 三十岁

辉县教谕任上。辉县苏门山百泉之上有宋人邵雍安乐窝旧址，李贽因此自号百泉居士。

嘉靖三十九年（1560） 三十四岁

迁任南京国子监博士。数月后，丁父忧，东归守制。适倭寇围攻泉州，不顾丧服在身，立即参加抗倭守城。

嘉靖四十一年（1562） 三十六岁

三年服满，举家入京候职。

嘉靖四十二年（1563） 三十七岁

候十月不得缺，假馆授徒以自给。

嘉靖四十三年（1564） 三十八岁

出任北京国子监博士。未几，祖父竹轩公讣至，次男亦病卒。
先置妻女于辉县，后南归奔丧，将曾祖、祖父、父亲三世合葬
于泉州东门外东岳山。适逢河南大闹饥荒，二女、三女饿死。
幸得友人邓林材（石阳）拨俸救济，黄宜人方渡过难关。

嘉靖四十四年（1565） 三十九岁

泉州守制。

嘉靖四十五年（1566） 四十岁

服满，至辉县接妻儿，辉县逗留期间，与友人卫辉府推官邓林
材（石阳）等相唱和。归京，补礼部司务。与同在礼部任职的
李逢阳、徐用检交往，在李、徐影响下，开始接触王阳明学说
并佛学。

年末，世宗服丹中毒而崩，穆宗朱载垕即位。因犯皇讳，去
"载"字，改名李贽。

隆庆元年（1567） 四十一岁

在礼部司务任上。潜心治学问道，张居正入阁。

"江陵，宰相之杰也。"（《焚书》卷一《答邓明府》）

隆庆四年（1570） 四十四岁

在礼部任职五年，与刑部主事李材、李逢阳等人共研王学。但与上司时有矛盾和抵触。

"五载春官，潜心道妙。"（《卓吾论略》）

改任南京刑部员外郎。

隆庆五年（1571） 四十五岁

在南京开始定期聚友讲学。本年结识焦竑。

"厌京师浮繁，乞就留都。"（沈铁《李卓吾传》）

隆庆六年（1572） 四十六岁

南京刑部员外郎任上。与耿定理结为莫逆之交，并结识其兄耿定向及王畿、罗汝芳等。

五月，隆庆帝病死。六月，朱翊钧即位，张居正为首辅。

万历元年（1573） 四十七岁

南京刑部任上，与耿定向、焦竑等论学，"异端"思想大受欢迎，时人趋之为狂。

万历二年（1574） 四十八岁

升南京刑部郎中，作《解老》一卷。认王襞为师。

万历三年（1575） 四十九岁

南京刑部任上，游黄安天中山，僧定林来访。始撰《藏书》。

万历四年（1576） 五十岁

春，自天中山回南京，始研治佛学。

万历五年（1577） 五十一岁

入滇，出任云南姚安知府。途经湖广，赴黄安见耿定理。将女儿女婿寄居"天窝"。

张居正丁父忧，"夺情"任职，全面推行"一条鞭法"。

万历六年（1578） 五十二岁

姚安知府任上。政令清简，以德化人。对待少数民族，主张宽和相处，共享太平。

万历七年（1579） 五十三岁

姚安知府任上。公事之余，从事讲学，谈玄论道。结识同在云南任职的顾养谦，与同在云南任上的罗汝芳、骆问礼等交往。

本年，诏毁天下书院。何心隐被捕，以"妖道"罪名被杀。

万历八年（1580） 五十四岁

辞去知府职务。福建巡抚耿定向回黄安奔父丧。

"俸禄之外，了无长物。"（袁中道《李温陵传》）

万历八年（1581） 五十五岁

春，赶赴湖北黄安，访耿定理，见女儿女婿。

初夏，耿氏兄弟安排寓居城外五云山天窝书院。

年底，应周思久之邀，曾赴麻城龙湖游览并讲学。

本年，意大利传教士利玛窦来到广州。

万历十年（1582） 五十六岁

寓居天窝书院，潜心著述。著《庄子解》等。

张居正卒，年五十八。

万历十一年（1583） 五十七岁

寓居天窝书院，教授耿家子嗣。

论学中与耿定向生间隙。

王畿（龙溪）卒，作文祭奠。

万历十二年（1584） 五十八岁

寓居天窝书院，耿定理病故。作《哭耿自庸》诗以悼。

与耿定向公开论战。

曾短暂离开黄安赴麻城，不日而返。

万历十三年（1585） 五十九岁

在周思久、周思敬兄弟帮助下，迁居麻城维摩庵。

万历十四年（1586） 六十岁

寓居麻城维摩庵。自称"流寓客子"。

本年，作《答耿司寇》回应耿定向《与李卓吾》，互相指摘。

万历十五年（1587） 六十一岁

寓居麻城维摩庵。

遣妻女家眷归闽，一人独留麻城。

本年，王襞卒，年七十七。

本年，利玛窦到达南京城。

万历十六年（1588） 六十二岁

居麻城龙潭湖。

结识归麻城服丧的梅国桢。招收梅国桢之女梅澹然等为女弟子。

编撰《李氏藏书》《焚书》《说书》。完成《初潭集》。

被污"宣淫败俗"。

夏，剃发留须，以"异端"自居。

闰六月，妻黄氏卒。

九月，罗汝芳卒。

秋，从城中维摩庵移居城外龙潭湖芝佛院。并于芝佛院佛堂挂孔子像。

万历十七年（1589） 六十三岁

作《与庄纯夫》悼念亡妻。

焦竑高中状元。意欲蓄发入京探问，焦竑"身心俱不得闲"，无奈继续寓居龙湖。

万历十八年（1590） 六十四岁

寓居龙湖。自刻《焚书》。

耿定向门徒作《求敬书》序，《焚书辨》攻讦李贽。

到访武昌，结识武昌任职的刘东星，并与公安"三袁"会面。

冬，于龙湖修建塔屋，为藏骨之所。

万历十九年（1591） 六十五岁

寓居龙湖芝佛院。

袁宏道到访，"大相契合"，与袁宏道结伴同游黄鹤楼，遭谤被逐，后得刘东星保护，于武昌城安然。

万历二十年（1592） 六十六岁

寓居汉阳，武昌。在汉阳与奉差南下的焦竑相会。在武昌与"三袁"交往从密。

刘东星去职武昌，升迁督察院御史等职。

本年，李贽作《童心说》，评点《西厢记》《水浒传》等。

万历二十一年（1593） 六十七岁

春夏间，返回麻城龙湖。"三袁"问学湖上。

万历二十二年（1594） 六十八岁

寓居龙湖芝佛院。著书立说，讲学论道，影响甚众。

半年起，汪本钶龙湖问学二冬。

万历二十三年（1595） 六十九岁

寓居龙湖芝佛院。

耿定向门生，湖广按察佥事史旌贤扬言李贽"大坏风化""以法治之"。

众友人劝其暂别麻城以避祸。李贽不惧。

冬，与耿定向黄安会晤，释嫌和解。

万历二十四年（1596） 七十岁

寓居龙湖芝佛院。读书著述，作《读书乐》《豫约》等。

汪本钶离别龙湖归家应试。

受山西上党沁水丁父忧的刘东星之邀，北上山西。著述讲学，精神惬意。

六月，耿定向卒。

万历二十五年（1597） 七十一岁

寓居沁水坪上。刊印《道古录》。作《与焦弱侯》，回应扬言意欲诛杀李贽之言。

夏，辞别刘东星，赴大同会见巡抚梅国桢，修订《藏书》。

秋，辞别梅国桢，往北京西山极乐寺，汪本钶追随而来继续问学。

焦竑因事被劾，贬福州同知。

万历二十六年（1598） 七十二岁

经运河与焦竑连舟南下。途中作《老人行》。

在南京继续著述，并与南京吏部右侍郎杨起元联袂讲学。

万历二十七年（1599） 七十三岁

寓居南京。《藏书》刊印问世。

会见传教士利玛窦。

杨起元卒。

万历二十八年（1600） 七十四岁

春，应济宁刘东星之邀赴山东。

马经纶来济宁与之相会。

再见利玛窦。

秋，回麻城。修改《易因》。

冬，闻檄被驱，避黄蘗山。马经纶万里赶来陪侍。

万历二十九年（1601） 七十五岁

春，寓居黄蘗山中。继续修改《易因》，作《释子须知序》，回顾致仕后二十年来的生活。

二月，马经纶携之寓居北通州马家别业。

重游西山极乐寺。

利玛窦入京进行传教活动。

十月，刘东星卒。

万历三十年（1602） 七十六岁

寓通州马经纶别业。《易因》修改定稿，名《九正易因》，书成，病倒，作《遗言》。

闰二月，礼科给事中张问达上疏劾奏，万历帝御批入狱，作《系中八绝》。

三月十六日自刭于诏狱，马经纶为其卜葬于通州城北。

附录二　主要参考文献①

1.《李贽文集》，张建业，社会科学文献出版社。

2.《李贽全集注》，张建业，社会科学文献出版社。

3.《李贽论》，张建业，社会科学文献出版社。

4.《李贽研究资料汇编》，张建业，社会科学文献出版社。

5.《李贽评传》，张建业，福建人民出版社。

6.《李贽传》，鄢烈山、朱健国，时事出版社。

7.《李贽年谱》，容肇祖，三联书店。

8.《李贽年谱考略》，林海权，福建人民出版社。

9.《李贽评传》，许苏民，南京大学出版社。

10.《王学与中晚明士人心态》，左东岭，人民文学出版社。

---

① 主要参考文献仅列出专著，单篇论文没有一一举出，特此说明。

11.《李贽与晚明文学思想》，左东岭，天津人民出版社。

12.《万历十五年》，黄仁宇，三联书店。

13.《李卓吾传》，许建平，东方出版社。

14.《李贽思想演变史》，许建平，人民出版社。

15.《李贽研究参考资料》，厦门大学历史系编，福建人民出版社。

16.《李贽儒学思想研究》，王宝峰，人民出版社。

17.《利玛窦中国札记》，利玛窦、金尼阁，中华书局。

后记

万历三十年的早春，李贽在诏狱写下"志士不忘在沟壑，勇士不忘丧其元"后，自刎颈项，绝世而去。

这种弃绝，是意料之外，也是估算之中！

李贽出道以来……

该结交的，该得罪的，该演说的，该著述的，均已完成，无甚遗憾！

曾辞官、辞乡、弃家、弃发，本不该舍的，舍了！声震朝野！

曾邀约与拜访者络绎不绝，游走南北！享受了非凡的礼遇与待遇，得了！

曾遭遇家难不断、厄运连连之窘境，被生计与生死折磨得甚为不堪！苦了！

曾为了所谓"名利"，频遭诘难与驱逐，客寓四方！承受了常人不能承受之重！受了！

这一切，都因有众多"胜己之友"的帮助，才落地！才化解！

终于，在古稀之年，逃无所逃，无人能助，身陷诏狱！

入得皇廷诏狱！反倒颇有归属感，安全感，甚至是荣誉感，成就感！居间日久，过于安稳，以至平淡！李贽有些难以适应这种无风不浪的宁静！貌似狱友和狱吏已然忘却了他是名满天下的"异端"人物！可他自己绝不曾忘记若干年前有意无意间脱口说出的"有朝一日得荣死诏狱"的念头！此时此地，恰得天时地利之便！只欠一个说法！

怎么个死法，能不能荣死，这绝对是个问题！

等死？病死？这不符合他一贯的行事风格和意愿选择！

赐死，皇帝久久没有下诏！

久等而来的却是要遣返老家的小道消息！呜呼哀哉！

既然不能被"名正言顺"地他杀，于是，他选择了"堂而皇之"的自杀！

这只"倦鸟"终于"知还""归去"！

只是他至死也依然要保持他一贯的惊人之鸣！

李贽走了！

自弃乎？弃世乎？

留下无尽的争议……

江湖自然一直流传着关于他的传说！

终了了传主的一生！也当交代和总结一下本书的创作缘起与写作过程。这要从我与王春瑜先生的结识说起，2008 年在撰写博士论文期间，我曾专程赴北京拜访王老师。之后不仅在学术上得到王老师的热情指点，更多时候是王老师帮我提供和争取了各种难得的资源，使我获得了多个机会参与一些社会事务与活动。其中之一便是获得"中国历史文化名人传"丛书中《李贽传》的创作资格。

说来李贽这一传主的认定直接就是王老师帮指定的。按程序，中国作家协会面向全社会公开招标，申请者需提交拟撰写传主的传记提纲，只有通过了文史组和文学组专家的审核论证，方能获得撰写资格。鉴于王老师曾撰写过一些李贽的研究文章，原本他自己拟撰写《李贽传》，我也帮王老师收集了一些基础资料。但不知何故，王老师放弃了！于是

建议我撰写提纲，提交申请，并特别叮嘱我要单独写个五千字左右的
"李贽之死"的片段，附在提纲之后。

李贽这样的大家以我的学养是难以驾驭的，况且市面上已有多部颇
有影响的他的传记，说实话我是没有自信申请和认领的！在王老师的鼓
励下，我抱着试试看的心态，提交了创作大纲和章节片段。不想，很快
就传来喜讯，通过了评审组的审核，获得了创作资格！在后来作家出版
社组织的创作交流会上，我才获悉，之所以顺利通过，打动专家组的正
是"李贽之死"的片段！必须说，没有王老师的推荐和建议，就不可能
有这样的机会完成这样一部传记。

感谢丛书组委会、编委会和作家出版社的邀请，曾参加了两次创作
交流会，知足知不足！

感谢文史组专家王春瑜先生和文学组专家张水舟先生对文稿的辛劳
审阅！

写作过程断断续续历时三四年，幸有原文竹女士之往来联络、责编
韩星先生得力相助，书稿方顺利编校出版。

写作中参考和引用了学界若干已有的研究成果、传记资料，主要参
考文献附于文末外，尚有部分零散文献未予标注来源，这里一并对著者
致以谢忱。

高志忠

2018 年 6 月 16 日于深圳大学

图书在版编目（CIP）数据

殉道勇士：李贽传 / 高志忠 著 . -- 北京：作家出版社，
2018.9

（中国历史文化名人传丛书）

ISBN 978-7-5063-9829-9

Ⅰ . ①殉… Ⅱ . ①高… Ⅲ . ①李贽（1527～1602）- 传记
Ⅳ . ①B248.91

中国版本图书馆 CIP 数据核字（2018）第 127962 号

殉道勇士——李贽传

作　　者：高志忠
传主画像：高　莽
责任编辑：韩　星
书籍设计：刘晓翔+韩湛宁
责任印制：李卫东　李大庆
出版发行：作家出版社
社　　址：北京农展馆南里 10 号　　　　邮　　编：100125
电话传真：86-10-65930756（出版发行部）
　　　　　86-10-65004079（总编室）
　　　　　86-10-65015116（邮购部）
E-mail:zuojia@zuojia.net.cn
http://www.haozuojia.com（作家在线）
印　　刷：河北鹏润印刷有限公司
成品尺寸：152×230
字　　数：245 千
印　　张：20.5
版　　次：2018 年 9 月第 1 版
印　　次：2018 年 9 月第 1 次印刷
ISBN 978-7-5063-9829-9
定　　价：60.00 元（精）